Bringfriede Scheu
Ausgrenzung und Rassismus

Bringfriede Scheu

Ausgrenzung und Rassismus

Studien zur sozialen Arbeit
Band 4

Bringfriede Scheu
Ausgrenzung und Rassismus

Umschlaggestaltung: ilab.at
Zeichnung auf dem Cover: Hans Helferstorfer, Bad Urach

© 2007, Verlag Hermagoras/Mohorjeva,
   Klagenfurt/Celovec – Ljubljana/Laibach – Wien/Dunaj
Gedruckt mit Unterstützung des Bundesministeriums für
   Wissenschaft und Forschung

ISBN 978-3-7086-0309-4

Inhaltsverzeichnis

1   Einführung

Die Autorin beschäftigt sich schon seit den frühen 90er Jahren des letzten Jahrhunderts in den unterschiedlichsten Arbeitsfeldern mit den Phänomenen Ausgrenzung und Rassismus, die in den modernen Gesellschaften breit vertreten und daher keine zu vernachlässigenden Erscheinungen sind. Empirische Untersuchungen im deutschsprachigen Raum zeigen, dass von 20-30% der Jugendlichen ausgrenzend-rassistische Denk- und Handlungsmuster vertreten werden[1]. Friedrich (1992) und Melzer (1992) gehen sogar von 40% der Jugendlichen mit ausgrenzend-rassistischen Denk- und Handlungsmustern aus.

Ausgrenzung und Rassismus sind auch keine neuen Phänomene. Schon in den 1960er Jahren gaben 43% der Jugendlichen an, dass von AusländerInnen keine Kritik am ‚Vaterland‘ zu üben ist (vgl. Jaide-Studie 1962). Die professionelle Auseinandersetzung damit ist und war geprägt von einer permanenten Suche nach adäquaten Erklärungsansätzen für diese Phänomene. Die Frage ist, welcher der vorliegenden Erklärungsansätze das Phänomen hinreichend erklären kann.

Sind es die
a) auf sozialstrukturelle Bedingungen bezogenen Erklärungsansätze (z.b. Beck 1986),
b) auf innerpsychische Prozesse bezogenen Erklärungsansätze (z.b. Erdheim 1993),
c) auf Sozialisationsprozesse bezogenen Erklärungsansätze (z.B. Heitmeyer 1991),
d) auf subjektive Begründungen bezogenen Erklärungsansätze (z.b. Held 1996)?

Die jeweiligen Erklärungsansätze stehen/standen immer in einem Theorie-Praxis-Bezug und wurden dadurch auf ihre Praxisrelevanz und –tauglichkeit überprüft. Es zeigte sich,

---

[1] vgl. Brumlik in: Merten/Otto 1993, S. 60

dass jeder Erklärungsansatz je für sich eine schlüssige Erklärung für die Phänomene Ausgrenzung und Rassismus bietet und dass darauf aufbauend gewaltreduktive, -präventive, antirassistische und inkludierende Jugendprojekte konzipiert werden können. Es hatte sich aber auch gezeigt, dass alle diese Erklärungsansätze die Entstehung beziehungsweise die Genese von ausgrenzend-rassistischen-gewalthaltigen Denk- und Handlungsmustern nicht aufzeigen können. Diese Fragestellung blieb bisher unbeantwortet und die vorliegende Arbeit versucht eine Antwort darauf zu geben.

Damit beabsichtigt die Arbeit nicht – wie in der momentanen Forschungslandschaft üblich – das Phänomen von ausgrenzend-rassistischen Denk- und Handlungsmustern empirisch nachzuzeichnen und/oder ex-post theoretisch zu begründen, sondern die Frage fokussiert sich auf die Entstehung von Ausgrenzung und Rassismus; liefert also Informationen über die Entstehungsdimensionen von Ausgrenzung und Rassismus. Die Antworten, die mit dieser Arbeit vorgelegt werden, können so die Konzeptionsentwicklungen im Bereich der Sozialen Arbeit grundlegend beeinflussen und modifizieren. Damit begibt sich diese Arbeit auf forscherisches Neuland.

In der Formulierung der Forschungsfrage zeigt sich, was *nicht* im Interesse der vorliegenden Arbeit steht. Das ist zum einen die Frage nach der Verbreitetheit von ausgrenzend-rassistischen Denk- und Handlungsmustern bei Jugendlichen im ländlichen Raum; zum zweiten die Frage, warum sich Jugendliche im ländlichen Raum solcher Denk- und Handlungsmuster bedienen und zum dritten die Frage, was das ‚Typisch-Ländliche' an der Entstehung ausgrenzend-rassistischer Denk- und Handlungsmuster ist. Im Interesse der vorliegenden Arbeit liegt auch nicht die Klärung der Frage, ob es in der Genese von ausgrenzend-rassistischen Denk- und Handlungsmustern Unterschiede zwischen Stadt und Land gibt. Der Bezug auf den ländlichen Raum ergibt sich ausschließlich daraus, dass der ländliche Raum das empirische Feld abgibt.

Zur Klärung der Fragestellung wird in dieser Arbeit zunächst ein theoretischer Zugang gewählt. Es soll geklärt werden, wie menschliches Denken und Handeln theoretisch erklärbar ist und in welchem Verhältnis menschliches Denken und Handeln zu den sozial-strukturellen Bedingungen steht. So ist es notwendig, die lebensweltlichen Bedingungen des ländlichen Raumes hier ausführlich darzustellen. Das so fundierte Erklärungsmodell wird anschließend auf der Basis von Fallstudien empirisch nachgezeichnet. Dazu wurde ein eigens für diese Forschungsfrage adäquates Forschungsdesign entwickelt. An Hand von ExpertInnen-Interviews und auf Intersubjektivität angelegten qualitativen Einzelinterviews wurden die subjektiven Begründungen für das jeweilige Handeln beziehungsweise Bewältigen je-spezifischer Handlungsnotwendigkeiten sowie für die Realisierung der je-spezifischen Interessen und Bedürfnisse herausgearbeitet. Es konnte gezeigt werden, dass diesen subjektiven Begründungsmustern Ausgrenzung und Rassismus inhärent sind beziehungsweise diesen inne wohnen und die Grundlage für die Entstehung ausgrenzend-rassistischer Denk- und Handlungsmuster bieten.

Die Arbeit ist in acht Kapitel gegliedert. Nach einem einführenden ersten Kapitel werden im zweiten Kapitel die in der Arbeit verwendeten Begriffe ‚Ausgrenzung' und ‚Rassismus' inhaltlich bestimmt und eingeordnet. Das dritte Kapitel beschäftigt sich mit dem Phänomen ‚Jugendliche im ländlichen Raum'. Hier wird eine kurze Definition von ‚Land' und ‚Jugendlichen' vorgestellt. Im vierten Kapitel wird in einem theoretischen Zugang menschliches Handeln dargestellt, wobei die beiden Gegenstände ‚Ausgrenzung' und ‚Rassismus' als menschliche Handlungs- beziehungsweise Bewältigungsformen gefasst und theoretisch eingeordnet und erklärt werden. Das fünfte Kapitel beinhaltet die Beschreibung der ländlichen Sozialwelt samt ihren typischen Regeln und Traditionen. Dabei wird ein besonderes Augenmerk auf die historische Herleitung und Begründung dieser Regeln und heute noch geltenden Traditionen gelegt. Das sechste Kapitel beschreibt den methodischen Zugang und die Durchführung der empirischen Studie, in der die subjektiven Begründungen für je-spezifischen Handlungsformen sowie für die Realisierung der jeweiligen Interessen und Bedürfnisse herausgearbeitet werden. Im siebten Kapitel werden die Ergebnisse der empirischen Studie vorgestellt. Es gliedert sich in drei Teile. Im ersten Teil des siebsten Kapitels sind die für die Jugendlichen im ländlichen Raum typischen Interessen und Bedürfnisse dargestellt. Hierzu wurden die den landtypischen – meist tradierten – Handlungsmustern zu Grunde liegenden subjektiven Interessen und Bedürfnisse herausgearbeitet und zueinander in Bezug gesetzt. Im zweiten Teil des siebten Kapitels wird an Hand von Fallstudien aufgezeigt, a) welche je-spezifischen Handlungsnotwendigkeiten auf Grund des gnostischen Verhältnisses sich für die befragten Jugendlichen ergeben und b) welche Bewältigungsstrategien sie auf der Grundlage ihrer jeweiligen Interessen und Bedürfnisse wählen, um diese Handlungsnotwendigkeiten zu bewältigen. Als wesentliches Ergebnis der Fallstudien kann hier schon festgehalten werden, dass in den von den Jugendlichen im ländlichen Raum gewählten und subjektiv-begründeten Denk- und Handlungsmustern Ausgrenzung und Rassismus inhärent sind. Im dritten Teil des siebten Kapitels werden jene Denk- und Handlungsmuster nochmals herausgestellt, denen Ausgrenzung und Rassismus inne wohnen und die somit die Basis für die Entstehung ausgrenzend-rassistischer Denk- und Handlungsmuster bei Jugendlichen im ländlichen Raum liefern. Das achte Kapitel fasst die Ergebnisse zusammen und widmet sich insbesondere einem Ausblick, der eine konstruktive Auseinandersetzung im Kontext der Sozialen Arbeit fördern möge.

Mein besonderer Dank gilt allen InterviewpartnerInnen, die sich mit viel Engagement und Offenheit am Forschungsprozess beteiligt haben. Bedanken möchte ich mich ebenso bei meinem Kollegen und Partner Otger Autrata, der den gesamten Forschungsprozess begleitete. Der kritische Diskurs mit ihm war sehr wertvoll und hat zum Gelingen dieses Buches beigetragen.

2 Ausgrenzung und Rassismus – eine Begriffsbestimmung

Ausgrenzung

Ausgrenzung ist als ein Phänomen zu fassen, das zwar mit einem ethischen Makel verbunden, aber dennoch als ein alltägliches Phänomen zu fassen ist, das in vielfältigen Dimensionen auftritt und sogar prägend für die moderne Gesellschaft ist. So weisen Böhnisch u.a. (1999) darauf hin, dass Ausgrenzungsprozesse „die soziale Strukturierung der modernen kapitalistischen Industriegesellschaften seit ihren Anfängen mitprägten"[2].

Ausgrenzung kann von Gruppen, aber auch von einzelnen Menschen ausgehen. Ihr Ziel ist, die eigene Gruppe oder sich selbst zu stabilisieren. Festzuhalten gilt, dass an den unterschiedlichsten Ausgrenzungsprozessen immer mindestens zwei Personen/zwei Gruppen beteiligt sind und in einer interaktiven Beziehung zu einander stehen. Im weitesten Sinne handelt es sich hierbei also um Intergruppenverhalten. Sozialpsychologische Forschungen zeigen, dass einzelne Gruppen, die mit einander interagieren, deutliche Tendenzen entwickeln, sich voneinander zu unterscheiden. Sherif (1966) untersuchte dieses Phänomen in seinem – in der sozialpsychologischen Forschung bekannten – ‚Zeltlager-Experiment'[3]. Er stellte fest, dass „allein die Zugehörigkeit zu einer Gruppe und das Bewußtsein der Existenz einer anderen Gruppe Gefühle von Rivalität auszulösen"[4] scheinen[5]. Gleichzeitig entstehen, lediglich durch die Zuordnung zu einer Gruppe, Solidarisierungseffekte, indem „Mitglieder der eigenen Gruppe konsistent günstiger beurteilt (werden, BS)

---

[2] Böhnisch/Arnold/Schröer 1999, S. 278

[3] In einer Längsschnittuntersuchung während eines 3-wöchigen Zeltlagers mit 12-Jährigen versuchte Sherif nachzuweisen, dass Verhaltensänderungen ein Ergebnis sich verändernder Intergruppenbeziehungen sind. (Ausführlich dazu siehe: Stroebe u.a. 1990, S. 409f.).

[4] Brown in: Stroebe u.a. 1990, S. 413

[5] Zu ähnlichen Ergebnissen kommen Ferguson/Kelly 1964

als die der Fremdgruppe"[6]. Solche „Intergruppendiskriminierungen" (Brown) wurden in weiteren Studien[7] festgestellt
und bestätigt. Tajfel[8] stellt fest, dass „wir in einer Welt (leben, BS), in der die Prozesse der Vereinheitlichung und Di-
versifizierung schneller als jemals zuvor ablaufen. In gewisser Weise stehen große menschliche Gruppen mehr denn je
miteinander in Kommunikation, wissen mehr denn je übereinander und sind zunehmend voneinander abhängig geworden. Gleichzeitig existiert fast auf der ganzen Welt ein Trend,
der auf die Wahrung oder Schaffung von Mannigfaltigkeit
abzielt, also der eigenen besonderen Merkmale und der eigenen Identität. (...) Dieser (Trend zur Differenzierung[9], BS)
findet sich nicht nur in nationalen, ethnischen oder linguisti-
schen Bestrebungen, die auf die Schaffung einer eindeutigen
>Eigenart< der jeweiligen Gruppe abzielen, sondern ist auch
in vielen Ländern zu einem wichtigen Merkmal der Beziehungen zwischen Arbeitnehmern und Arbeitgebern geworden. Die Aushöhlung, die Wahrung oder die Schaffung solcher Unterschiede sind in den letzten Jahren bedeutende
Merkmale einiger der schärfsten sozialen und industriellen
Konflikte gewesen"[10].

Intergruppendiskriminierungen beziehungsweise Ausgrenzungsprozesse sind also weit verbreitete Phänomene. Menschen rechnen sich einer bestimmten Gruppe zu, fühlen sich
ihr zugehörig. Diese Zugehörigkeit ergibt sich allerdings erst
durch eine deutliche Differenzierung gegenüber anderen
Gruppen. So beinhalten Intergruppendiskriminierungen und
Ausgrenzungsprozesse immer auch Inklusionsprozesse. Anders formuliert: Bevor Menschen sich Intergruppendiskriminierungen beziehungsweise Ausgrenzungsprozessen bedie-

---

[6] Brown in: Stroebe u.a. 1990, S. 414

[7] So z.B. Brewer 1979; Brewer/Kramer 1985; Tajfel 1982b

[8] Tajfel 1982a

[9] Tajfel bezieht sich bei der Beschreibung dieses „Trends" auf vielfältige
empirische Untersuchungen, vor allem aus den 70er Jahren. Eine Übersicht
über diese Untersuchungen findet sich bei Tajfel (1982a, S. 68)

[10] Tajfel 1982a, S. 63

nen, müssen sie aus einer eigenen Gruppe heraus agieren, sie müssen sich einer Gruppe[11] zugehörig zeigen. Aufgrund dieses Inklusionsprozesses kommt es bei den einzelnen Gruppenmitgliedern zu einer wahrgenommenen Homogenität innerhalb der eigenen Gruppe, woraus sich „Kategorisierungsprozesse"[12] entwickeln. Es entsteht ein ‚Wir' und die ‚Anderen'. Kategorisierungsprozesse stehen in engem Zusammenhang mit der Bildung von Stereotypen, d.h. sowohl der eigenen Gruppe als auch den anderen Gruppen werden bestimmte Merkmale, Eigenschaften und Charakteristika zugeschrieben. Solche Stereotypisierungen betreffen aber nicht einzelne Mitglieder der Gruppe, sondern typisch für diesen Prozess ist, dass diese Stereotypen auf die gesamte Gruppe attribuiert werden: Wird ein Gruppenmitglied beispielsweise als aggressiv/gewalttätig ‚entlarvt', dann wird der gesamten Gruppe dieses Merkmal zugeschrieben und sie wird zu einer gewalttätigen Gruppe! Stroebe (1990) bezeichnet solche Stereotypisierungen als „mentale Abkürzungen"[13], die zwar fast immer zu unzulässigen Schlüssen führen, aber dennoch in unübersichtlichen, widersprüchlichen und komplexen Situationen angewandt werden, gerade um solche Situationen zu bewältigen. Das heißt, Intergruppendiskriminierungen und Ausgrenzungsprozesse sind als Kategorisierungsprozesse, also als kognitive Prozesse, als Lebensbewältigungsprozesse, zu verstehen.

Die Basis für Intergruppendiskriminierungen und Ausgrenzungsprozesse bilden Vergleichs-/Kategorisierungsprozesse, in dem die eigene Gruppe als eher ‚positiv', die andere Gruppe dagegen eher ‚negativ' eingeschätzt wird, das heißt,

---

[11] Von einer Gruppe kann gesprochen werden, wenn (1) die einzelnen Mitglieder sich im Klaren darüber sind, dass sie zu einer Gruppe gehören (=kognitive Komponente), (2) die Mitglieder eine Vorstellung darüber haben/entwickeln, ob von der Gruppe oder einzelnen Mitgliedern eine positive oder negative Wertkonnotation ausgeht (=evaluative Komponente) und (3) die einzelnen Mitglieder emotional beteiligt sind (=emotionale Komponente).

[12] Stroebe 1990

[13] Stroebe 1990, S. 419

der eigenen Gruppe werden positive Eigenschaften, Merkmale, Charakteristika, der anderen dagegen negative zugeschrieben. Dieser Vergleich trägt indirekt zu der Selbstwertschätzung der Gruppenmitglieder bei: Wenn die eigene Gruppe als überlegen wahrgenommen werden kann, können sich auch die einzelnen Gruppenmitglieder als überlegen/höherwertig einschätzen und wenn eine Überlegenheit festgestellt werden kann, dann sind daran auch klare Bevorzugungen zu knüpfen. Allerdings liegen solchen Vergleichen nicht selten Beurteilungsfehler zu Grunde, und zwar, dass nach Möglichkeiten und Wegen gesucht wird, die eigene Gruppe in günstigerer Weise darstellen zu können. Tajfel (1978) bezeichnet diesen Prozess auch als „Herstellung positiver Distinktheit" und kommt zu dem Schluss, dass die Herstellung von Distinktheit ausgelöst wird, wenn die einzelnen Gruppenmitglieder beziehungsweise die Gruppe über eine geringe Selbstwertschätzung verfügen[14].

Zusammenfassend kann festgehalten werden,
- dass Ausgrenzungsprozessen Vergleichs- und Kategorisierungsprozesse zu Grunde liegen,
- dass solche Prozesse mit dem Ziel verbunden werden, der eigenen Gruppe positive Eigenschaften etc. und der Fremdgruppe dagegen negative zu zuschreiben und
- dass Ausgrenzungsprozesse zu einer positiven Selbstwertschätzung beitragen können.

Elias (1993) konnte solche Prozesse in der ‚Winston-Parva-Studie' nachzeichnen. Er hat dabei festgestellt, dass die inhaltliche Ausgestaltung der Vergleichs- und Kategorisierungsprozesse beliebig sein kann. Ausschlaggebend ist lediglich, dass ein sich unterscheidendes Kriterienpaar entwickelt wird. Die Unterscheidung zwischen neu zugezogenen Familien, den sogenannten Außenseitern, und den alteingesessenen Familien, den sogenannten Etablierten, kann dort

---

[14] Unterschiedliche Experimente bestätigen diesen Zusammenhang. Näheres dazu in: Stroebe 1990

nicht wegen ihres unterschiedlichen Reichtums und Wissens oder aufgrund sonstiger Unterschiedlichkeiten vollzogen werden, weil beide Gruppen sich sowohl bezüglich ihres Reichtums und Wissens nicht/kaum unterscheiden, sodass zur Begründung der Ausgrenzung ein anderes, neues Kriterium, das ‚alt-neu-Kriterium' herangezogen wird: Familien, die schon über einen längeren Zeitraum im Dorf leben, sich also zu den „Etablierten"[15] zählen, heben sich von den anderen Familien, die noch nicht so lange dort leben, ab. Damit drücken die Etablierten ihre Überlegenheit gegenüber den „Außenseitern" aus. Die Winston-Parva-Studie zeigt, dass Ausgrenzung und Diskriminierung zwar immer einem hierarchischen Ordnungsprinzip folgt, dass allerdings dessen inhaltliche Bestimmung von den Gruppen und/oder Menschen, die die Definitionsmacht besitzen, relativ beliebig ausgeformt werden kann.

In Winston Parva treffen zwei Gruppen, die Gruppe der Alteingesessenen und die Gruppe der Neuzugezogenen, aufeinander und müssen mit einander interagieren. Elias konnte feststellen, dass sich beide Gruppen in einem Punkt deutlich voneinander unterschieden. So glauben die Mitglieder der Gruppe der Alteingesessenen „von sich, sie seien im Hinblick auf ihre menschliche Qualität *besser* (i.O.) als die anderen"[16]. Dieses Phänomen lässt sich – sozialpsychologisch betrachtet – als Intergruppendiskriminierung fassen, dem Kategorisierungs- und Vergleichsprozesse vorausgingen. Beiden Gruppen wurden bestimmte Eigenschaften, Merkmale, Charakteristika zugeschrieben. Es fanden also Stereotypisierungsprozesse statt, deren Ergebnis war, dass der eigenen Gruppe, der Gruppe der Alteingesessenen, positive Stereotypen zugeschrieben wurden, auch wenn nicht alle Gruppenmitglieder sich damit auszeichnen konnten. Durch die Attribuierung positiver Merkmale konnten sich die einzelnen Gruppenmitglieder unter diesen Merkmaltyp subsumieren,

---

[15] Elias 1993
[16] Elias 1993, S. 7

ihre Selbstwerteinschätzung lag damit eindeutig im positiven Bereich. Zu der Intergruppendiskriminierung konnte es kommen, weil die einzelnen Gruppenmitglieder der Alteingesessenen deutliche Identitätsdefizite aufzeigten, sie sich ihres Selbstwerts nicht sicher waren. Um dies zu überwinden, haben sie es nötig, eine positive Distinktheit herzustellen. Ohne an dieser Stelle näher auf die ‚Winston-Parva-Studie' einzugehen, lässt sich festhalten, dass die in Winston Parva von seinen Bewohnern und Bewohnerinnen vorgenommene Einteilung in Alteingesessene, also Etablierte, und Neuzugezogene, also Außenseiter, als Intergruppendiskriminierung zu fassen ist und damit die Benachteiligung der Gruppe der Neuzugezogenen/Außenseiter erklärt werden kann. Auf den Punkt gebracht heißt dies: Wenn ich mich zu einer Gruppe rechnen kann, die sich durch positive Merkmale aus- und kennzeichnet, dann ist es naheliegend, dass ich dann auch auf Privilegien zurückgreifen kann beziehungsweise mit Privilegien ausgestattet bin.

Eine Gruppe, die sich dadurch auszeichnet und die von sich glaubt, sie verfüge über bessere menschliche Qualitäten als andere Gruppen, kann als hegemoniale beziehungsweise machthabende Gruppe fungieren. Die Ausbildung oder Stabilisierung von Macht vollzieht sich dadurch, dass die Etabliertengruppe/hegemoniale Gruppe der Außenseitergruppe die schlechten Eigenschaften der schlechtesten ihrer eigenen Gruppe zuschreiben und sie schreibt sich selbst die besten Eigenschaften der Besten ihrer eigenen Gruppe zu: Mit höherer Macht ausgestattet zu sein, heißt dann mit einer besonderen ‚Gnade', die auf einem menschlichen Verdienst beruht, bedacht worden zu sein. Dabei misst sich die Außenseiter-Gruppe selbst am Maßstab der Etablierten-Gruppe und muss so zwangsläufig zu dem Ergebnis gelangen, über schlechtere Eigenschaften zu verfügen und damit – mit Recht – mit weniger Macht auszustatten sei!

Rassismus

Die Verwendung des Rassismus-Begriffs fällt nicht leicht. Der deutsche Faschismus hatte (und hat) sich in unrühmlicher Weise dieses Phänomens und vor allem auch dieses Begriffs bedient, um ideologisch die Ausrottung unterschiedlicher Menschengruppen (Sinti, Roma, Juden, Behinderte, Homosexuelle, sogenannte Arbeitsscheue etc.) zu legitimieren. Dieser ‚alte‘ oder klassische Rassismus geht von der genetisch-bedingten Verschiedenheit und damit gleichzeitig Ungleichwertigkeit von Menschen aus, die als unüberwindbar und unaufhebbar gilt. Dieser klassische Rassismus-Begriff, der nach Miles (1991) im englischen Sprachgebrauch erst in den 30er Jahren des letzten Jahrhunderts auftaucht, basiert also auf biologischen und anthropologischen Klassifikationen[17] und geht davon aus, dass bestimmte menschliche Eigenschaften und Fähigkeiten durch die Rasse determiniert beziehungsweise genetisch bedingt sind. Es wird also von einem kausalen Zusammenhang zwischen einem ethnischen Merkmal (zum Beispiel dunklere Hautfarbe) und besonderen Eigenschaften und Fähigkeiten (zum Beispiel Fleiß) ausgegangen, der die Ideologie der Ausgrenzung formiert. Mit der aufgestellten Kausalität einher geht die Hierarchisierung und Bewertung der menschlichen Eigenschaften. So werden genetische Merkmale mit individuellen Eigenschaften gekoppelt, woraus sich dann scheinbare Typiken herausstellen lassen. Um am obigen Beispiel zu bleiben: Menschen mit dunklerer Hautfarbe sind fleißig; Menschen mit hellerer Hautfarbe dagegen faul. Dem allem liegt ein hierarchisches Ordnungsprinzip (fleißig = höherwertig; faul = minderwertig) zu Grunde. Die verheerenden Folgen dieser rassistischen Grundeinstellung sind bekannt. Und kaum jemand möchte in den Verruf kommen, in ähnlicher/gleicher Weise zu denken und zu handeln.

---

[17] Huxley und Haddon (1935) zit. v. Miles (1991, S. 60) klassifizieren die Menschen in drei Gruppen. Die Klassifikationsmerkmale bzw. Rassen-Merkmale sind die Hautfarbe, die Nasenform und die Beschaffenheit des Haares.

Heute geht man nicht mehr von genetisch-bedingten Un-
gleichwertigkeiten aus, sondern spricht dagegen von der Un-
aufhebbarkeit kultureller und sozialer Unterschiede zwischen
unterschiedlichen Menschengruppen. Dieser ‚neue' Rassismus[18] geht von der Unüberwindbarkeit kultureller Differenzen aus, infolgedessen dann eindeutige Grenzen zwischen
den verschiedenen Kulturen beizubehalten beziehungsweise
zu ziehen sind. Der moderne Rassismus-Begriff geht also
von der „Unvereinbarkeit (unterschiedlicher, weil ungleicher,
BS) Lebensweisen und Traditionen"[19] aus. Aber auch hier
gilt die hierarchische Ordnung, in der die unterschiedlichen
Lebensweisen und Traditionen und somit auch die Menschen, die sich ihr zugehörig fühlen, gegeneinander abge-
grenzt und ausgegrenzt werden. Die Basis für einen solchen
rassistisch-motivierten Aus- und Abgrenzungsprozess leitet
sich ideologisch aus der Theorie der Ungleichheit und Ungleichwertigkeit ab: Es werden Ungleichheiten festgestellt
und einem hierarchischen Ordnungsprinzip unterworfen. Dabei wird die hierarchische Ordnung von außen vorgenommen, also von Gruppen und/oder Menschen, die „von sich
glauben, sie seien im Hinblick auf ihre menschliche Qualität
besser als die anderen"[20]. Rassismus ist also eine Denk- und
Handlungsform, die die Begründung dafür liefert, die eigene
Gruppe/die eigenen Lebensweisen und Traditionen als allein
geltende und somit höherwertige darzustellen und ‚Andere'
aufgrund ihrer andersartigen Lebensweisen und nicht-
konformen Traditionen als minderwertig zu beurteilen. Die
Ausformung der Ausgrenzungs- und damit Abqualifizie-
rungskriterien sind somit vielfältig und beliebig. Sie können
besondere Fähigkeiten, aber auch für die eigene Gruppe Typisches herausstellen. So bildet beispielsweise, wie schon

---

[18] Vielfach wird in diesem Zusammenhang auch von der Kulturkonflikt-
these gesprochen, die davon ausgeht, dass das Vorhandensein unterschiedlicher Kulturen per se Konflikte hervorbringt.
[19] Balibar 1989, S. 373.
[20] Elias 1993, S. 7

oben beschrieben, das von Elias entwickelte Kriterienpaar ‚alt-neu' ein solches Ausgrenzungskriterium[21].

Die klassische Bestimmung von Rassismus, die Menschengruppen nach Haarfarbe, Augenfarbe, Körperbau, Hautpigmentierung kategorisiert, wird heute so nicht/kaum mehr verwendet. Denn es kann festgestellt werden, dass „es in einer als genetisch gleich definierten Gruppe genauso große Unterschiede zwischen den Individuen geben kann, wie zwischen den Individuen von als genetisch verschieden definierten Gruppen"[22]. So zeigen Menschen, die in einer als genetisch gleich definierten Gruppe leben, durchaus unterschiedliche kulturelle Vorlieben, Lebensweisen und Traditionen. Beispielsweise leben in ländlichen Regionen genetisch gleiche oder zumindest ähnliche Gruppen wie im urbanen Bereich, aber es existieren dort andere Traditionen als in städtischen Regionen; oder unterscheiden sich ältere Menschen in ihrer Lebensweise von jüngeren Menschen etc.

Der rassistische Diskurs beinhaltet aber nicht nur die ideologische Überformung von unterschiedlichen Lebensweisen und Traditionen. In gleichem Maße werden auch Kultur-Unterschiede für Ausgrenzungs-/Diskriminierungsprozesse herangezogen und ideologisch überbaut. Unbenommen existieren in einer modernen Gesellschaft die unterschiedlichsten Kulturen und kulturellen Vorlieben. Dabei sind solche Unterschiede bei Weitem nicht nur zwischen unterschiedlichen Nationalitäten auszumachen, sondern bestehen durchaus auch innerhalb einer einzigen Nation[23]. Die kulturellen Unterschiede scheinen aber dennoch von besonderer Bedeutung zu

---

[21] Elias 1993

[22] Kalpaka/Räthzel 1990, S. 13

[23] Um nur eine kleine Auswahl zu nennen: Es gibt ländliche Kulturen, städtische Kulturen, Jugendkulturen, StudentInnenkulturen, ArbeitnehmerInnenkulturen, Frauenkulturen etc. Der Gebrauch des Plurals ist hier gewollt. Es soll damit verdeutlicht werden, dass sich diese spezifischen Kulturen nochmals spezifizieren und es zu deutlichen Unterschieden kommen kann.

sein. Aber allein die Feststellung einer Vielfalt an Kulturen und kultureller Unterschiede hat nichts ‚Rassistisches' an sich. Eine rassistische Konnotation erhält dies erst durch die ideologische Überbauung der festgestellten Vielfalt und Unterschiede, indem die unterschiedlichen Kulturen einer Bewertung und Hierarchisierung unterzogen werden und so aus Unterschieden Ungleichheiten werden! Daher wird in der modernen Rassismusdebatte die hierarchische Ordnung der unterschiedlichen Kulturen besonders hervorgehoben und ihr entsprechend werden dann Aus-, Ab- und Eingrenzungsprozesse vorgenommen. Damit wird die Ordnung nach höherwertigen Kulturen (= Dominanzkultur) und minderwertigen Kulturen zur Grundlage für rassistisch-motivierten Aus- und Abgrenzungsprozesse.

Dieser ‚neue' Rassismus geht davon aus, dass die kulturellen Differenzen, die sich wiederum aus den genetisch-bedingten Verhaltens- und Handlungsmustern ergeben, unüberwindbar sind und infolgedessen eindeutige Grenzen zwischen den verschiedenen Kulturen beizubehalten beziehungsweise zu ziehen sind. Sowohl der klassische als auch der moderne Rassismus verfolgt aber das gleiche Ziel, beide streben eine Segmentierung in unterschiedliche Gruppen an, wobei die Überlegenheit der hegemonialen Gruppe durchgesetzt wird. Die sich auf einzelne Gruppen beziehende Ausgrenzung und Diskriminierung ist ein soziales Konstrukt: Äußere, körperliche, anthropologische Merkmale einer bestimmten Menschengruppe werden mit bestimmten kulturellen Vorlieben/Vorstellungen verknüpft. Durch diese Verknüpfung werden in der Folge unveränderbare Merkmale konstruiert beziehungsweise naturalisiert. Gleichzeitig wird diesen Merkmalen das Kennzeichen der Unterentwickeltheit, Minderwertigkeit, Marginalität aufgedrückt, sodass ursprünglich künstlich konstruierte Merkmale/Eigenschaften/Vorlieben zu unveränderbaren, natürlichen, angeborenen Eigenschaften werden. Dieser Prozess rechtfertigt und macht die Verwendung des Rassismus-Begriffs notwendig. Dabei meint Ausgrenzung nicht unbedingt, dass die als fremd und minderwertig betrachteten Menschen das Land zu verlassen haben. Balibar (1990) weist darauf hin, dass Ausgrenzung eher als Forderung nach Unterordnung unter die Interessen der hegemonialen Gruppe zu verstehen ist. Grundsätzlich geht diese inhaltliche Bestimmung vom Vorhandensein unterschiedlicher heterogener Kulturen aus, die nicht miteinander zu vereinbaren zu sein scheinen. Und so bringt gerade diese Unvereinbarkeit interkulturelle Konflikte hervor. Man spricht in diesem Zusammenhang dann auch von der Kulturkonflikt-These, die grundsätzlich voraussetzt, dass es eine für die Mehrheitsgesellschaft gültige Kultur, also Hegemonialkultur, gibt, der sich die Anderen, die nicht zu der Hegemonialkultur gehören beziehungsweise sich ihr nicht zurechnen wollen/können, unterzuordnen haben. Dabei gilt die Hegemonialkultur als die überlegene. So verbindet sich mit dem Eingebundensein in diese hegemoniale Kultur eine „kulturelle Gleichgesinntheit"[24], mit der gleichzeitig eine Überlegenheit gegenüber anderen kulturellen Erscheinungen zum Ausdruck kommt[25].

Rassistische Praxen entstehen auch nicht etwa aus angeborener Angst vor fremden Kulturen und Andersartigkeiten (= Xenophobie), sondern vielmehr aus einer überaus starken Betonung der eigenen Kultur, Macht und Stärke. Foucault spricht hier von der „Bio-Macht"[26]. Mit Foucault ist es daher möglich, zu klären, weshalb Menschen solche Klassifizierungssysteme zu entwickeln nötig haben, weshalb sie solche Klassifizierungen anwenden: Rassistische Praxen haben danach die Funktion, die ständig vorhandene Bedrohung und Gefahr, an Macht und Stärke zu verlieren, zu überwinden,

---

[24] Böhnisch/Arnold/Schröer 1999, S. 278

[25] Böhnisch/Arnold/Schröer (1999) sehen in der Gefahr des Verlustes an hegemonialer Macht die Basis für die Entwicklung sogenannter „Ersatzidentitäten" (284) beziehungsweise die Aktivierung der „national-kulturellen Dividende" (284).

[26] Foucault zit. v. Magiros 1995

indem die eigene Macht, Stärke und Gesundheit[27] überbetont wird. Damit wird es möglich, sich von ‚Anderen' abzugrenzen, während diese dann als weniger stark und gesund konstruiert werden. Eine solche Abgrenzung setzt allerdings die Konstruktion von ‚Feind-Bildern' voraus und den „idealen Feind hat sich der Rassist geschaffen, wenn er aus einem, der *anders* ist als er, jemand gemacht hat, der *nicht so ist wie* er ist"[28], d.h., „indem sich der Rassist einen ‚ungleichen Gleichen' schafft, ist es ihm möglich geworden, sich mit sich selbst vollständig im Gleichgewicht zu fühlen"[29]. Rassistische Praxen dienen daher nach Foucault primär nicht dazu, ‚Andere' auszugrenzen, sondern sich selbst zu stabilisieren, mit sich selbst (wieder) ins Gleichgewicht zu gelangen. Rassismus kann demnach auch als ein Prozess der ‚Umbenennung'[30] bezeichnet werden: Aus Fremden/m wird ein Feind geschaffen, ein Mensch, der nicht so ist wie man selbst. Ein rassistisch Denkender und Handelnder schafft sich aus dem Fremden einen „ungleichen Gleichen"[31], mit dem Ziel, wieder mit sich selbst in Einklang, im Gleichgewicht zu sein. Eine solche ‚Umbenennung' entsteht beispielsweise aus der Betonung der eigenen Gesundheit, der eigenen Stärke/Sexualität und damit gleichzeitigen Ablehnung des ‚Anderen' als krank, schwach/impotent. Mit dieser Über-Betonung, die der rassistisch Denkende und Handelnde als sein Kapital sieht, und das er in die Gesellschaft einbringt, meint er, eine führende, sichere gesellschaftliche Position einnehmen zu können.

---

[27] Foucault hebt in diesem Zusammenhang auch die Betonung der eigenen sexuellen Stärke hervor. Vgl. Foucault: Sexualität und Wahrheit 1-3. 1983, 1989, 1989. Vgl. dazu auch: Böhnisch/Arnold/Schröer 1999

[28] Foucault nach Magiros 1995, S. 62. Herv. i.O.

[29] Foucault nach Magiros 1995, S. 63

[30] Elfferding geht von einem ähnlichen Prozess aus, bezeichnet diesen aber als `Verschiebung` und leitet ihn theoretisch aus dem psychoanalytischen Denken ab. Vgl. Elfferding in: Räthzel 2000

[31] Magiros 1995, S. 63

Der Rassismus-Begriff grenzt sich ebenso auch vom Begriff des Ethnozentrismus ab. Dieser bestimmt zwar ethnisch andere Gruppen als minderwertig im Vergleich zur eigenen Gruppe, legt aber die unterschiedlichen kulturellen Merkmale nicht als genetisch-bedingt fest. Der Ethnozentrismus bezieht immer die beiden Dimensionen der „Eigengruppen-Glorifizierung und Fremdgruppen-Diffamierung"[32] mit ein. Ethnozentrische Denk- und Handlungsmuster formieren nicht nur das Verhältnis der Menschen zu Völkern und Nationen, sondern ebenso auch sonstige Beziehungen wie zum Beispiel Familie, Nachbarschaft, Fußballfangruppen, Berufsgruppen, Geschlechter. So stellt Rieker (1997) beispielsweise bei ethnozentrisch orientierten männlichen Jugendlichen, die dem Prinzip der Eigengruppen-Glorifizierung und Fremdgruppen-Diffamierung folgen, gleichzeitig auch deutliche Diffamierungstendenzen gegenüber Frauen fest. Entsprechend zu den Studien zur Autoritären Persönlichkeit (Adorno 1969) stellt Rieker fest, dass „die Neigung zu ethnozentrischen Orientierungen mit der Betonung konventioneller Standards"[33] einhergeht. Diese Denkmuster werden theoretisch ebenfalls mit der Ideologie der Ungleichheit begründet.

Im Kontext von Ausgrenzung und Rassismus taucht nicht selten auch der Begriff ‚Nationalismus‘ auf. Nationalismus basiert auf dem Grundgedanken, dass die gesamte Weltbevölkerung in einzelne und solitäre Nationen eingeteilt ist. Jede Nation hat ihre eigene Geschichte, ihr eigenes Recht und ihre eigene Regierung. Die Angehörigen einer Nation identifizieren sich mit dieser Geschichte, mit diesem Recht und dieser Regierung, aber auch mit ihren scheinbar einzigartigen Traditionen. „Ideologisch gesehen bezieht sich der Begriff der Nationalisierung auf einen wachsenden bewußten und organisierten Versuch des Staates, ein Gefühl von Gemeinsamkeit zwischen (…) der differenzierten Bevölkerung eines Territoriums zu schaffen und aufrechtzuerhalten. Diese

---

[32] Rieker 1997, S. 14
[33] Rieker 1997, S. 213.

Imagination einer Gemeinschaft wird wiederum nicht durch eine ständige Bezugnahme auf die ‚eigene Nation' aufrechterhalten, sondern auch durch die Realität der anderen Nationen, die außer ‚unserer eigenen' existieren"[34]. Erst durch den Vergleich mit anderen Nationen entwickelt sich eine nationale Identität. Dieser Vergleich kann durchaus auch negativ ausfallen. Die eigene Nation wird als benachteiligt gesehen und die Forderung auf eine „Bevorzugung nach dem nationalen Kriterium"[35] wird eingefordert, damit gleichzeitig die Benachteiligung Angehöriger anderer Nationen akzeptiert beziehungsweise verlangt. Wer sich aber zu den Angehörigen einer Nation[36] rechnen darf, wer mit gleichen Rechten ausgestattet ist, wer also an der Bevorzugung teilhaben darf, bestimmt die Abstammung, das sogenannte Recht des Blutes (ius sanguinis). Dieses Verständnis von Nation hat sich in Deutschland durchgesetzt. Nationalismus, der sich in der Hervorhebung und Überbetonung des nationalen Kriteriums ausformuliert, mit dem wiederum Ausgrenzung begründet und hergeleitet werden kann, ist ein Element ausgrenzend-rassistischer Denk- und Handlungsmuster.

Für die inhaltliche Bestimmung ausgrenzend-rassistischer Denk- und Handlungsmuster tritt oftmals auch der Begriff des Rechtsextremismus auf, der sowohl alltagssprachlich als auch im sozialwissenschaftlichen Kontext vielfach verwendet wird; so auch in vielen Jugendstudien, die sich im weitesten Sinne mit dem Phänomen ‚Ausgrenzung' beschäftigen[37].

---

[34] Miles in: Leiprecht 1992, S. 25

[35] Held 1996, S. 73.

[36] Der Begriff der Nation hat seine Prägung in der Französischen Revolution erhalten. Man verstand darunter eine Rechtsgemeinschaft, in der alle Bürger gleiche Rechte besitzen sollen, die auf dem Boden dieser Nation leben (ius soli).

[37] So zum Beispiel: Heitmeyer (1993, 1991, 1987), Möller (2000, 1993, 1994), Verfassungsschutzbericht (1999, 1998, 1997), Merten/Otto (1993), Förster u.a. (1992), Kowalsky/Schroeder (1994), Melzer (1992)

Rechtsextremistischen Denk- und Handlungsmustern liegen rassistische Grundelemente zu Grunde. Sie lassen sich aus der Ideologie der Ungleichheit und Ungleichwertigkeit (siehe oben) ableiten. Diese rassistischen Denkmuster/Ideologeme liefern die Basis und Begründung für gewalttätige und gewalthaltige Handlungen. Wenn beide Dimensionen (Rassismus und Gewalt) in Kombination auftreten, spricht man von Rechtsextremismus. Die Grundlagen und theoretischen Herleitungen für Rechtsextremismus bildet somit wiederum der Rassismus. In diesem Fall werden aber die ausgrenzend-rassistischen Denk- und Handlungsmuster in einer radikalen Form, nämlich mit Gewalt durchgesetzt. Deshalb tritt der Rechtsextremismus-Begriff immer auch im Zusammenhang mit Gewalt auf. Er meint also die gewalthaltige Ausführung und Durchsetzung von Ausgrenzungen und Abwertungen. Die Bezeichnung ,extremistisch' macht deutlich, dass es sich hierbei um Aktivitäten oder Organisationen handelt, die verfassungswidrig sind und sich gegen das Grundgesetz richten. Der Rechtsextremismus-Begriff, so wie er auch von Sozial- und ErziehungswissenschaftlerInnen verwendet wird, erfasst also lediglich solche rassistischen und nationalistischen Denk- und Handlungsmuster (Ideologeme), die mit Gewalt durchgesetzt werden. Damit kommt deutlich zum Ausdruck, dass nicht das rassistische und nationalistische Gedankengut als verfassungswidrig gilt, sondern es ist die gewalthaltige Durchsetzung und Ausführung dieser Ideologeme, die mit dem Grundgesetz unvereinbar sind und damit strafrechtlich verfolgt werden.

Der Rechtsextremismus-Begriff findet auch in der Sozialforschung eine breite Resonanz[38]. Damit werden aber bestimmte Phänomene schon sprachlich ausgeschlossen. Mit dem Rechtsextremismus-Begriff kann beispielsweise der Alltagsrassismus nicht gefasst werden. Alltägliche und unauffällige – sogenannte normale – ausgrenzend-rassistische Denk- und Handlungsmuster (wie zum Beispiel Benachteiligungen)

---

[38] Heitmeyer und viele andere JugendforscherInnen verwenden ausschließlich den Rechtsextremismus-Begriff.

können damit nicht thematisiert werden. Die Folge davon ist, dass sie einfach ignoriert werden: Man tut so, als ob es sie überhaupt nicht gäbe. Aber weil gerade dieser Alltagsrassismus „ein Merkmal der gesellschaftlichen Realität (...) ist und alle von Rassismus betroffen sind"[39], muss er auch als solcher sprachlich gefasst werden.

Die Diskussion und die inhaltlich-funktionale Bestimmung der einzelnen Begriffe, die im weitesten Sinne das Phänomen ‚Ausgrenzung' behandeln, zeigt, dass die hier zu erklärenden Phänomene eindeutig mit dem Begriff des Rassismus zu fassen sind. Es handelt sich dabei um Phänomene, die (1) nicht gewalttätig ausgelebt werden, die sich (2) aus der Ideologie der Ungleichheit und Ungleichwertigkeit speisen und die (3) die eigene Gruppe, die eigenen Lebensweisen und die eigenen Vorstellungen, in Abgrenzung zu anderen, als höherwertig bewerten und damit (4) ihre ausgrenzenden Denk- und Handlungsmuster, gleichzeitig aber auch ihre Eingrenzung und Abwertung, legitimieren. In diesem Zusammenhang von Ausländerfeindlichkeit zu sprechen wäre dysfunktional, weil nicht nur AusländerInnen und bei Weitem nicht alle AusländerInnen von Ausgrenzung und Rassismus betroffen sind: Der französische Diplomat weitaus weniger als die/der türkische FabrikarbeiterIn. Ein weiteres Argument, das für die Verwendung des Rassismus-Begriffs spricht, ist sein internationaler Gebrauch. In sämtlichen europäischen Ländern wird der Rassismus-Begriff verwendet, lediglich im deutschsprachigen Raum findet der Begriff der Ausländerfeindlichkeit seine Anwendung und erscheint deshalb auch in einigen Untersuchungen.

Ein weiterer Grund, sich des Rassismus-Begriffs zu bedienen, ist dessen Eindeutigkeit und Pointiertheit. Werden klar ausgrenzend-rassistische Denk- und Handlungsmuster etwa nur unter beispielsweise Ausländerfeindlichkeit, Ethnozentrismus oder Nationalismus gefasst, dann können damit

---

[39] Mecheril/Teo 1997, S. 7

immer nur einzelne Segmente – entweder Kultur oder Nation etc. – behandelt werden. Mit dem Begriff des Rassismus können dagegen sämtliche Ausgrenzungskriterien gefasst werden. Seine Breite lässt es zu, dass auch solchen Ausgrenzungskriterien Aufmerksamkeit geschenkt werden kann, die sich aus dem jeweiligen Lebenskontext erst entwickeln. Mit Elias konnte aufgezeigt werden, dass die Entfaltung solcher Ausgrenzungskriterien beliebig sein können, dass sie aber immer an den jeweiligen Lebenskontext gebunden sind. Das heißt, dass unter dem Rassismus-Begriff sich aus dem jeweiligen Lebenskontext ergebenden Ausgrenzungskriterien subsumierbar sind.

Mit der Kombination der Begriffe ,Ausgrenzung' und ,Rassismus' soll deutlich gemacht werden, dass es in der hier vorliegenden Arbeit um einen klar eingrenzbaren Gegenstand geht, nämlich um Exklusions- und Inklusionsprozesse, die mit der Ideologie der Ungleichheit und Ungleichwertigkeit begründet werden. Die festgestellte Ungleichheit bezieht sich auf kulturelle, soziale Unterschiede (moderner Rassismus). Mit dieser Gegenstandsbestimmung können dann alle jene Denk- und Handlungsmuster gefasst werden, die aufgrund von Ungleichheits- und Ungleichwertigkeitsvorstellungen eine nicht-gewalttätige Ausgrenzung anderer Menschen und/oder die Eingrenzung in die eigene Gruppe zum Ziel haben. Der klare Vorteil, der sich aus der so vorgenommenen Gegenstandsbestimmung ergibt, ist, dass damit im täglichen Umgang zu findende, auch das Zusammenleben regelnde ausgrenzend-rassistische Denk- und Handlungsmuster operationalisierbar werden. Dazuhin grenzt sich die hier vorgenommene Gegenstandsbestimmung, die keinesfalls ausgrenzend-rassistische Denk- und Handlungsmuster bei Landjugendlichen schon erklärbar macht, unmissverständlich vom Rechtsextremismusbegriff ab, der ja von einer gewalthaltigen Durchsetzung von Ungleichheits- und Ungleichwertigkeitsvorstellungen ausgeht.

Mit dieser inhaltlichen (und theoretischen) Bestimmung von

Ausgrenzung und Rassismus konnte gezeigt werden, in welcher Form sich Ausgrenzung und Rassismus äußern und welche Ziele die Menschen damit zu erreichen versuchen. Diese Gegenstandsbestimmung konnte aber nicht zeigen, wie zum Beispiel Intergruppendiskriminierungsprozesse (Brown) entstehen oder wie der Prozess zur Herstellung einer positiven Distinktheit (Tajfel) sich entwickelt.

3 Jugendliche im ländlichen Raum

Der Begriff ‚Landjugend' setzt sich eigentlich aus zwei Termen, nämlich aus ‚Land' und ‚Jugend' zusammen. Was unter ‚Jugend' zu verstehen ist, kann (fast) eindeutig definiert werden. Jugend ist eine Bezeichnung für eine bestimmte Altersphase und bezeichnet einen Entwicklungsabschnitt beziehungsweise eine Altersphase zwischen dem 14. und 25. Lebensjahr. Allerdings können diese Altersangaben nur als grobe Grenzen gesehen werden[40]. Eine eindeutige und klare Lebensalterszuschreibung ist nicht möglich, weil das Jugendalter einer weiteren Bestimmung unterliegt: Das Jugendalter als Altersphase tritt dann ein, wenn die Pubertät abgeschlossen und die geschlechtliche Reife (Fortpflanzungsfähigkeit) vorhanden ist, und ist abgeschlossen, wenn eine gewisse emotionale, soziale und ökonomische Selbst- und Eigenständigkeit erreicht ist. Mit dieser entwicklungsspezifischen Einordnung zeigt sich, dass die Altersgrenzen fließend sind und nur einen Orientierungswert abgeben. Es bleibt individuell unterschiedlich, in welchem Alter Pubertierende diese Entwicklungsphase abgeschlossen haben und ebenso individuell unterschiedlich ist der Zeitpunkt des Erreichens der emotionalen, sozialen und ökonomischen Selbst- und Eigenständigkeit[41]. Es ist nicht Gegenstand dieses Vorhabens, sich intensiver mit der Spezifik ‚Jugend und Jugendalter' auseinander zu setzen, dies müsste an anderer Stelle geschehen[42]. Es bleibt allerdings festzuhalten, dass in dieser Altersphase die „wesentlichen gesellschaftlichen, ethischen und individuellen Orientierungen erworben werden sollen"[43], es ist aber auch die Altersphase, in der vielfältige Problemkonstellationen, aber auch Selbstfindungsprozesse, wie zum Beispiel Status-

---

[40] Siehe dazu: Münchmeier in: Jordan/Schone 1998, S. 35-41

[41] Zu denken ist in diesem Zusammenhang z.B. an verlängerte Ausbildungszeiten oder auch an die unsichere Arbeitsmarktlage.

[42] Weitere Literatur zu dieser Thematik: Hurrelmann/Ulich 1980, Hurrelmann u.a. 1985, 12./13. Shell-Jugendstudien, Oerter/Montada 1987, Böhnisch 1996

[43] Oesterreich 1993b

unsicherheit, Selbstbildveränderungen, Probleme der Selbst-
orientierung, sexuelle Bindungen, Ablösung von der Herkunftsfamilie[44]. auftreten. Das Jugendalter (14 – 25 Jahre)
muss heute als eigenständige Lebensphase gesehen werden,
während es in den 1970er Jahren noch als eine Übergangsphase zum Erwachsen-Werden angenommen wurde. Die Begründungen hierfür liegen neben der früher eintretenden soziokulturellen Reife der Kinder und Jugendlichen aufgrund
ihrer früheren und stärkeren Außen- beziehungsweise
Gleichaltrigenorientierungen, die zumindest den emotionalen
Ablöseprozess von der Herkunftsfamilie vorverlagern.
Gleichzeitig bleiben die Jugendlichen aber aufgrund ihrer
deutlich verlängerten Schul- und Ausbildungszeiten ökonomisch von ihren Eltern abhängig. Darüber hinaus tragen auch
die gesellschaftlichen Entwicklungsprozesse dazu bei, dass
das Jugendalter als eigenständige Lebensphase gilt. Aufgrund
der „gesellschaftlichen Modernisierung"[45] werden ehemals
funktionale Statuspassagen des Erwachsen-Werdens dysfunktional: Bedeutete in den 1950er Jahren die abgeschlossene Berufsausbildung den Eintritt in die Welt der Erwachsenen, so heißt dies für die heutigen Jugendlichen, dass sie sich
erneut >umsehen< müssen, dass sie vielleicht nochmals über
einige Umwege erst sich ins Berufsleben integrieren können.
Dabei verspricht die Berufsausbildung keinesfalls einen eindeutigen und langfristigen Lebensentwurf, so wie es in der
Normalbiographie vorgesehen ist. Die Entwicklung und das
Festhalten an langfristigen Lebensentwürfen kann für die Jugendlichen sogar bedrohend oder schädlich sein. Denn in der
heutigen Zeit wird eher Mobilität, Spontanität und Kreativität
erwartet und verlangt[46]. Diese neuen Sozialisationsziele entsprechen zwar den Notwendigkeiten unserer Zeit, stellen die
Jugendlichen allerdings vor immense Entwicklungsheraus-
forderungen. Denn zur produktiven Bewältigung dieser Herausforderungen fehlen den Jugendlichen heute die notwendi-

---

[44] Ausführlicher dazu siehe: Nickel 1975

[45] Böhnisch/Rudolph u.a. 1997, S. 9

[46] Ein in der Art erweitertes Sozialisationsmodell vertreten auch von Böh-
nisch/Schefold 1985.

gen modernen Orientierungspunkte, auf die sie und ihre Umwelt zurückgreifen könnten.

Weiter bleibt zu klären, was unter ‚Land' zu verstehen ist. Über lange Zeit, bis in die letzte Hälfte des vergangenen Jahrhunderts hinein, basierte die Definition von ‚Land' vorwiegend auf der Hervorhebung von Gegensätzen zwischen Stadt und Land: Das ‚Land' wurde über-idealisiert, indem ihm lediglich ‚gute' Eigenarten (Geborgenheit, zwischenmenschliche Nähe, intakte Familien- und Verwandtschaftsbezüge, Natürlichkeit etc) zugeschrieben wurden, im Gegensatz dazu der Stadt vorwiegend ‚schlechte' Eigenarten (moralischer Verfall, Kriminalität, Einsamkeit, etc). Diesem ideologisch überfrachteten Dichotomie-Modell stand ein Defizit-Modell gegenüber, das implizierte, dass das ‚Land' im Vergleich zur ‚Stadt' defizitär sei. Danach sind Fortschritt und Entwicklung ausschließlich städtische Elemente, die vom ‚Land' nachzuholen beziehungsweise aufzuarbeiten seien. Beide Modellannahmen konnten weder der Realität noch der Forschung Stand halten und so wird unter wirtschafts- und siedlungstheoretischen Aspekten vorgeschlagen, ‚Land' in die folgenden drei Typen aufzugliedern: „1. Ländliche Räume innerhalb von Regionen mit großen Verdichtungsräumen (...dessen, BS) Bewohner und Bewohnerinnen von dem Arbeitsangebot und der Infrastrukturausstattung der Verdichtungsräume profitieren. 2. Ländliche Räume mit leistungsfähigen Oberzentren und vergleichsweise guten wirtschaftlichen Entwicklungsbedingungen. Diese Räume weisen leistungsfähige zentrale Orte, eine ausreichende Ausstattung mit Erwerbsgrundlagen und Infrastruktur bei geringer Bevölkerungsdichte sowie Standortvorteile auf, etwa aufgrund ihrer Nähe zu den großen Verdichtungsräumen oder ihrer landwirtschaftlichen Vorzüge. 3. Peripherie: Hiermit werden dünn besiedelte ländliche Räume abseits der wirtschaftlichen Zentren des Bundesgebietes bezeichnet. Diese Räume sind in mehrfacher Hinsicht benachteiligt. Es treffen mehrere ungünstige Faktoren, wie niedrige Bevölkerungsdichte, ungünstige Wirtschaftsstruktur und periphere Lage, zusammen"[47]. Mit dieser Typologisierung scheint – zumindest theoretisch – die dichotome und die defizitäre Bestimmung des ‚Ländlichen' überwunden. ‚Land' wird damit nicht länger ausschließlich über seine Defizite und Mängel beziehungsweise über Geborgenheit und Idylle definiert, sondern ausschließlich über wirtschaftstheoretische Bestimmungen. Beschäftigt man sich aber intensiver mit dem Thema ‚Land' oder folgt dem Augenschein, dann wird deutlich, dass sich ‚Land/Ländlich' darüber hinaus auch durch sozio-kulturelle Spezifika, durch eine spezifische Sozialwelt auszeichnet[48]. Danach spezifiziert sich ‚Land/Ländlich' durch eine für dieses Territorium typische Sozialwelt[49], mit landtypischen Traditionen, Regeln und Orientierungsmustern[50].

Es gibt also unterschiedliche definitorische Ansätze zu ‚Land' beziehungsweise ‚Ländlich'. Sämtlichen Ansätzen ist aber gemein, dass sie ‚Land' beziehungsweise ‚Ländlich' immer in den Gegensatz zu ‚Stadt' beziehungsweise ‚Städtisch' stellen. Stadt und Land scheinen zwei von einander abgegrenzte Kategorien zu sein: Die beiden Kategorien ‚Stadt' und ‚Land' scheinen in einem dialektischen Verhältnis zu einander zu stehen. Um also die Kategorie ‚Land' verstehbar zu machen, müssen die beiden Gegensätze mit einander in Verbindung gebracht werden. Oder anders formuliert: ‚Land' ist nur in der Abgrenzung zur Kategorie ‚Stadt' erklärbar. So muss hier die Frage geklärt werden, worin sich die beiden Kategorien unterscheiden beziehungsweise, ob sich diese beiden Kategorien überhaupt unterscheiden oder sich zwischenzeitlich nicht angenähert haben.

---

[47] Schweppe 2000, S. 63

[48] So zum Beispiel: Böhnisch/Funk u.a. (1989), Böhnisch/Funk (1989), Link/Löffler u.a. (1983), Böhnisch/Winter (1990), Müller (1989), Ebertz/Nickolai (1999), Gängler (1990), Lenz (1990)

[49] Vgl. Schweppe 2000

[50] ausführlicher siehe Kap. 5 i.d.B.

Dem Augenschein nach hat sich ‚das' Land ‚der' Stadt deutlich angenähert. Die vielfach beschriebene Rückständigkeit der LandbewohnerInnen zeigt sich nur noch in Volksschauspielen. Dass die Realität anders aussieht, soll an einigen Beispielen aufgezeigt werden: So ist der mediale Zugang (Zeitungen, Fernseher, Radio, Internet, Telefon) der LandbewohnerInnen gleich hoch wie im urbanen Bereich.

Ebenso hat sich im Kontext der Schulbildung das Land der Stadt angenähert. Zieht man einzelne Jahrgänge zum Vergleich heran, dann zeigt sich, dass Schulkinder in ländlichen Regionen in etwa über dieselben Schulabschlüsse verfügen wie ihre AltersgenossInnen im urbanen Bereich. Auch die Ausstattung an technischen Haushaltsgeräten und Konsumgütern zeigt im Stadt-Land-Vergleich keine nennenswerten Unterschiede auf.

Das Defizit-Modell scheint als Unterscheidungskriterium obsolet. Es sind nicht die Defizite im Vergleich zum urbanen Raum, die den ländlichen Raum auszeichnen beziehungsweise bestimmen. Die Typik des Ländlichen ist somit nicht aus scheinbaren ländlichen Defiziten ableitbar.

Des Öfteren wird als für das Land typisch die dortige (scheinbare) Idylle und Geborgenheit hervorgehoben. Im Gegensatz zum urbanen Bereich scheinen im ländlichen Raum kaum Konflikt- und Problemfelder zu existieren. Diese idealisierende Sichtweise trügt. Der Stadt-Land-Vergleich zeigt, dass soziale Problemfelder in ländlichen Regionen ebenso präsent sind wie im urbanen Bereich. So tritt beispielsweise Ausgrenzung und Rassismus in ländlichen Regionen genau so oft auf wie im urbanen Bereich (siehe oben). So nähert sich auch die Umweltbelastung in ländlichen Regionen der im urbanen Bereich an.

In einigen wenigen Punkten unterscheidet sich ‚das Land' von ‚der Stadt'. Beispielhaft ist hier die Kriminalitätsbelastetheit zu nennen. Diese ist im urbanen Bereich deutlich höher als in ländlichen Regionen.

Ein weiterer Unterschied zeigt sich in den sozialen Problemfeldern. So ist im ländlichen Raum die Scheidungsrate deutlich niedriger als im urbanen Bereich. Auch die Anzahl an Alleinerziehenden ist im ländlichen Raum niedriger als im urbanen Bereich. Die Versorgung der nachfolgenden Generation findet im ländlichen Raum nach wie vor öfters im familialen als im institutionalisierten Kontext statt. Der familiale Zusammenhalt und die psychosoziale Versorgung der einzelnen Familienmitglieder scheint im ländlichen Raum ausgeprägter zu sein als im urbanen Bereich: Der ländlichen Raum scheint Geborgenheit und Sicherheit eher zu vermitteln. Zu dieser Aussagen verleitet das vorliegende Datenmaterial. Tritt man allerdings hinter die Kulissen dieses Datenmaterials, dann wird deutlich, dass die LandbewohnerInnen mit denselben Problem- und Konfliktfeldern wie StadtbewohnerInnen konfrontiert sind, dass sie diese aber auf eine andere Art und Weise zu bewältigen versuchen, nämlich landtypisch (siehe unten).

4   Theoretischer Zugang

Um die eigentliche Forschungsfrage beantworten zu können, ist es nötig, einen grundlegenden theoretischen Zugang zur Entwicklung bzw. Entstehung von menschlichem Handeln herzustellen. Den theoretischen Zugang zu dieser Fragestellung liefert das subjektwissenschaftlich-orientierte Grundmodell menschlichen Handelns. Im Kontext dieses theoretischen Zugangs wird paradigmatisch davon ausgegangen, dass dem menschlichen Handeln grundsätzlich Denk- und Bewertungsprozesse –also kognitive Prozesse – vorausgehen und dass diese das menschliche Handeln leiten.

Es wird hier also ein theoretischer Erklärungsansatz vorgestellt, der zur Klärung der oben gestellten Fragen beiträgt beziehungsweise der die Genese menschlichen Denkens und Handelns nachzeichnet. Es handelt sich hier um ein Theoriemodell, das nicht ausschließlich das Phänomen theoretisch zu klären versucht, sondern das sich vor allem auf den Entstehungsprozess des Phänomens fokussiert. Es ist also eine theoretische Annäherung, die das menschliche Handeln in seiner Entstehungsdimension abbildet.

Ausgrenzend-rassistische Denk- und Handlungsmuster werden von den Menschen bewusst eingesetzt und sind mit der Absicht verbunden, entweder handlungsfähig zu bleiben oder zu werden. Diesem Paradigma folgend, sind ausgrenzend-rassistische Denk- und Handlungsmuster für den einzelnen Menschen begründet und nicht von objektiven und/oder innerpsychischen Bedingungen determiniert. So ist das Bedingtheitsmodell zur Erklärung von ausgrenzend-rassistischen Denk- und Handlungsmustern, das postuliert, dass die *Ursachen* für ausgrenzend-rassistische Denk- und Handlungsmuster in den objektiven Lebenssituationen der ausgrenzend-rassistisch denkenden und handelnden Menschen liegen, und das davon ausgeht, dass die Menschen aufgrund ihrer Lebensbedingungen nicht anders können, als ausgrenzend-rassistisch zu denken und zu handeln, für diese Forschungsarbeit obsolet. Statt dessen wird hier auf das Begründungsmodell[51] Bezug genommen, das den Menschen nicht als bedingtes Wesen annimmt und das dazu hin in der Lage ist, die subjektive Begründetheit der ausgrenzend-rassistischen Denk- und Handlungsmuster erklärbar zu machen.

In dem Begründungsmodell werden die Subjekte als handlungsfähige Individuen betrachtet, deren Verhalten und Handeln – auch das rassistisch-begründete – für den/die Einzelne/n bezüglich seiner/ihrer jeweiligen Lebens- und Interessenlage funktional ist. In diesem Erklärungsansatz wird der Kategorie Handlungsfähigkeit eine bedeutende Rolle zugeschrieben. Handeln wird dabei als *die* Lebenstätigkeit des Menschen betrachtet. Der Mensch handelt, um ein bestimmtes Ziel zu erreichen, er handelt, um seine Lebenssituation bewältigen und damit auch seine Umwelt kontrollieren zu können. Er setzt sich also mit seiner jeweiligen Umwelt/seinen jeweiligen Lebensbedingungen auseinander: Handeln ist dann das Resultat dieses Auseinandersetzungsprozesses, der sich als ein aktiver Prozess vollzieht. Das heißt, das menschliche Handeln ist immer auf die jeweiligen Lebensbedingungen des Handelnden bezogen. Die je-spezifischen Lebensbedingungen des Menschen sind somit wesentlich für die Erklärung menschlichen Verhaltens und Handelns.

Menschen leben nicht in einem luftleeren Raum, sozusagen außerhalb ihrer objektiven Lebensbedingungen/objektiven Prämissenlage, ohne jeglichen Bezug dazu, sondern begegnen ihnen tagtäglich und überall und sie setzen sich mit diesen auseinander, ohne von ihnen determiniert zu sein. Die Menschen bauen ein für sie spezifisches Verhältnis zu ihren objektiven Lebensbedingungen auf, das heißt, sie verhalten

---

[51] Hierbei beziehe ich mich grundsätzlich zum einen auf kritisch-psychologische Erkenntnisse (Holzkamp 1983 und 1985 <Studienausgabe>, 1993; Osterkamp 1981 und 1982; jew. 3. Aufl.) und zum anderen auf Erkenntnisse der dialektischen Psychologie (Riegel 1978, Wygotski 1985 und 1987).

sich zu ihnen. Aus diesem je-spezifischen Verhältnis (oder: Auseinandersetzungsprozess) ergeben sich für die Menschen unterschiedliche Handlungsnotwendigkeiten. Sie setzen sich also mit ihren Lebensbedingungen beziehungsweise mit ihrer Lebenssituation auseinander, woraus sich für die Menschen die unterschiedlichsten Aufgaben, Anforderungen und auch Herausforderungen ergeben, zu deren Bewältigung sie nun aufgefordert sind. Sie müssen Handlungsmuster anwenden oder erst entwickeln, mit denen sie diese Aufgaben, Anforderungen und Herausforderungen bewältigen können, um dann wieder handlungsfähig zu sein/werden und die eigene Umwelt kontrollieren zu können. Nun stehen den Menschen grundsätzlich und prinzipiell ja immer mindestens zwei Handlungsalternativen zur Verfügung. Sie können ein Handlungsmuster wählen, das Ausgrenzung und Rassismus, also einschränkende und behindernde Lebensbedingungen überwindet und damit zur Lebensraumerweiterung beiträgt. Ein solches Handlungsmuster wird dann kategorial unter verallgemeinerter Handlungsfähigkeit gefasst. Oder sie wählen ein Handlungsmuster, das Ausgrenzung und Rassismus fördert, unterstützt, stabilisiert, sie also in die Lage versetzt, mit den vorfindbaren Bedingungen zurecht zu kommen, ohne diese in Frage zu stellen oder gar verändern zu wollen. Dies wäre dann kategorial mit restriktiver Handlungsfähigkeit zu fassen. Die Menschen stehen also in einer „doppelten Möglichkeitsbeziehung"[52] zu ihrer Lebenssituation. Sie müssen sich also grundsätzlich für ein/e für sie funktionale/s Handlungsmuster/eine Handlungsalternative entscheiden. Das Kriterium beziehungsweise der Maßstab für diese Entscheidung resultiert aus der jeweiligen Interessen- und Bedürfnislage der Menschen. Ihre personalen Bedingungen, das heißt ihre subjektive Prämissenlage liefern somit die jeweiligen Gründe für die Auswahl des jeweiligen Handlungsmusters: „Das Subjekt kann aus den Bedeutungsanordnungen (gemeint sind damit die gesellschaftlichen Verhältnisse, BS), mit denen es jeweils konfrontiert ist, bestimmte Aspekte als seine Hand-

---

[52] Holzkamp 1983

lungsprämissen abstrahieren, aus denen sich dann gewisse vernünftige (d.h. in seinem Lebensinteresse liegende) Handlungsvorsätze ergeben, die es, soweit dem keine Widerstände/Behinderungen aus der kontingenten Realität entgegenstehen, als Handlungen realisiert"[53]. Die so entwickelten Handlungsmuster sind damit für die Menschen funktional und begründet, auch wenn diese auf Außenstehende als unvernünftig, nicht nachvollziehbar oder gar unverständlich wirken, wie zum Beispiel auch das ausgrenzend-rassistische Handeln. Aber auch wenn bestimmte Handlungsmuster von Außenstehenden nicht nachvollziehbar sind oder gar als unbegründet erscheinen, hat der Mensch dennoch vernünftige Gründe, gerade so und nicht anders zu handeln. Wenn also von Außenstehenden bestimmte Handlungsmuster als unbegründet bewertet werden, dann heißt dies nur, dass sie die Prämissen, unter denen dieses Handelns entstanden ist, nicht kennen. Kännten sie die je-spezifischen Prämissen des Handelnden, dann wäre ihnen auch die subjektive Begründetheit der Handlung nachvollziehbar. Was allerdings nicht bedeutet, dass Außenstehende die subjektiv-begründete Handlung dann zwangsläufig akzeptieren und als für gut erachten müssten.

Diese theoretischen Grundgedanken begründen somit auch die Notwendigkeit eines Erklärungsansatzes für ausgrenzend-rassistische Denk- und Handlungsmuster bei Landjugendlichen. Dabei zeichnet sich das Landtypische dieses Erklärungsansatzes nicht etwa dadurch aus, dass eine gänzlich neue Theorie von Nöten wäre, sondern allein dadurch, dass die Theorie zum einen die landtypische Prämissenlage abbildet und zum anderen ihre Kategorien auf der Folie der Landtypik bearbeitbar sind.

Geht es also darum, die Begründungen herauszuarbeiten, die Landjugendliche für ihre ausgrenzend-rassistischen Denk- und Handlungsmuster haben, dann geht es erst einmal darum, sowohl das für Landjugendliche typische Verhältnis zu ihren

---

[53] Holzkamp 1995, S. 838

landtypischen Lebensbedingungen, zu ihrer Lebenssituation als auch zu ihrer landjugendtypischen Interessen- und Bedürfnislage herauszuarbeiten, denn gerade aus diesem Verhältnis heraus entwickeln sich ihre subjektiven Handlungsgründe, die „innerhalb der sozialen Kommunikation/Interaktion einen bestimmten inhaltlichen Bezug"[54] haben. Unzureichend ist, nach für Rassismus und Ausgrenzung zu Grunde liegenden menschlichen Eigenschaften, Fähigkeiten und Einstellungen zu suchen. Es ist vielmehr notwendig, „die konkreten Handlungen des Individuums in einer konkreten sozialen Umgebung zu erfassen und zu verstehen"[55].

Die Menschen stehen also in einem Person-Umwelt-Zusammenhang. Sie verhalten sich somit bewusst zu ihrer Umwelt und bauen dazu ein je-spezifisches, gnostisches Verhältnis auf. Diese Umwelt setzt sich aus den objektiven Lebensbedingungen (= objektive Prämissenlage) und subjektiven oder personalen Lebensbedingungen (= subjektive Prämissenlage) der einzelnen Menschen zusammen. Sie fungieren damit als Prämissen[56]. Aus dem je-spezifischen Verhältnis, das die einzelnen Menschen zu ihrer objektiven und subjektiven Prämissenlage aufbauen, ergeben sich die Notwendigkeiten und die Gründe zu handeln. Die Handlungsgründe liegen also immer in der je-spezifischen „menschlich qualifizierten Bedürfnislage"[57] und den Lebensinteressen. Das kann für

---

[54] Holzkamp 1987, S. 26

[55] Riegel 1980, S. 21

[56] Wenn an Stelle von Bedingungen nun von Prämissen geredet wird, dann ist dies keineswegs lediglich eine andere Formulierung, sondern hat eine inhaltliche Bedeutung. Den Lebensbedingungen, mit denen die Menschen konfrontiert sind und mit denen sie sich auseinandersetzen, werden von den Menschen je für sie spezifische Bedeutungen zugeschrieben. Sie füllen die Bedingungen mit Inhalt, schreiben ihnen bestimmte Bedeutungen zu. Die von den einzelnen Subjekten mit Inhalt gefüllten Bedingungen (=Bedeutungen) repräsentieren dann bestimmte Aspekte der realen Lebensumwelt, die für die Subjekte dann handlungsrelevant werden. Solche mit Inhalt gefüllten und damit für die Subjekte zu Bedeutungen gewordene Bedingungen, werden hier als Prämissen gefasst. Dazu auch Holzkamp 1993 und 1997.

[57] Holzkamp 1983, S. 350

menschliches Handeln grundsätzlich und prinzipiell so formuliert werden. Dabei handelt es sich aber nicht lediglich um bloße Wenn-Dann-Bezüge, im Sinne von: Wenn ich dieses Ziel verfolge, muss ich jenes Handlungsmuster wählen. Dieser Prozess gestaltet sich viel komplexer, denn die Notwendigkeiten und die Gründe zu handeln, ergeben sich erst aus dem jeweiligen Verhältnis der Menschen zu ihrer objektiven und subjektiven Prämissenlage. Die Menschen leben in einer für sie spezifischen Lebenssituation, sie setzen sich mit dieser auseinander, bauen zu ihr ein für sie spezifisches Verhältnis auf: Das heißt, sie verhalten sich zu ihrer Prämissenlage. Damit besitzt menschliches Handeln immer einen inhaltlichen Bezug zu der je-spezifischen Prämissenlage sowie der Lebenswelt und begründet sich somit einerseits aus den jeweiligen Bedeutungen, Notwendigkeiten und Möglichkeiten, die die Menschen aus diesem je-spezifischen Verhältnis ableiten und andererseits aus den Bedürfnissen und Interessen der Menschen. Damit fungiert dieses Verhältnis als Vermittlungsebene zwischen den einzelnen Menschen und der Gesellschaft. Analog dieser Grundgedanken kann das menschliche Handeln nicht *ursächlich* auf die jeweiligen Lebensbedingungen zurückgeführt und als bedingt behandelt werden, ohne jegliche Berücksichtigung der Subjektseite. Die menschliche Subjektivität muss also in die Erklärung von menschlichen Denk- und Handlungsmustern einbezogen sein. So folgt menschliches Handeln nicht bloßen innerpsychischen Prozessen oder gar äußeren Bedingungen, sondern resultiert aus den Handlungsnotwendigkeiten und -aufgaben, die sich aus den sogenannten gegebenen Umständen (= objektive Prämissenlage) ableiten. Zur Bewältigung dieser Notwendigkeiten und Aufgaben stehen dem Menschen unterschiedliche, aber mindestens zwei Handlungsalternativen zur Verfügung. Am Maßstab seiner Bedürfnisse und Interessen (=subjektive Prämissenlage) wählt er nun die für ihn funktionale Handlungsalternative aus. Die sich aus der objektiven Prämissenlage ergebenden Handlungsnotwendigkeiten wirken somit nicht als bloße Bedingungen, die dann das menschliche Handeln bedingen, sondern von den Menschen subjektiv wahrgenommen, verarbeitet, interpretiert und damit zum Begründungsmuster werden. Möchte man also menschliches Handeln ergründen (was ja den Inhalt dieser Arbeit bildet), dann muss zunächst einmal die objektive Prämissenlage der Handelnden bekannt sein, dann muss das Verhältnis der handelnden Menschen zu ihrer Prämissenlage nachgezeichnet werden, um über die Bewältigungsaufgaben und Handlungsnotwendigkeiten der Menschen Bescheid zu wissen. Weiter muss man auch die subjektive Prämissenlage der Handelnden kennen, weil aus dieser die Bedürfnisse und Interessen ableitbar sind, die dann den Maßstab und das Kriterium bildet, anhand dieser die Handelnden eine für sie funktionale Handlungsalternative wählen. Erst dann sind die jeweiligen subjektiven Gründe einer Handlung ersichtlich.

So stehen auch den Landjugendlichen prinzipiell mindestens zwei Handlungsalternativen zur Bewältigung ihrer Handlungsnotwendigkeiten beziehungsweise Lebenssituation zur Verfügung. Zwischen diesen Alternativen müssen sie entscheiden und sie werden wohl jenes Handlungsmuster auswählen, das ihnen Erfolg versprechend erscheint. Erfolg versprechend und zielorientiert erscheint eine Handlung dann, wenn damit die eigene Interessen- und Bedürfnislage geklärt und befriedigt sowie die Handlungsnotwendigkeiten bewältigt werden kann. So fungiert die eigene Interessen- und Bedürfnislage als Maßstab, an dem die Funktionalität und Richtigkeit einer Handlung subjektiv gemessen wird. Allerdings, einer solchen Handlung ist ihre subjektive Begründetheit und Funktionalität nicht auf den ersten Blick anzusehen, sondern erst, wenn die Prämissenlage als Möglichkeitsraum gesehen wird, der – wie oben schon angedeutet – immer und prinzipiell mindestens zwei Handlungsalternativen zur Verfügung stellt. Daher können die Landjugendlichen, wenn sie sich intentional auf ihre Prämissenlage beziehen, entweder ein Handlungsmuster wählen, das die einschränkenden und problembehafteten Lebensbedingungen nicht in Frage stellt; sie können sich folglich damit arrangieren und entsprechend der jeweiligen Handlungsnotwendigkeiten reagieren. Solche

Handlungsmuster basieren dann auf gegenseitiger Instrumentalisierung zur Erreichung angestrebter Ziele, zugleich behindern und schränken sie die Lebensmöglichkeiten der an dieser Interaktion teilnehmenden Menschen ein (restriktive Handlungsfähigkeit). Die Landjugendlichen können aber auch Handlungsmuster wählen, anhand derer die einschränkenden und problembehafteten Lebensbedingungen überwunden und die „Verfügung über die eigenen Lebensverhältnisse, damit Erhöhung der Lebensqualität"[58] erreicht werden kann. Sie können sich also solcher Handlungsmuster bedienen, die sich gegen Tendenzen des Sich-Einrichtens unter die gegebenen Umstände richten (verallgemeinerte Handlungsfähigkeit). Hier kommt die ‚doppelte Möglichkeitsbeziehung' der Menschen zu ihrer Umwelt zum Tragen: Der Mensch hat prinzipiell die Möglichkeit, unter gegebenen gesellschaftlichen Bedingungen zu handeln (restriktive Handlungsfähigkeit), er hat aber auch noch eine weitere Möglichkeit, nämlich durch Lebensraum- und Verfügungserweiterung die jeweiligen einschränkenden und behindernden Lebensbedingungen zu verändern (verallgemeinerte Handlungsfähigkeit): „Das Subjekt kann aus den Bedeutungsanordnungen (= gesellschaftlichen Verhältnissen, BS), mit denen es jeweils konfrontiert ist, bestimmte Aspekte als seine Handlungsprämissen abstrahieren, aus denen sich dann gewisse vernünftige (d.h. in seinem Lebensinteresse liegende) Handlungsvorsätze ergeben, die es, soweit dem keine Widerstände/Behinderungen aus der kontingenten Realität entgegenstehen, als Handlungen realisiert"[59].

So leiten den subjektwissenschaftlichen Erklärungsansatz für ausgrenzend-rassistische Denk- und Handlungsmuster zwei Paradigmen: Erstens, menschliches Handeln ist funktional und begründet und zweitens, den Menschen stehen immer und prinzipiell mindestens zwei Handlungsalternativen zur Verfügung.

---

[58] Holzkamp 1987, S. 56
[59] Holzkamp 1995, S. 838

Ausgrenzend-rassistische Denk- und Handlungsmuster werden somit als eine bewusst gewählte Form der Bewältigung gefasst, mit der die Menschen versuchen, ihre Lebenssituation zu bewältigen. Dabei ist diese Bewältigungsform subjektiv-begründet sowie für den einzelnen Menschen funktional. Rassismus wird hier somit nicht als ein Schicksal oder persönliche Einstellung von wenigen Einzelnen gefasst, mit denen wenig ‚Andere' diffamiert und ausgegrenzt werden, sondern als ein gesellschaftliches Phänomen, von dem fast alle Menschen betroffen sein *können*. Es ist nämlich davon auszugehen, dass „bei entsprechender Prämissenlage jeder normale Mensch (...) rassistische Denk- und Handlungsweisen zeigt/zeigen würde"[60]. So scheinen die jeweiligen Prämissenlagen den Menschen nahe zu legen, ausgrenzend-rassistische Denk- und Handlungsmuster anzueignen und sie liefern die subjektiven Notwendigkeiten, ausgrenzend-rassistische Denk- und Handlungsmuster anzuwenden. Prämissenlagen dürfen hier nicht in einem soziologischen, determinierenden Sinne gedacht werden, sondern eher als Bedeutungskonstellationen, in denen die Notwendigkeiten zu handeln und die Gründe des Handelns zu finden sind.

Denkt und handelt ein Mensch in einer ausgrenzend-rassistischen Weise, dann hat er dafür Gründe, die an seine Prämissenlage gebunden sind und anhand derer er sein Denken und Handeln für sich und andere erklären, begründen und rechtfertigen kann. Indem Menschen sich zu ihrer je-spezifischen objektiven und subjektiven Prämissenlage verhalten, sie aus diesem Verhältnis ihr Verhalten und Handeln ableiten, zeigt sich dieses zunächst einmal als für sie begründet und funktional, weil sie analog ihrer eigenen Lebensinteressen und Bedürfnislage handeln.

Die eigentliche Frage, die sich stellt, um ausgrenzend-rassistische Denk- und Handlungsmuster theoretisch erklären zu

---

[60] Holzkamp 1995, S. 27

können, ist, wie die je-spezifische Prämissenlage des Einzelnen beschaffen ist und welche Gründe sie dazu dem/der Einzelne/n offeriert, ausgrenzend-rassistisch zu denken und zu handeln. Die je-spezifische Prämissenlage, zu der sich der/die Einzelne verhält, beinhaltet allerdings prinzipiell zwei alternative Denk- und Handlungsmuster; das ausgrenzend-rassistische ist nur eins davon[61]. Grundsätzlich böte diese Prämissenlage aber auch die andere Möglichkeit, nämlich nichtausgrenzend-rassistisch zu denken und zu handeln. Auch wenn nun die ‚andere' Möglichkeit dysfunktional erscheint und/oder nicht wahrgenommen werden kann, besteht sie weiterhin, sie kann niemals nicht-vorhanden sein. Aber das handelnde Subjekt kann sich dafür entscheiden, auf die zweite Möglichkeit zu verzichten und sich in den gegebenen Handlungsräumen einzurichten. Aus der Tatsache, dass das Subjekt begründet und absichtlich eine Handlungsalternative auswählt und auf die andere verzichtet, lässt sich die Verantwortlichkeit des Subjekts ableiten. Wie immer sich das Subjekt entscheidet, es ist für diese Entscheidung und Wahl verantwortlich. Damit bekommt das menschliche Verhalten und Handeln eine besondere Qualität, nämlich „die Qualität der subjektiven Freiheit und Selbstbestimmung"[62].

Die nachvollziehbare Frage, die sich an diese Paradigmen anschließt, ist, weshalb und aus welchem Grund entscheidet sich der/die Einzelne gerade für die rassistische Denk- und Handlungsform und lässt die andere Alternative außer Acht, was hindert ihn/sie daran? Welche subjektiven Gründe hat der Mensch, Fremde/Andere auszugrenzen und dies ideologisch zu rechtfertigen, also Macht gegenüber anderen auszuüben beziehungsweise an der scheinbaren Macht partiell und temporär partizipieren zu können?

---

[61] Die Subjektwissenschaft/Kritische Psychologie bezeichnet diese zwei Denk- und Handlungsalternativen kategorial als restriktive und verallgemeinerte Handlungsfähigkeit. Siehe dazu: Holzkamp in: Rexilius/Grubitzsch 1986, S. 381 – 400
[62] Holzkamp 1983, S. 354

Aus der hier vorgenommenen theoretischen Fundierung des Forschungsgegenstandes und den theoretischen Annäherungen ergeben sich forschungsleitende Fragen beziehungsweise lassen sich forschungsleitende Thesen ableiten. Um zu klären, wie und warum bei Landjugendlichen ausgrenzend-rassistische Denk- und Handlungsmuster entstehen und/oder sich entwickeln, müssen – analog der theoretischen Fundierung des Gegenstandes und der theoretischen Annäherungen an die Kategorie ‚Land' – folgende Fragestellungen geklärt und Thesen geprüft werden:

These 1

Ausgrenzend-rassistische Denk- und Handlungsmuster sind an die jeweilige Prämissenlage der einzelnen Subjekte gebunden. Die daraus resultierende Forschungsfrage lautet: Wie gestaltet sich die objektive Prämissenlage (objektive Lebensbedingungen/Sozialräumlichkeit) der Landjugendlichen?

These 2

Ausgrenzend-rassistische Denk- und Handlungsmuster fungieren als Bewältigungsstrategien, mit denen das Subjekt sich in die Lage versetzt, die sich aus dem gnostischen Verhältnis zu der je-spezifischen objektiven Prämissenlage resultierenden Handlungsnotwendigkeiten, zu bewältigen. Die daraus resultierende Forschungsfragen lauten: Welche Handlungsnotwendigkeiten und Herausforderungen ergeben sich aus dem gnostischen Verhältnis für die Landjugendlichen? Welche grundsätzlichen Bewältigungsstrategien/Ressourcen bietet der jeweilige Sozialraum den Landjugendlichen, zur Bewältigung dieser Handlungsnotwendigkeiten und Herausforderungen? Welche Handlungsnotwendigkeiten und Herausforderungen versuchen die Landjugendlichen mit der Bewältigungsstrategie Ausgrenzung und Rassismus zu bewältigen?

These 3

Den Landjugendlichen stehen zur Bewältigung ihrer Handlungsnotwendigkeiten prinzipiell immer zwei Handlungsalternativen zur Verfügung. Sie entscheiden sich am Maßstab ihrer subjektiven Prämissenlage für eine Handlungsalternative. Die daraus resultierende Forschungsfragen lauten: Wie gestaltet sich die subjektive Prämissenlage (Interessen und Bedürfnisse) der Landjugendlichen? Welche Interessen und Bedürfnisse versuchen die Landjugendlichen mit der Handlungsalternative Ausgrenzung und Rassismus zu realisieren? Welche Gründe haben die Landjugendlichen, auf die zweite (Handlungs-) Möglichkeit zu verzichten?

These 4
Menschliches Handeln hat das Ziel der Umweltkontrolle und Bedingungsverfügung. Die daraus resultierende Forschungsfragen lauten: Welche Ziele verfolgen die Landjugendlichen grundsätzlich mit dem Handlungsmuster Ausgrenzung und Rassismus? Können die Landjugendlichen Umweltkontrolle und Bedingungsverfügung mit ausgrenzend-rassistischen Denk- und Handlungsmustern erreichen?

Um die hier formulierten Forschungsfragen zu klären, wird im nächsten Kapitel die für Jugendliche im ländlichen Raum typische Sozialwelt dargestellt.

5   Die ländliche Sozialwelt

Das Landleben zeichnet sich durch eine besondere Spezifik aus und es sind unter anderem die für den ländlichen Raum typischen Lebensbedingungen, die eine solche Spezifik ausmachen. In dem nun folgenden Kapitel werden die sozialweltlichen und strukturellen Lebensbedingungen aufgezeigt. Es handelt sich dabei um grobe Verallgemeinerungen, in denen sich weder Einzelfälle noch Ausnahmen wiederfinden. So kann diese Darstellung nicht dem Anspruch der Vollständigkeit und Detailliertheit nachkommen, aber sie kann durchaus einen Einblick in die Spezifik ländlichen Lebens geben. Diese Darstellung ist für die Entfaltung eines landtypischen Erklärungsansatzes für ausgrenzend-rassistische Denk- und Handlungsmuster von Landjugendlichen von fundamentaler Bedeutung. Wie oben schon beschrieben, setzen sich die Landjugendlichen mit diesen objektiven und strukturellen Lebensbedingungen auseinander, sie bauen ein gnostisches Verhältnis dazu auf. Dadurch geben sie diesen Bedingungen eine inhaltliche Konnotation, sie füllen sie mit für sie wesentlichen und wichtigen Bedeutungen. Damit werden über einen Bedeutungsgewinnungsprozess aus Bedingungen Bedeutungen, die in diesem Zusammenhang als Prämissen gefasst werden und woraus sich dann die für Landjugendliche typischen Handlungsnotwendigkeiten und Bewältigungsaufgaben ableiten lassen. Aus dem Auseinandersetzungsprozess der Landjugendlichen mit ihren objektiven Lebensbedingungen können sich allerdings unterschiedliche Notwendigkeiten zum Handeln ergeben: Die Bewältigungsaufgaben können dann entweder, ganz unspektakulär, mit habitualisierten/tradierten Handlungsmustern bewältigt werden oder aber sie zeigen sich als ambivalent und konfliktuös, weil den Landjugendlichen die dazu notwendigen Handlungsstrategien nicht zur Verfügung stehen[63].

---

[63] Dieser Prozess ist theoretisch aus dem Copingansatz ableitbar.

So werden in diesem Kapitel zunächst die objektiven Lebensbedingungen der Landjugendlichen abgebildet. Sie sind – lediglich der Übersichtlichkeit halber – in vier Teile aufgeteilt. So werden an erster Stelle die (infra-)strukturellen Lebensbedingungen, dann, an zweiter Stelle die für den ländlichen Lebenskontext typischen Regeln und Traditionen, an dritter Stelle die Landfamilie und schließlich an vierter Stelle das Leben in und zwischen zwei Welten dargestellt.

(Infra-)Strukturelle Lebensbedingungen

Pendeln

Das Pendeln ist das wohl typischste Phänomen ländlichen Lebens, das keineswegs immer nur freiwillig stattfindet, aber von den Land-/DorfbewohnerInnen auch nicht unbedingt als Zwang oder Übel bewertet wird; es gehört einfach dazu und betrifft alle Bevölkerungsgruppen im Dorf. Beispielsweise verbringen Frauen einen großen Teil ihrer Zeit damit, „Wege zu machen"[64], also mit außerdörflichem Einkauf, Arzt- und Ämterbesuch etc. und damit, ihre Kinder zu chauffieren[65]. Arbeitende Erwachsene pendeln aus, um einer Arbeit nachzugehen. Auch für Kinder und Jugendliche gehört das Pendeln zur Alltagspraxis. Sie pendeln zum Einkaufen, Schulbesuch, Arztbesuch, FreundInnen treffen etc. in die Region aus. Das Pendeln oder Mobil-Sein hat dabei allerdings nicht nur die Funktion, von einem Ort an einen anderen Ort zu kommen, sondern besitzt durchaus auch noch andere Qualitäten. Eng mit dem Pendeln verbunden ist die Möglichkeit, beispielsweise eine höhere Schulbildung zu realisieren, eventuell entsprechende Aus- und Arbeitsplätze in Anspruch zu nehmen, sich Mitteln der Konsumtion bedienen zu können. Pendeln und Mobil-Sein eröffnet neue Möglichkeiten sowohl im konsumtiven als auch im produktiven als auch im Bildungs-Bereich.

---

[64] Horstkotte 1985, S. 28

[65] Projektgruppe der Ev. Fachhochschule Reutlingen (1996; 2. Aufl.) stellt fest, dass „die Hälfte der 9-12jährigen gefahren werden, wenn sie den Heimatort verlassen" möchten (S. 41).

Wohnen

Auf dem Land zu wohnen, heißt, meistens über relativ großen Wohnraum zu verfügen. Der hohe Anteil an Einfamili-
enhäusern und großen Wohnungen offeriert Kindern, Jugendlichen und Erwachsenen einen Lebensraum, der Möglichkeiten zur Entfaltung – zumindest objektiv gesehen – bietet. Die
ländliche Wohnsituation ist eigentlich auf größere Familien
angelegt, sodass hier Formen des intergenerativen Zusam-
menlebens prinzipiell möglich wären, aber nur teilweise ge-
lebt werden. So widerspiegelt sich auch in der Wohnsituation
die für den ländlichen Lebenskontext typische familiale Kon-
stellation, dass die nachfolgende Generation erst zur Familiengründung ihre Herkunftsfamilie verlässt. Zugespitzt lässt
sich dies so formulieren: Erst mit der Familiengründung
gründet die nachfolgende Generation einen eigenen Haus-
stand[66]. Dies ist dann mit der Absicht verbunden, ein eigenes
Haus zu bauen. Der in vielen, alteingesessenen Familien für
die nachfolgende Generation bevorratete Baugrund vereinfacht die Realisierung dieser Absicht. Allerdings kann in den
letzten Jahren eine deutliche Tendenz zum verdichteten Bau-
en, mit kleineren Wohnungen festgestellt werden. Damit reagiert das ‚Land' auf den stark zunehmenden Zuzugs von
Menschen, die auf dem Land leben möchten und/oder müssen. Die im Vergleich zum städtischen Gebiet niedrigen Bau-
landpreise in den umliegenden Dörfern erlauben dort den
Bau eines Eigenheimes. Durch den Zuzug junger Familien ist
vor allem in den Dörfern ein deutlicher Zuwachs zu ver-
zeichnen. Hauptsächlich der Anteil der 25 – 40jährigen (und
entsprechend der der Kinder!) steigt deutlich an. Das ist sicher auch ein Zeichen für die zunehmende Mobilität dieser
Altersgruppe beziehungsweise für den Wunsch vieler junger
Familien nach höherer Wohnqualität im (ländlichen) Randbe-
reich. So leben überwiegend junge Familien (= Neudörfler)
in den dörflichen Neubaugebieten mit entsprechend speziel-
lem Bedürfnisprofil. Kurzfristig entwickelt sich ein enormer
Bedarf an altersabhängigen Einrichtungen. Bremsend auf die

---

[66] Ausführlicher siehe unten

Entwicklung des Zuzugs könnte sich allerdings das Faktum auswirken, dass Bauplätze von den alteingesessenen EinwohnerInnen (= Altdörfler) auf Jahre hinaus für die eigenen Kinder bevorratet werden.

Arbeit

Das wohl größte Problem für den ländlichen Raum ist das mangelnde Angebot an Arbeitsplätzen. Größere Arbeitsplatzanbieter (im Sinne von Industrieanlagen) fehlen, der Bedarf an Arbeits- und Ausbildungsplätzen kann nicht vor Ort befriedigt werden und so sind die Auszubildenden und ArbeitnehmerInnen zum Pendeln[67] gezwungen, oder sie sind auf das Angebot kleinerer, meist Handwerksbetriebe angewiesen[68]. In diesen Betrieben arbeitet der Chef noch mit: ‚Man ist eine Familie'. Dieses System ‚Familie' prägt dann auch die Arbeitssituation. Gewerkschaftliches Engagement, arbeitnehmerische Interessenvertretung ist in diesem System fast schon ausgeschlossen. Ebenso typisch für die ländliche Arbeitssituation ist das 'Nebenher-Schaffen', also eine Arbeitstätigkeit zusätzlich zur, 'neben' der hauptberuflichen Tätigkeit. Es handelt sich hier um eine Tätigkeit/Arbeit, die in der „lohnarbeitsfreien Zeit"[69], also in der Freizeit vollzogen wird und worin sich ein spezifischer Arbeitsethos widerspiegelt. Vor allem im Bereich der Landwirtschaft (aber nicht nur da) ist das 'Nebenher-Schaffen' ein weitverbreitetes, aber nicht immer unproblematisches Phänomen[70]. Die veränderte

---

[67] Das Phänomen des Pendelns wird ausführlich beschrieben in: Scheu 1989b und Scheu in: Böhnisch 1991

[68] 1980 arbeiteten 12% der Landjugendlichen am Ort; 13% im Familienbetrieb; 7% in der Landwirtschaft (1955: 40%). Quelle: Cramer-Hartmann 1986, S. 227

[69] Horstkotte 1985, S. 53

[70] Das Phänomen des 'Nebenher-Schaffens' findet sich allerdings nicht nur in der Landwirtschaft. Es ist feststellbar, dass sich dieses Phänomen in fast allen Lebensbereichen findet. Die Eigenleistungen am Hausbau oder bei Reparaturen fallen genauso darunter wie die Mithilfe beim Hausbau, Umbau. Aber auch sonstige Nebentätigkeiten (Versicherungsagenturen, Nachhilfe, Feierabendarbeiten etc.). Dass es sich dabei in manchen Fällen auch um Schwarzarbeit handelt, soll hier nicht weiter ausgeführt werden.

Situation in der Landwirtschaft zwang und zwingt viele Landwirte, ihr Land 'nebenher', im Nebenerwerb zu bewirtschaften oder gar zur Aufgabe ihres Hofes. Die ehemals selbstständig arbeitenden Vollerwerbslandwirte müssen nun, um das landwirtschaftliche Einkommen aufzubessern, oftmals in Handwerks- und Industriebetrieben als ungelernte Arbeiter arbeiten. Die Landwirtschaft wird dann 'nebenher', das heißt vorwiegend von den Ehefrauen, betrieben. Sie tragen dann die Hauptlast der landwirtschaftlichen Arbeit, verbleiben aber nach wie vor im Status der Mithelfenden. Trotz ihres eigenständigen Arbeitens in der Landwirtschaft erhalten sie „vom Mann als dem Betriebsleiter am Abend und Wochenende die Arbeitsanweisungen"[71]. Damit zementiert die notwendige Mitarbeit der Frauen im Nebenerwerb, als eine tradierte Form des 'Nebenher-Schaffen-Müssens', die „untergeordnete Stellung der Frau im ländlichen Bereich"[72]. Dennoch – oder besser gerade deshalb – treffen sich hier die männlichen und weiblichen Vorstellungen in der „Ideologie der Besitz-Selbständigkeit"[73], auch wenn beiden Geschlechtern eine unterschiedliche Motivlage zu Grunde liegt: Die Männer streben Besitz/ein eigenes Haus an, um damit ihre patriarchale Kontrolle und Dominanz[74] auszuüben, die Frauen wollen damit ihrem Subsistenzstreben[75] gerecht werden. Dies und die Situation der ehemals selbst- und eigenständig arbeitenden Vollerwerbslandwirte, nun als unqualifizierte Arbeitskräfte 'dazu' verdienen zu müssen, führt nicht selten zu schwerwiegenden innerfamilialen und partnerschaftlichen

---

[71] Horstkotte 1985, S. 22

[72] Böhnisch/Funk 1989, S. 70

[73] Böhnisch/Funk 1989, S. 69

[74] Vgl. Böhnisch/Funk 1989

[75] Die Subsistenzwirtschaft der bäuerlichen Familie wurde zum Ende des 18. Jahrhunderts vom Bürgertum abgelöst. Die damals vollzogene Trennung von Produktion und Reproduktion wirkte sich entscheidend auf die Gestaltung des Familienlebens aus. Seither existiert im familialen Kontext eine Trennung zwischen Draußen (= männlich- und erwerbsdominiert) und Drinnen (=weiblich und privat).

Spannungen, die dann wiederum von den Landfrauen im reproduktiven Bereich aufgefangen werden müssen[76].

Vereine und Verbände

Im Gegensatz zum geringen Angebot an Ausbildungs- und Arbeitsplätzen ist das Freizeitangebot, das die dörflichen Vereine und Verbände offerieren, sehr gut. Musik-, Sport-, Kulturvereine, aber auch Interessengemeinschaften und Jugendfreizeitvereine bilden eine fast flächendeckende Angebotsstruktur ab. Nicht nur für die Generation der Erwachsenen bilden die Vereine/Verbände einen wichtigen Faktor in der Freizeitgestaltung. Auch für einen großen Teil der Landjugendlichen (56%)[77] ist die Vereinsmitgliedschaft und die Vereinszugehörigkeit sehr wichtig und sie verbringen einen erheblichen Teil ihrer Freizeit im Verein, auch wenn dieser überwiegend erwachsenenorientiert geprägt ist. Der Verein bietet die Möglichkeit, anderen Menschen zu begegnen und mit ihnen in Kontakt zu treten, sich mit ihnen auszutauschen.

Regeln und Traditionen

Traditionen fungieren als ideologische Denkangebote, die sich in jedem Lebensraum finden. Sie geben die jeweiligen weltanschaulichen Formen der Menschen wieder. So offerieren die jeweils herrschenden ideologischen Denkangebote den Menschen Möglichkeiten, wie beispielsweise die jeweilige Lebenssituation zu bewerten ist oder wie konkrete gesellschaftliche Konflikte und Probleme zu erklären sind. Damit geben die Traditionen und die ideologischen Denkangebote eine bestimmte Denk- und Bewertungsrichtung vor und ermöglichen den Menschen gleichzeitig, sich mit diesen Denkangeboten und ideologischen Erklärungen zu identifizieren. Die Menschen übernehmen die ideologischen Denk- und Erklärungsangebote, wenn diese ihnen funktional erscheinen, sie damit ihre jeweilige Lebenssituation (scheinbar) bewältigen können. Somit fungieren die einzelnen Ideologe-

---

[76] Vgl. Horstkotte 1985
[77] Scheu 1996, S. 9

me auch als lebens-/möglichkeitsraumspezifische Bedeutungen. Die ideologischen Denkangebote sind immer auf den konkreten Lebens-/Möglichkeitsraum der einzelnen Menschen bezogen, können also nie erfahrungsabgehoben existieren. Indem die Menschen versuchen, ihren Alltag analog ideologischer Denkangebote und Vorgaben zu bewältigen, damit die eigene Existenz zu sichern, reproduzieren sie gleichzeitig gerade die Lebenssituation, aus der die Konflikte und Probleme resultieren: Die je-spezifische Lebenssituation wird so dauerhaft. Sich entsprechend den vorherrschenden Ideologemen zu verhalten und zu handeln, bedeutet für die Menschen aber auch, auf der sicheren Seite des Lebens zu stehen. Denn die herrschenden Ideologeme gelten als von der Mehrheit der Menschen anerkannte und akzeptierte, also hegemoniale Denk- und Handlungsmuster; gemäß ihnen zu handeln, bedeutet, sich im gesellschaftlich anerkannten und akzeptierten Rahmen zu verhalten, auch wenn dies mit den eigenen Lebensinteressen im Widerspruch steht. Führt man diesen Gedankengang weiter, dann sind Widersprüche zwischen den eigenen Lebensinteressen und den ideologischen Denkangeboten schon zwangsläufig vorhanden, werden aber von den Menschen nicht als solche wahrgenommen und bewertet. In der theoretischen Fassung des ,Ideologie-Begriffs' wird des öfteren davon ausgegangen, dass die Ideologie Macht über die Menschen ausübt. Ideologische Denkangebote werden in diesem Fall immer als von ,oben', von der gesellschaftlichen und politischen Macht kommend betrachtet. Der Aspekt, dass die ideologischen Denkangebote von ,unten', also von den einzelnen Gesellschaftsmitgliedern rezipiert, damit auch gestaltet werden, wird weniger berücksichtigt. Ein weiteres Spezifikum ideologischer Denkangebote ist, dass die Menschen diese frag- und kritiklos übenehmen; ansonsten würden sie ihren Bedeutungsgehalt und ihre Funktion verlieren.

Traditionen und Regeln fungieren im ländlichen Lebenskontext als ideologische Denkangebote, als Rahmen, der das dörfliche und familiale Zusammenleben vorgibt und formt.

Traditionen und Regeln werden kontinuierlich weitergegeben, tradieren sich und werden damit zu einem für alle DorfbewohnerInnen geltenden Regelwissen. In diesem Regelwissen finden sich Verhaltensvorgaben und Handlungsmuster, aber auch Aufgaben und Anforderungen. Die weitergegebenen, tradierten Verhaltensmuster sind dadurch charakterisiert, dass sie kongruent mit den Verhaltensmustern der jeweiligen sozialen Umwelt sind. Das heißt, es werden nur solche Verhaltensmuster tradiert/weitergegeben, die der jeweiligen Umwelt nicht widersprechen, also mit ihr kongruent und konform beziehungsweise in ihr etabliert sind. Damit formt sich die jeweilige Umwelt in ihrer je-spezifischen Weise. Die Traditionen stabilisieren dann gleichzeitig die soziale Umwelt.

Auch eine Lebensgestaltung nach strikten tradierten Formen bringt Veränderungen -und damit Entwicklungen – mit sich, außer man würde von einem statischen Modell ausgehen, was hier nicht der Fall ist. Ganz im Gegenteil wird hier von einem interaktionistischen, dialektischen Modell ausgegangen, das davon ausgeht, dass zwischen den Menschen und ihrer sozialen Umwelt ein ständiger Austauschprozess stattfindet, „innerhalb dessen jede Seite von der anderen verändert wird"[78]. Die Menschen greifen demgemäß in die Gestaltung ihrer Umwelt ein, auch wenn sie eine tradierte Form der Lebensgestaltung wählen. Aufgrund der typisch-menschlichen Fähigkeit zum formal-operationalen Denken und Wahrnehmen ist es den Menschen prinzipiell möglich, zu erkennen, dass ihre je-spezifische soziale Umwelt nur eine unter vielen ist. Sie haben die Möglichkeit von den konkreten Erfahrungen zu abstrahieren und sind damit in die Lage versetzt, zu erkennen und zuzulassen, dass andere Menschen auch in ihrem je-spezifischen Lebenskontext leben und dass dieser ‚andere' Lebenskontext genauso Regeln und Traditionen besitzt, die dann für diesen Kontext funktional sind.

---

[78] Riegel 1978, S. 99f.

Sich gemäß vorhandener Regeln und Traditionen zu verhalten heißt nicht nur, sich unauffällig zu geben, sondern stärkt in gewissem Maße auch das jeweilige Selbstkonzept. Wenn sich die Menschen entsprechend ihrer sozialen Umwelt verhalten, sie also nicht/kaum auffallen, können sie von sich überzeugt sein, das ‚Richtige' zu tun und (scheinbar) entsprechend und zur Bewahrung ihres Selbstkonzeptes zu handeln. Dass trotz der Fähigkeit zum formalen-operationalen Denken und Wahrnehmen die Menschen Unterschiedlichkeiten und Widersprüche zwischen den vorhandenen Lebenswelten nicht perzipieren, liegt auch wohl in der Tatsache begründet, dass damit das eigene Selbst in Frage gestellt wäre[79]. Sich entsprechend vorgegebener Regeln und tradierter Formen zur Lebensgestaltung zu verhalten, damit aber eventuell gleichzeitig gegen seine eigenen Interessen und Bedürfnisse, verspricht den Menschen trotzdem Sicherheit, soziale Verortung, Harmonie und Gemeinschaft. Allerdings widerspricht diese Unterordnung unter gegebene Verhältnisse und das Ignorieren/die Verweigerung der eigenen Interessen und Bedürfnisse jeglichen typisch-menschlichen Lebensinteressen. Und sie tun dies nur, wenn sie von der Kontrolle ihrer eigenen Lebensverhältnisse ausgeschlossen sind, sie über die Mittel zur Lebensgestaltung nicht verfügen.

Die Übernahme der dörflich-ländlichen Regeln und Traditionen heißt gleichzeitig auch, dem dörflich-ländlichen Diskurs zu folgen, der eben auch ausgrenzend-rassistische Denk- und Handlungsmuster beinhaltet (s. u.). Dass für die Landjugendlichen die Ausrichtung an den Regeln und Traditionen durchaus funktional und begründet ist, braucht hier nicht weiter ausgeführt werden. Es stellt sich lediglich die Frage, weshalb die Landjugendlichen nicht die *andere* Möglichkeit nutzen, die sich ja durchaus auch im dörflich-ländlichen Lebens-/Möglichkeitsraum befindet. Die Übernahme dörflich-ländlicher Regeln und Traditionen ist nicht die Ursache für ausgrenzend-rassistische Denk- und Handlungsmuster. Die

---

[79] Vgl. dazu Riegel 1978

übernommenen Regeln und Traditionen fungieren vielmehr als subjektive Begründungen, denn die Landjugendlichen könnten ihre damit verbundenen Ziele durchaus auch anders realisieren. Darauf wird noch zurück zu kommen sein.

Die Landjugendlichen bauen auch zu den das dörfliche Leben regelnden Traditionen ein gnostisches Verhältnis auf, das heißt, sie verhalten sich auch zu den das ländliche Leben regelnden Traditionen, dem sogenannten Regelwissen (Besitz, Leistung, Verwandt-Sein, Familienbindung, Beteiligt-Sein, Soziale Kontrolle). Das belegen vor allem qualitative Landjugendstudien. Die Landjugendlichen bemühen sich und versuchen, ihre Lebensplanungen und ihre Lebensgestaltung an den tradierten Vorgaben auszurichten. Diese eindeutigen, aus dem bäuerlichen Lebenskontext stammenden, Regeln organisieren die dorftypischen Interaktionen und verhelfen jenen, die sich danach richten, zur Integration, auch wenn sie sich für eine moderne Lebensgestaltung als dysfunktional erweisen. Diese Regeln, die heute als Traditionen die Lebensbewältigungsprozesse der Landjugendlichen mit gestalten, hatten im bäuerlichen Lebenskontext bis ins 20. Jahrhundert hinein einen funktionalen Charakter. Sie regelten damals die notwendigen Unterstützungs- und Versorgungsleistungen und die soziale Positionierung der DorfbewohnerInnen. Die Landjugendlichen sind heute mit diesen Regeln und Traditionen in ständigem Kontakt, sie wissen um sie und bauen ein gnostisches Verhältnis zu ihnen auf.

Das ländliche Leben war aufgrund seiner landwirtschaftlichen Ausrichtung bis ins 19. Jahrhundert hinein auf gegenseitige Hilfestellungen der DorfbewohnerInnen angewiesen. Die landwirtschaftliche Produktionsweise und der landwirtschaftliche Besitz (so klein oder groß er auch sein mochte) machten gegenseitige Hilfeleistungen notwendig. Die Hilfeleistungen betrafen das gegenseitige Helfen bei der Ernte (Drei-Felder-Wirtschaft), bei Notfällen (zum Beispiel Brand), bis hin zur Unterstützung der Landfrau bei Krankheit, Tod und Geburt. Die daraus entstandenen persönlichen Beziehungen und Handlungsnotwendigkeiten hatten durchaus einen funktionalen Charakter und sind weniger mit Emotionalität, Freundschaftlichkeit oder gar Offenheit beschreibbar.

Mit der im 19. Jahrhundert beginnenden Agrarreform, damit Industrialisierung der Landwirtschaft, und der Abwanderung vieler LandbewohnerInnen in die Städte, verloren diese Formen der Lebensbewältigung ihre Funktionalität, büßten ihre „Brauchbarkeit als Bezugspunkte für die Selbstverortung und Lebensführung ein"[80]. Allerdings blieben sie bis in unsere heutige Zeit in Form von Traditionen und Regeln erhalten und formen das heutige Landleben und im Besonderen die Kommunikation und Interaktion in einer nicht zu unterschätzenden Weise. Die aus der bäuerlichen Lebensweise entstandenen notwendigen Lebensbewältigungsprozesse (Zusammenhalt, gegenseitige Unterstützung, Geborgenheit) fungieren in der heutigen Zeit als Traditionen: Die ehemals notwendigen nachbarschaftlichen und verwandtschaftlichen Beziehungen bilden die Grundlage für die heutigen Orientierungen und Traditionen.

Die tradierten Formen der ehemals bäuerlichen Lebensbewältigung gelten für einen großen Teil der heutigen DorfbewohnerInnen immer noch als Regeln. Diese Regeln machen die Besonderheiten des ländlichen Lebens aus und spezifizieren die dörfliche Sozialwelt[81]. Es handelt sich dabei um folgende Regeln:

> Arbeitspendeln und Mobil-Sein
> Besitz
> Leistung
> Verwandt-Sein: Zusammenhalt, Gemeinschaft und Geborgenheit

---

[80] Böhnisch/Arnold/Schröer 1999, S. 16

[81] Aufgrund der Bedeutsamkeit dieser Regeln für die weitere Arbeit werden diese hier einzeln aufgeführt und – entgegen der sonst üblichen Darstellungsweise – auch die ihnen entsprechenden Handlungsnotwendigkeiten separat dargestellt.

Beteiligt- und Informiert-Sein
Soziale Kontrolle, Anpassung und Konservatismus
Religion

Arbeitspendeln und Mobil-Sein
Dem Übergang von der Agrargesellschaft zur Industriegesellschaft (18. – 19. Jahrhundert) folgte ein ständiger Rück-
gang der Landwirtschaft[82]. Fast gleichzeitig mit der Industrialisierung entwickelte sich auch das Handwerk. Straßen, Industrieanlagen und Eisenbahngleise mussten gebaut und ver-
legt werden. Dies ermöglichte erst einen außerbäuerlichen
Zuverdienst. Allerdings machte dies auch ein außerdörfliches
Arbeiten, also das Arbeitspendeln notwendig. Die gewerbli-
che Arbeit, die neben der Landwirtschaft den nötigen (Zu-
)Verdienst gewährleistete, wurde in der bäuerlichen Gemeinschaft immer als ‚neben‘ betrachtet. Das eigentliche Arbeiten
– und damit höher bewertete – blieb das bäuerliche Arbeiten,
auch wenn das sogenannte Nebengewerbe den Hauptteil des
gesamten Verdienstes ausmachte. *„Mein Vater hat immer etwas verdient nebenher (neben der Landwirtschaft), das ist
dann gut gewesen“*. So wird von Herrmann u. a. eine Inter-
viewpartnerin zitiert[83]. Außerbäuerliches Arbeiten bedeutete
somit außerdörfliches Arbeiten. Das Arbeitspendeln war also
schon vor hundert Jahren notwendig und wurde so für viele
Dorfbewohner zur Selbstverständlichkeit[84]. Sich den Lebensunterhalt außerhalb des eigenen Dorfes zu verdienen,
war auch die Perspektive und das Schicksal vieler DorfbewohnerInnen, die aus kinderreichen Familien stammten:
„Zweit- und drittgeborene Söhne und Töchter (wurden) hin-
ausgeschickt und in Städten oder landwirtschaftlichen Aus-
baugebieten einem ungewissen Schicksal überlassen“[85]. Mo-

---

[82] „Noch um die Jahrhundertwende fanden 43% der Erwerbstätigen in der
Landwirtschaft ihr Auskommen, 1970 waren es nur noch 4,5 %“ (Conzelmann in: Wehling 1980, 161f.)
[83] Herrmann/Gestrich/Mutschler in: Borscheid u.a. 1983, S. 74
[84] Vgl. Uhlig in: Blümcke 1982, 119-127
[85] Gillis 1980, S. 32. John R. Gillis beschreibt dieses Phänomen zwar für
die englische Landbevölkerung des 17. Jahrhunderts. Gleiches war aber

bilität ist also schon lange bekannt und versprach bereits damals, die eigene Not zu lindern.

Das Arbeitspendeln und die Mobilität haben sich bis in die heutige Zeit erhalten. Die ländliche Arbeitsmarktsituation (mangelnde, minderbezahlte und unqualifizierte Arbeitsplätze, nichtausreichende Ausbildungsplätze, das monostrukturelle Arbeitsplatzangebot, u.v.a.m.) macht das Arbeitspendeln nach wie vor notwendig. Und so sind die LandbewohnerInnen gezwungen, außerhalb des Dorfes, in der Region oder im städtischen Raum zu arbeiten. Die Einrichtung von Mittelpunktschulen verlangt von den Schulkindern der Dörfer ein tägliches Aus- und Einpendeln. In vielen Dörfern wurden auch die Kindergärten zentral eingerichtet, so dass schon Vierjährige früh morgens mit dem Bus abgeholt und am Nachmittag wieder zurückgebracht werden[86]. Auf diese Weise lernen schon Kinder recht früh, dass das Pendeln zum dörflichen Leben gehört. Mobil-Sein wird so zu einem Aspekt der dörflichen Lebenspraxis.

Das Pendel-Phänomen findet sich allerdings nicht nur im Kontext der Arbeit und Ausbildung, sondern ebenso auch im Freizeitbereich und vor allem bei Landjugendlichen. Nicht nur um außerdörfliche Freizeitmöglichkeiten wie Kino, Disco, Fitnesscenter, Kneipe, Jugendzentrum etc. in Anspruch nehmen zu können, pendeln sie allabendlich in die Region aus, sondern auch, um der dörflichen Kontrolle zu entgehen und im Schutze der Anonymität den eigenen Freizeitinteressen nachzugehen. So wird Pendeln und Mobil-Sein zur eigentlichen Freizeitgestaltung und nimmt einen beachtlichen Teil der freien Zeit in Anspruch, wobei dann schon das ‚Fah-

---

auch in deutschen Gebieten der Fall. So wurden beispielsweise schon Kinder aus Süddeutschland als sogenannte Hütekinder bis in die Schweiz geschickt.

[86] Diese Entwicklung ist allerdings wieder rückläufig. Sowohl Kindergärten als auch Volks- und Hauptschulen werden wieder in den einzelnen Dörfern eingerichtet.

ren' zum Freizeiterlebnis wird. Funktional unterscheidet sich das Freizeit-Pendeln vom Arbeits-Pendeln dadurch, dass mit dem Arbeits-Pendeln der Arbeits-/Ausbildungstag einge-rahmt wird, mit dem Freizeit-Pendeln dagegen „Erlebnis-reichtum"[87], aber auch „Unabhängigkeit und Komfort"[88] ver-bunden wird. Fahren als Freizeiterlebnis findet meist im Cli-quenzusammenhang[89] statt. Gleichgesinnte und Ähnlich-Altrige finden sich zu Fahrgemeinschaften zusammen, um dann gemeinsam, in der Region die Freizeit zu verbringen[90].

Besitz

Das eigene Haus, der Grundbesitz ist für die meisten Land-bewohnerInnen – auch schon für die Jugendlichen – heute immer noch ein angestrebtes Ziel. Es ermöglicht nicht nur ei-ne gewisse Wohnqualität mit viel Platz, sondern vermittelt darüber hinaus personenspezifischen Status und ein gewisses Prestige. Für das bäuerliche Leben im 18./19. und zu Anfang des 20. Jahrhunderts bedeutete der Haus- und Grundbesitz die Sicherung der eigenen Existenz und damit das – manch-mal sehr karge – Überleben: „Die ständige Angst, in Armut zu versinken, vielleicht in das Heer der Bettler eingereiht zu werden (..), machte die Besessenheit durch den Besitz noch stärker (...). Besitz, der einzige Schutzschild vor Armut, Hunger, Elend"[91]. Es ist durchaus nachvollziehbar, welch große Bedeutung der Haus- und Grundbesitz für das bäuerli-che Leben hatte. Wollte man nicht in Armut und Elend ver-fallen, dann konnte dies nur durch den eigenen Besitz abgesi-chert werden. Heute sieht dies prinzipiell anders aus. Ein ‚Überleben' wäre, im Gegensatz zu früheren Zeiten, durchaus

---

[87] Scheu 1989b, S. 55

[88] Ebertz/Nickolai 1999, S. 24

[89] Hier muss hinzugefügt werden, dass eine Clique ein recht instabiles Ge-füge darstellt. Heitmeyer stellte in einer Studie (1987) fest, dass „11,2% der Befragten in ihrer Clique nicht akzeptiert werden (und) 36,6%" sind sich nicht sicher, ob sie sich auf ihre Clique verlassen können (Heitmeyer 1987, S. 123).

[90] Marx 1999, S. 217

[91] Ilien/Jeggle 1978, S. 60

auch ohne eigenen Besitz möglich. Trotzdem hat sich die überaus starke Bindung an Haus- und Grundbesitz gehalten und gilt für den ländlichen Raum sicherlich als typische Orientierung. Der Besitz hat seine ehemals funktionale Bestimmung verloren. Heute vermittelt er ausschließlich Status, Prestige und Anerkennung. Der Besitz eines Hauses beziehungsweise der Hausbau macht dazuhin deutlich, dass die DorfbewohnerInnen bereit sind, sich den dörflichen Normen anzupassen: „Wer von einem bestimmten Alter an oder nach einer bestimmten Zahl von Ehejahren (..) noch nicht mit dem Bau eines Hauses begonnen oder es fertiggestellt hat, gilt in den Augen der übrigen Dorfbewohner als Versager"[92]. Der ehemals zum Überleben notwendige Landbesitz ist durch den Hausbesitz ersetzt worden. Die Kategorie ‚Besitz‘ ist es, die als Norm und Tradition gilt und über die die DorfbewohnerInnen (das gilt zumindest für die Altdörfler) ihren Status in der dörflichen Hierarchie und damit ihre Einflussmöglichkeiten erreichen können: „Der Hausbau bestimmt im Dorf das Wertsystem, die Alltagskultur und die Lebensweise"[93]. Darüber hinaus vermittelt der Besitz ein Gefühl des „Sich-Frei-fühlens"[94] und Unabhängig-Seins. Wer im ehemals bäuerlichen Lebenskontext über Besitz verfügte, war von Almosen und Grundbesitzern unabhängig und somit frei. Diese Ideologie tradierte sich bis in das moderne Industriezeitalter und bezieht sich heute vorwiegend auf das eigene Haus.

Die tradierte Form, lediglich über Besitz seinen Lebensunterhalt sichern zu können, hat zwar ihre Funktionalität verloren, fungiert aber für die Landjugendlichen nach wie vor als angestrebtes Ziel. Ein eigenes Haus[95] zu besitzen, über eigenen Grund und Boden zu verfügen, wird heute gleichgesetzt mit Unabhängigkeit und Komfort, aber auch – und dies ist wohl der wesentliche Aspekt dabei – an sozialem Status dazuzu-

---

[92] Schmals 1986, S. 174

[93] Schmals 1986, S. 176

[94] Böhnisch/Funk 1989, S. 76

[95] 71% der Landfamilien verfügen über Hauseigentum (Planck 1981, S. 156).

gewinnen. Derjenige[96], der es geschafft hat, auch unter noch so großen körperlichen wie finanziellen Anstrengungen und Belastungen, ein Haus zu bauen, zeigt, dass er bereit ist ‚etwas' zu leisten, dass er dem dörflich vorgegebenen ‚etwas-schaffen' entspricht, dem gebührt Anerkennung und Achtung. Über Haus- und Grundbesitz zu verfügen heißt also nicht nur, über ausreichend Wohnraum und Wohnqualität zu verfügen, sondern sichert und/oder vermittelt sozialen Status und Anerkennung. Diese „Besitz- und Eigenständigkeitsideologie"[97] wirkt sich bis in das dorftypische Verständnis über Geschlechterrollen aus. Mit dem Hausbau beziehungsweise über Besitz zeigt sich der Mann als dominante Persönlichkeit, deren Verdienst den Besitz erst ermöglicht, auch wenn die Frau – als sogenannte Dazuverdienerin – im wesentlichen Umfang dazu beiträgt. Der Haus- und Grundbesitz ist für die DorfbewohnerInnen eine zusätzliche enorme Arbeitsbelastung, auch für die Landjugendlichen. Dem liegt das spezifische Verhältnis der DorfbewohnerInnen zur Arbeit zu Grunde, das den Mythos beinhaltet, dass man das, was man selber an Haus und Hof machen kann, auch selbst tut.

Der Besitz regelt außerdem auch das Verhältnis der Geschlechter zueinander. Er war in der bäuerlichen Familie immer an das männliche Geschlecht gebunden; nur in Ausnahmefällen ging der Besitz in ‚weibliche Hände' über. Damit regelt(e) und formt(e) der Besitz die patriarchale Dominanz.

Leistung

Die historische Wurzel dieser Tradition ist eindeutig durch das Überlebensprinzip gekennzeichnet. Arbeit, Leistung und ‚Etwas-schaffen'[98] bildete die Grundlage für das Überleben und die Existenz. Arbeit war lebensfüllend und somit Freizeit unbekannt. Die bäuerliche Gesellschaft kannte die heutige

---

[96] Hier ist die maskuline Form angebracht, weil es im dörflichen Kontext nach wie vor die Männer sind, über die die einzelnen Familienmitglieder und die Familie insgesamt ihren sozialen Status erlangen.

[97] Böhnisch/Funk 1989

[98] Etwas-schaffen bedeutet das ständige Beschäftigtsein.

Trennung zwischen Arbeit und Freizeit nicht, denn der bäuerliche Betrieb verlangte – jahreszeitlich bedingt – ein ständiges Beschäftigtsein, um damit die Lebensgrundlagen zu schaffen oder zu erhalten. Konnte der Acker – aus welchen Gründen auch immer – nicht mehr bewirtschaftet werden, war der Lebensunterhalt zumindest für den kommenden Winter gefährdet. Wer in der bäuerlichen Gesellschaft nichts ‚zu schaffen' hatte, weil der Grundbesitz viel zu klein war, um den Lebensunterhalt zu ermöglichen, oder wer über keinerlei Grundbesitz verfügte, war auf Almosen und kleinere dörfliche Beschäftigungsmaßnahmen und außerdörfliche Beschäftigungsverhältnisse in der Landwirtschaft oder beim – aufkommenden – Eisenbahn- und Straßenbau, angewiesen. Wer dagegen ‚etwas zu schaffen' hatte, also über genügend Grundbesitz verfügte, dem war ein gewisser Wohlstand sicher. Arbeit/etwas-schaffen stand in enger Verbindung mit einem gesicherten Lebensunterhalt und somit auch mit einem höheren Status und Prestige im dörflichen Sozialgefüge.

Noch im vorletzten Jahrhundert war das Überleben an die körperliche Arbeit, also an die eigene Leistung gebunden. Mehrarbeit trug eventuell zur Vermehrung des Wohlstandes bei oder erlaubte erst das leidliche Überleben vieler Bauern- und Arbeiterfamilien. Die notwendig starke Orientierung an der körperlichen Arbeit hing eng mit Einschränkungen zusammen. Beides zusammen erst sicherte das bäuerliche und neben-bäuerliche Überleben. Die Armut und Not vieler DorfbewohnerInnen im letzten Jahrhundert verlangte Lebensbewältigungsprozesse, die sich in den Dimensionen ‚Schaffen', ‚Anpassung', ‚Zusammenhalt' und ‚Einschränkung' widerspiegeln und zur Norm dörflicher Lebensbewältigungsprozesse wurden, die sich in Form von Traditionen bis heute hielten.

Auch heute gilt ‚Arbeit und Schaffen' als eine der positivsten Zuschreibungen für die DorfbewohnerInnen: *„Der schafft sei Sach"* ist eine Beurteilung, die Anerkennung verschafft und statussichernd wirkt[99]. Wer keine Arbeit hat (aufgrund Arbeitslosigkeit) oder wer für sich keine Arbeit findet (in Form einer Freizeitbeschäftigung in Haus und Hof), wer werktags spazieren geht oder in der Sonne sitzt, ‚also nichts leistet‘, erfährt im Dorf wenig Anerkennung und dass er zum Dorfgespräch und Klatsch wird, kann ihm sicher sein. Arbeitsamkeit und Fleiß ist allerdings nicht nur eine Formel, die von außen den Menschen zugeschrieben wird, sondern diese fungiert auch als Mittel der Selbstbestätigung und Sinnschöpfung. Dann wird Arbeit und Berufstätigkeit gleichgesetzt mit Selbstständigkeit sowie Unabhängigkeit und gewähren die Partizipation am gesellschaftlichen Leben.

Die tradierte Form des Leistungsprinzips bekam in der modernen Zeit eine erweiterte Konnotation. Heute heißt die Formel, wer etwas leistet, gehört dazu! Wer also dazugehören möchte, muss sich das Leistungsprinzip zu eigen machen. Wobei hier nicht immer die selbst erbrachte Leistung den Maßstab bildet, sondern ebenso auch eine – manchmal überhöhte – Selbsteinschätzung. Viele Landjugendliche folgen diesem Prinzip und damit dem Denkmuster, dass nur diejenigen dazugehören dürfen und können, die ‚etwas‘ leisten und die sich dem Leistungsprinzip unterordnen[100].

Leistung war in der bäuerlichen Gemeinschaft überlebensnotwendig und sicherte – manchmal eher schlecht als recht – erst das Auskommen der bäuerlichen Familie. Die Leistungsorientierung hat sich bis in die heutige Zeit als Tradition erhalten. Die Landjugendlichen verhalten sich zu dieser Tradition, woraus sich spezifische Handlungsnotwendigkeiten (s. u.) ableiten. Gleichzeitig verspricht der ‚Teller-Wäscher-Mythos‘ allen, die etwas leisten, sich anstrengen und sich auf ihre eigene Arbeitskraft verlassen, Reichtum und damit die „Teilhabe an Konsum bzw. größeren Lebensstandard"[101]. Im

---

[99] Das den ländlich-dörflichen Lebenskontext prägende Prinzip 'Schaffen' wird auch von Marx 1999 beschrieben

[100] Vgl. dazu Held u.a. 1996, S. 113ff.

[101] Held u.a. 1996, S. 115

Umkehrschluss bedeutet dies aber auch, dass alle, die scheinbar nichts leisten, auch von der Teilhabe an Konsum und Integration auszuschließen sind, es ihnen abzusprechen ist, Wünsche nach Teilhabe und Integration zu äußern. Unterstützt und begleitet wird die Leistungsorientierung der Landjugendlichen mit ihrem in neueren Landjugendstudien zum Ausdruck gebrachten positiven Selbstbild. Sie konstruieren ihr positives Selbstbild eindeutig anhand landtypischer und an Leistung und Arbeit orientierten Eigenschaften wie fleißig, praktisch und gesellig. Allem Anschein nach sind das die Eigenschaften, die einen Menschen in besonderer Weise auszeichnen. Andere, für die moderne Gesellschaft ebenso wichtige und notwendige Eigenschaften wie zum Beispiel innovativ, emanzipiert, kritisch etc., spielen dabei anscheinend eine nachgeordnete Rolle.

Sich zu der Gruppe der Leistenden zu zählen, sichert und baut nicht nur die eigene soziale Position aus, sondern dies berechtigt auch, am Konsum zu partizipieren. Aber die Leistungsorientierung der Landjugendlichen (und auch der Anderen) bedeutet nicht, dass die erbrachte Leistung auch real abgeleistet wurde, im Sinne von physikalischer Leistung (Arbeit pro Zeiteinheit), sondern sie wird sich auch selbst zugeschrieben und dann für Vergleichs- und damit gleichzeitig für Ausgrenzungsprozesse herangezogen. Die eigene Leistung, egal, ob sie auch real erbracht wurde, wird von den Landjugendlichen permanent hervorgehoben. Sie versuchen damit, ihre eigene soziale Position abzusichern und/oder auszubauen, indem sie sich von den ‚Nichts-Leistenden' distanzieren, ihnen dadurch zugleich eine schwächere soziale Position zuordnen und ihre Berechtigung zur Konsumpartizipation in Frage stellen oder überhaupt eine Gleichwertigkeit absprechen. Viele Landjugendliche rechnen sich selbst der Gruppe der Leistungsstarken und -erbringenden zu. Damit grenzen sie sich von den Leistungsschwächeren ab und erhoffen sich, dem eigenen sozialen Abstieg zu entgehen. Mit der Leistungsideologie seine/ihre soziale Position zu sichern und/oder auszubauen, verlangt von den Landjugendlichen, ständig

Vergleichsprozesse durchzuführen. Sie selbst definieren allerdings sowohl die Gruppe der Leistenden als auch die Gruppe der ‚Nichtsleistenden'. Dies trifft dann des Öfteren die nicht-deutschsprachigen MitbürgerInnen beziehungsweise die nicht-deutschsprachigen AltersgenossInnen der Landjugendlichen. Die hohe Leistungsorientierung der Landjugendlichen ist aber kein Phänomen der Moderne, sondern die Landjugendlichen übernehmen damit eine ländlich-dörfliche und tradierte Regel.

Trotz allem: Leistung als Integrationsmedium einzusetzen, kostet seinen Preis. Die Landjugendlichen müssen dann nämlich die vorgegebenen Leistungsinhalte übernehmen, ohne sie zu hinterfragen. Sie müssen der Leistung entsprechen, auf deren inhaltliche Ausgestaltung sie keinen Einfluss haben. „Denn das, was Leistung bedeutet, wird in der Regel nicht von den Jugendlichen selber definiert, sondern ist im gesellschaftlichen (…) Raum vorgegeben"[102]. So geht mit der Übernahme der tradierten Form der Leistungsbereitschaft und des Leistungsprinzips gleichzeitig die Notwendigkeit zur Anpassung und Unterordnung einher. Zwar verspricht die Übernahme der Leistungsorientierung Integration, aber erfordert gleichzeitig auch eine hohe Anpassungsbereitschaft und macht den Weg für ausgrenzend-rassistische Denk- und Handlungsmuster frei. Diesen Zusammenhang stellen Held u. a. fest. Sie konstatieren einen „sehr signifikante(n) Zusammenhang zwischen der Leistungsorientierung und den politisch rechten Orientierungen"[103].

Verwandt-Sein
Das bäuerliche Leben war noch bis zum Anfang des 20. Jahrhunderts auf ein gemeinsames Arbeiten angewiesen: Nachbarn und Verwandte mussten in Notfällen, so bei Krankheit, Tod, aber auch bei hereinziehendem Gewitter und Unwetter, zusammen helfen. Vor allem das Verwandtschafts-

---

[102] Held u.a. 1996, S. 114
[103] Held u.a. 1996, S. 115

system bildete einen festen Zusammenschluss, das gegenseitige Hilfeleistungen garantierte (und garantiert) und das außerdem den sozialen Status sichert.

Die Verwandtschaftsbeziehungen vermitteln aber nicht nur den sozialen Status, sondern sie festigten auch den intergenerativen Zusammenhalt. Der Austausch der erbrachten Hilfe- und Unterstützungsleistungen konnte nicht immer sofort realisiert werden, sondern eventuell eine oder gar erst zwei Generationen später. So entstanden über Generationen hinweg Verpflichtungen zur Hilfe und Unterstützung. Dadurch entwickelten sich nicht nur dauerhafte und funktionale Beziehungen, sondern auch die Garantie, dass diese Tradition langfristig überlebte und sich tradieren konnte. Solche Verwandtschaftbeziehungen existieren heute noch und zwar in ihrer ursprünglichen Funktion: So vermittelt die familiale Herkunft nicht nur den sozialen Status vieler DorfbewohnerInnen, sondern sie gewährt auch Unterstützungsleistungen zum Beispiel beim Hausbau oder bei Familienfesten. Im dörflichen Lebenskontext wird nach wie vor nach der verwandtschaftlichen Verortung gefragt. Wenn man jemanden trifft, dann ist nicht etwa sein/ihr Name oder vielleicht seine/ihre berufliche oder persönliche Position von Bedeutung: ‚*Wem gehörst Du?*‘, ist die Frage, die gestellt wird und wohl die wesentlichen Auskünfte über die Person ergibt. Antworten die Gefragten mit ihrem Familiennamen[104], dann wissen zumindest die Altdörfler eine Menge über die Person, nicht nur wie sie heißt, sondern auch welchen sozialen Status sie hat und über welchen finanziellen Hintergrund sie verfügt.

Das Prinzip des Verwandt-Seins funktioniert aber nur, wenn sich zumindest der größte Teil der Verwandtschaft daran hält. Stabilisiert wird dieses Prinzip durch ein „über Jahrhunderte gewachsenes System der sozialen Kontrolle"[105]. Es hat/te eine deutlich funktionale Bedeutung, in der jeder auf jeden an-

---

[104] Meist wird dann der Vor- und Zuname des Vaters genannt, eventuell auch noch seine Berufsbezeichnung

[105] Dorfentwicklung: Soziokultur, DIFF 1989, S. 214

gewiesen ist/war und hat/te wenig mit verwandtschaftlicher Zuneigung oder gar etwas mit Emotionalität zu tun. Dass aus dem Prinzip des Verwandt-Seins ein Gefühl der Geborgenheit entstehen kann oder entstanden ist, ist fraglich.

Beteiligt- und Informiert-Sein
Die bäuerlich-dörfliche Lebensweise – auch wenn nur ein kleiner Teil der Dorfbevölkerung sich vollständig von der Landwirtschaft ernährte – erforderte überlebenssichernde Formen der Lebensbewältigung. Dazu gehörten Etwas-Schaffen, Sich-Anpassen, Sich-Einschränken. Diese Eigenschaften und Vorgaben sicherten den zum Überleben notwendigen Land-Besitz, der wiederum dem Einzelnen seinen sozialen Status im Dorf zuwies: Je größer der Land-Besitz, desto gesicherter war das Auskommen; je größer der Land-Besitz, desto höher war der soziale Status der einzelnen Familienmitglieder; je größer der Land-Besitz, desto mehr Einfluss- und Mitbestimmungsmöglichkeiten hatten die einzelnen Familienmitglieder beziehungsweise der Haushaltsvorstand. Auch die Einflussmöglichkeiten oder kommunalpolitischen Partizipationsmöglichkeiten waren vom sozialen Status abhängig und nicht ohne weiteres veränderbar: Land-Besitz *war* gleichbedeutend mit Einfluss und Mitbestimmung. So stellte die Bauernschaft – auch wenn sie zur Minderheit eines Dorfes gehörte und die Mehrzahl einer gewerblichen Arbeit nachging – traditionell den Bürgermeister und die Gemeinde- und Kirchengemeinderäte[106]. Allerdings hat die Bauernschaft an Einfluss und Macht verloren. Diese Entwicklung geht einher mit der Entwicklung der Landwirtschaft: Die Anzahl der landwirtschaftlichen Betriebe im Haupterwerb nimmt/nahm ab, die Nebenerwerbslandwirtschaft[107] gewinnt/gewann an

---

[106] Die Verwendung der maskulinen Form ist hier angebracht, weil es bis in die jüngste Vergangenheit ausschließlich Männer waren, die ein öffentliches Amt inne hatten

[107] Die Nebenerwerbslandwirtschaft wird zum großen Teil von den (Ehe)Frauen geleistet. Sie entstand aufgrund der mangelhaften Verdienstmöglichkeiten in der Landwirtschaft. Realisieren konnte sie sich, weil vor allem während des 2. Weltkriegs die Frauen die Landwirtschaft (und auch andere Bereiche) betrieben. Mit dieser Erfahrung war es in der Folgezeit

Bedeutung und aus den übrig gebliebenen rentablen Höfen sind kleine Industriebetriebe geworden. Die moderne Zeit verlangt von den DorfbewohnerInnen auch im kommunalpolitischen Kontext Wissen und Kompetenzen.

In ähnlicher Weise gilt dies auch für die Landjugendlichen. Sie sind am politischen ländlich-dörflichen Leben kaum – im Sinne von partizipativ – beteiligt. Im ländlichen Lebenskontext und hier vor allem im kommunalpolitischen Bereich spielt die Altersgruppe der Jugendlichen gewöhnlich eine nachgeordnete Rolle. Die Landjugendlichen werden selten nach ihren Wünschen und Vorstellungen gefragt; ihre Leistungen werden von der Dorföffentlichkeit in nur geringem Umfang anerkannt. Diese Sicht der Erwachsenen steht in deutlichem Widerspruch zu der Selbstsicht der Landjugendlichen. Die Landjugendlichen zeigen nämlich ein „sehr hohes positives Selbstwertgefühl"[108], sehen sich also durchaus auch in der Lage, etwas auf die Beine zu stellen, etwas zu bewirken, sich also am dörflichen Geschehen zu beteiligen[109]. Diese erfahrene Diskrepanz, Böhnisch nennt dies Inkonsistenz, hält die Landjugendlichen aber nicht davon ab, sich weiterhin zu engagieren, weiterhin, sei es im offenen selbstverwalteten

---

naheliegend, dass bei weniger werdendem Verdienst in der Landwirtschaft es die Frauen waren und sind, die diesen weniger lukrativen Arbeitsbereich übernehmen

[108] Böhnisch/Fritz/Seifert 1997, S. 127

[109] Vgl. 12. Shell-Studie (1997), in der „Selbstbehauptung als zentrale Kategorie jugendlichen Lebens und Erlebens" konstatiert wird. Selbstbehauptung drückt sich darin aus, dass Jugendliche angeben, „nicht nur im Strom der anderen schwimmen" zu wollen (84%) oder „sich anzustrengen, um sich von den gesellschaftlichen Anforderungen nicht unterkriegen zu lassen" (76%). Allerdings geben nur 43% an, zu versuchen, „aus dem Zwang der Gesellschaft auszubrechen". Der Selbstbehauptungsgedanke wird von vielen Jugendlichen dann aufgegeben, wenn er an die Grenzen des gesellschaftlich Möglichen/Vorgegebenen stößt. Der Selbstbehauptungsgedanke realisiert sich somit für die Jugendlichen in gesellschaftlich vorgegebenen Räumen. Bringt man diese Erkenntnis mit der deutlichen Anpassungsbereitschaft der Jugendlichen zusammen, dann scheinen die Jugendlichen sich eine gesellschaftliche Veränderung nicht zuzutrauen.

Jugendtreff oder in der Clique, aktiv die eigene Freizeit zu gestalten. Darüber hinaus versuchen die Landjugendlichen, die erlebte Diskrepanz zu überwinden, indem sie entweder ihre Freizeitorganisation nach den Vorstellungen der Erwachsenengeneration ausrichten (zum Beispiel Mitgliedschaft in Vereinen und Verbänden) oder aber, so wie beispielsweise ein offener selbstverwalteter Dorfjugendtreff, gezielt Maßnahmen für Erwachsene organisieren. Auch dies meint ‚beteiligt-sein'. Dabei übernehmen die Landjugendlichen tradierte (erwachsenenorientierte) Formen der Freizeitgestaltung, mit dem klaren Ziel, die erlebte Diskrepanz und Inkonsistenz zu überwinden.

BS: Nochmals zurück. Letztes Mal habt Ihr als wichtigen Punkt Eurer Mitarbeit hier im Jugendtreff die Pflege der Dorfgemeinschaft genannt.
L: Ja, wir machen jetzt beim Dorffest mit.
BS: Wie kann das zur Dorfgemeinschaft beitragen?
L: Grad, dass wir präsent sind.
G: Das ist ziemlich wichtig.
L: ... Es ist wichtig, dass man sich zeigt. Und dass die Leute sehen, die (die Jugendlichen vom Jugendtreff, BS) machen das Fest jetzt auch schöner. Und man hat ein gutes Gefühl, wenn man zu dem Fest was beigetragen hat. (..) Oder grad an der Fasnet, da machen wir auch immer was, so einen Kappenabend. Und da kommen auch immer viele (Erwachsene, BS). Da haben wir immer offen, vor dem Umzug. Und diesmal wollen wir vielleicht im Ort einen Stand machen.
BS: Also der Jugendtreff macht an der Fasnet ein besonderes Angebot für die ganze Gemeinde?
G: Ja, und da kommen auch alle.
(GISee, II; S. 10)[110]

Aber am dörflichen Leben beteiligt zu sein bedeutet nicht nur, sich in kommunalpolitischen Gremien oder gesellschaftlich-sozialen Vereinen und Verbänden zu engagieren, son-

---

[110] Scheu: Material zur Evaluation kommunaler Landjugendtreffs (1998)

dern darüber hinaus, sich aufgeschlossen am Dorfgeschehen (und an den Dorfgesprächen) zu beteiligen. Dazu gehört auch, über sich selbst etwas mitzuteilen, was durchaus bekannt und auch ziemlich partikular sein kann, aber auch über Andere und Anderes Bescheid zu wissen. So muss man über die soziale Position der einzelnen Familien Bescheid wissen – muss man informiert sein -, man braucht die Kenntnis über die jeweiligen Besitzverhältnisse und natürlich ist es von Nöten, in die dörfliche Arbeitsorganisation eingeweiht zu sein. Dieses Informiert-Sein erlaubt „kompensatorische Schlüsse über alle dörflichen Erscheinungen, (sie) strukturieren die Wahrnehmung und lassen es zu, Gesprächsfetzen zu interpretieren, einzuordnen, mit Inhalten zu versehen, der weit über den Gehalt eines solchen Fetzens hinausgeht"[111]. Betrachtet man die dörfliche Interaktion und Kommunikation von außen, dann wirkt sie für Außenstehende, aber auch für viele Neudörfler, undurchschaubar, weil das notwendige Hintergrundwissen, nämlich das Informiert-Sein, nicht vorhanden ist. Das Prinzip des Informiert-Seins beinhaltet nicht nur Vorgaben, sondern auch Kriterien, wie die Informationen aufgenommen, bewertet und eingeordnet werden müssen. Dieses soziale Regelwerk realisiert und formt sich durch Traditionen und ist zugleich das „Resultat der Aneignung dörflicher Realität, (beinhaltet) den methodischen Apparat ihrer Selektion und den Schlüssel zur Strukturierung der sozialen Totalität des Dorfes"[112]. Das Prinzip des Informiert-Seins garantiert die Durchschaubarkeit des Sozialgefüges Dorf. Informiert-Sein ist ein zweigleisiger Prozess: Informationen müssen aufgenommen und bewertet werden, Informationen müssen aber auch gegeben, das heißt zugeteilt werden. Dieser zweite Aspekt, die Zuteilung von Informationen, ist in diesem Kontext wichtig. Der Öffentlichkeit werden nämlich nur solche Informationen offeriert, die man meint, geben zu müssen. Beinhaltet die Informationsgabe aber zu wenig, sind die darin enthaltenen Informationen zu rar, dann verselbst-

---

[111] Brüggemann/Riehle 1986, S. 208
[112] Brüggemann/Riehle 1986, S. 209

ständigt sich dieser Prozess und die scheinbar notwendigen Informationen werden eigenständig angeeignet. Das Resultat dieses Vorganges ist nicht selten Klatsch und Tratsch mit einer negativen Konnotation.

Informationen zur Verfügung stellen ist ja nicht nur ein mündlicher Vorgang, sondern vollzieht sich auch auf nonverbaler Ebene und zeigt sich dann in der Übernahme ländlich-dörflicher und tradierter Normvorstellungen. Sich diesen entsprechend zu verhalten, weist auf einen ausgeprägten Integrationswillen hin und beweist den DorfbewohnerInnen zumindest die Absicht, dazugehören zu wollen. Der nonverbale Prozess der Informationsgabe ist für den ländlich-dörflichen Lebenskontext und für die typisch ländliche Lebensgestaltung/-führung weit verbreitet und probat. So wird der Dorfbevölkerung Auskunft über die finanzielle Lage beispielsweise durch die äußere Ausgestaltung des eigenen Hauses oder das angeschaffte Fahrzeug gegeben: Baut jemand – auch unter noch so großem Aufwand und fast unerträglicher finanzieller Belastung – ein großes Haus und/oder schafft sich ein großes Auto an, dann zeigt er/sie damit gleichzeitig, dass er/sie über finanzielle Ressourcen und ein gutes Einkommen verfügt. Ob jemand ein ordentlicher Mensch ist, kann man dann zum Beispiel auch daran ablesen, ob die Fenster immer glasklar geputzt, die Gardinen immer frisch gewaschen sind und der Hausvorplatz regelmäßig gekehrt ist. Mit diesen, von der Dorföffentlichkeit sozial kontrollierten, Handlungsmustern liefern die DorfbewohnerInnen mehr Informationen, als ihnen vielleicht manchmal lieb ist. Gleichzeitig regeln diese Informationen aber das alltägliche Leben und den zwischenmenschlichen Umgang der DorfbewohnerInnen. Begleitet wird dieser Prozess des Informiert-Seins mit den das ländlich-dörfliche Leben regelnden Mechanismen der sozialen Kontrolle. Zu dieser Prämisse müssen sich auch die Landjugendlichen verhalten. Daraus ergibt sich ein für Landjugendliche typisches Verhältnis, aus dem wiederum typische Handlungsnotwendigkeiten resultieren. Als allgemeine Handlungsnotwendigkeit ergibt sich für Landjugendliche das Erfordernis, sich entsprechend der ländlich-dörflichen Vorstellungen und Normen zu verhalten. Möchten sie der Dorföffentlichkeit zeigen, dass sie beispielsweise über ein gesichertes Einkommen verfügen, dann müssen sie sich nicht zu ihrer Lohnabrechnung äußern. Sie können dies zeigen, indem sie ein entsprechend großzügiges Haus bauen oder sich ein entsprechendes Fahrzeug anschaffen. Die Landjugendlichen wissen um diesen Vorgang. Ihnen ist auch bekannt, dass sie ihren sozialen Status – zumindest als Erwachsene – nur erhalten beziehungsweise erreichen können, wenn sie sich entsprechend diesen Vorgaben verhalten. Die Absicht, durch nonverbales Verhalten und Handeln andere DorfbewohnerInnen über die eigene Lebenssituation zu informieren, kann natürlich auch negative Auswirkungen haben. So erfordert beispielsweise der Hausbau von vielen jungen Landfamilien enorme Anstrengungen und führt nicht selten zu einer finanziellen Überforderung, der den Zuverdienst der Ehefrau oder gar weitere nebenberufliche Tätigkeiten notwendig macht. Auch der sozial kontrollierte ‚Zustand' des Hauses/der Wohnung führt des Öfteren zu körperlichen Überforderungen vor allem von Frauen. Die Erwartungen, ja fast schon der Zwang, sich ständig und überall als perfekte, auf Ordnung und Sauberkeit achtende Hausfrau und Mutter präsentieren zu müssen, hat nicht nur eine körperliche Überforderung zum Ergebnis, sondern in einigen Fällen führt dies auch zu (innerpsychischen) Dilemmata: Zumindest nach außen hin müssen dann vor allem die Landfrauen den dörflichen Vorgaben, Vorstellungen und Normen entsprechen. DorfbewohnerInnen, die sich nicht daran halten, die diese Vorstellungen und Normen gar ignorieren oder vielleicht überhaupt nicht kennen, tun sich schwer, dazu zu gehören[113].

Soziale Kontrolle und Anpassung

Das bäuerlich-dörfliche Leben war noch bis zu Anfang des 20. Jahrhunderts (mit dem Beginn der Industrialisierung der Landwirtschaft) sehr eng mit der Natur verbunden. Der

---

[113] Auf diesen Aspekt müsste eigentlich ausführlicher eingegangen werden, was allerdings im Rahmen dieser Arbeit nicht möglich ist.

Mensch musste sich den natürlichen Gegebenheiten unterordnen. Die Naturgesetze leiteten das menschliche Leben und den Arbeits-Alltag, sie bestimmten, wann die Saat ausgebracht und die Ernte eingebracht werden musste und regelte damit auch den Alltag der LandbewohnerInnen. Der Unterordnung unter die natürlichen Gegebenheiten hatten sich nicht nur die Bauern zu fügen, beispielsweise orientierten sich auch die Tagelöhner daran. Selbst wenn die Bauern, die sich an den Naturgegebenheiten zwangsläufig ausrichten mussten, in einem Dorf in der Minderheit waren, so hat sich doch die Bäuerlichkeit im Dorf durchgesetzt und ist zu einer typisch-dörflichen Sozialform geworden. Das Miteinander-Wirtschaften-Müssen (Dreifelderwirtschaft) und das Aufeinander-Angewiesen-Sein waren überlebenswichtig und wurden deshalb auch gut beobachtet und kontrolliert. Wer versuchte, sich diesem Prinzip zu entziehen, den ‚bestrafte nicht nur das Leben' beziehungsweise die Natur, sondern der wurde auch von seiner sozialen Umwelt sanktioniert. Wer sich also der Unterstützung und Hilfe seiner Mitmenschen sicher sein wollte, musste sich auf ein gemeinsames Handeln einlassen, musste sich den dörflichen Vorgaben anpassen. Dieser Anpassungs- und Unterordnungsprozess wurde durch unterschiedliche Formen der sozialen Kontrolle[114] unterstützt und begleitet. Diese Sozialform war für die damalige bäuer-

---

[114] Definition: „In einer ländlichen Siedlung unterliegt jede Handlung, jede Äußerung und jede Gefühlsregung der unmittelbaren Kontrolle der Mitmenschen, die den Maßstab der geltenden Verhaltensmuster anlegen. Infolge des dichten sozialen Netzwerkes bildet sich über jede Person und über jedes Ereignis eine öffentliche Meinung. Die dörfliche öffentliche Meinung ist funktional etwas ganz anderes als die durch die Massenmedien beeinflußte städtische öffentliche Meinung. Im Dorf bildet sich die öffentliche Meinung hauptsächlich im Gespräch und in der allgemeinen Indiskretion. Die Meinungsmacher befinden sich meistens in der Rolle des Zuschauers oder des Zwischenträgers. Ihre typischen Eigenschaften sind Außerhäuslichkeit, Geschwätzigkeit, Sensationsgier, Traditionsorientierung, Ortsbezogenheit, Uniformität, Geltungssucht, Verantwortungslosigkeit und unbedachte Urteilsbildung. Für die Meinungsbildung und die Ausstreuung von Gerüchten strategisch günstige Positionen nehmen Gastwirte, Händler, Bader, Metzger, Heiratsvermittler und andere aushäusige Personen ein" (Planck/Ziche1979, S. 142; zit in: Brüggemann/Riehle 1986, S. 179).

lich-dörfliche Situation funktional. Heute sind die Dorfbe-wohnerInnen nicht mehr in dieser Art und Weise aufeinander angewiesen. Dennoch hat diese Sozialform überlebt und ist in unserer heutigen Zeit zum Prinzip dörflichen Lebens ge-worden[115]. „Sie (die soziale Kontrolle, BS) liefert soziale und kommunikative Sicherheit, sie vermittelt Handlungsorientie-rungen, und zwar sowohl in der Dorföffentlichkeit als auch im Privatleben"[116]. Allerdings besitzt diese Art Sicherheit vermittelnde Handlungsorientierung auch eine negative, ein-schränkende Konnotation. So verhindern die soziale Kon-trolle und die konservativen Wertorientierungen beispiels-weise auch die Entwicklung neuer (kultureller) Stilrichtungen und -ausprägungen im dörflichen Lebenskontext und verwei-sen beispielsweise die Landjugendlichen damit zu einer in-tensivierten Regionalorientierung. In gleichem Maße schränkt die soziale Kontrolle, die eine gewisse Anonymität nicht zulässt, mögliche Selbstinszenierungsgedanken und -ideen der Landjugendlichen ein. So widerspiegelt die im ländlich-dörflichen Lebenskontext existierende soziale Kon-trolle ein ambivalentes Verhältnis: Einmal wirkt sie ein-schränkend, ein anderes Mal Sicherheit vermittelnd.

Die Landfamilie
Folgt man manchen alltäglichen Vorstellungen zum Landleben, dann wird der Familie im ländlichen Raum eine besondere Bedeutung zugeschrieben. In den Augen Vieler ist die Land-Familie, im Gegensatz zu der Stadt-Familie, immer noch ‚in Ordnung': Die Kinder wüchsen in familialer und generationenübergreifenden Geborgenheit auf; der ländliche Lebenskontext verschone die Kinder vor Kriminalität, Dro-gen und Gewalt. Aber die Land-Familie war noch nie heil, noch kann sie heute dazu hochstilisiert werden. Es gilt von den weitverbreiteten Familienmythen (Harmonie-, Größen-

---

[115] Planck (1983) stellt bei den jungen Erwachsenen auf dem Lande eine auffällige Anpassungsbereitschaft und -fähigkeit sowohl an die gesamtge-sellschaftlichen Verhältnisse als auch an gesamtgesellschaftliche Verhal-tensmuster fest.
[116] Brüggemann/Riehle 1986, S. 185

und Konstanzmythos) Abstand zu nehmen. Das bürgerlich geprägte Familienideal[117] hatte mit der Land-Familie des 18./19. bis Anfang des 20. Jahrhunderts wenig gemeinsam. Die auf dem Land herrschende Armut[118] machte auch vor der Familie nicht Halt und bestimmte auch die manchmal drakonischen Erziehungspraktiken[119]. Die Kindheit auf dem Land beinhaltete Armut und Arbeit. Auch aufgrund der damals sehr hohen Kindersterblichkeit[120] konnte sich keine enge emotionale Beziehung zwischen den neugeborenen Kindern und sonstigen Familienmitgliedern entwickeln. Zwar benötigte die Land-Familie ihre Kinder als billige Arbeitskräfte, aber wenn es zu viele Kinder waren, dann wurden sie als unnötige Esser empfunden und in diesem Sinne auch erzogen. Eine hohe Kinderzahl bedrohte zudem die Existenz der Land-Familie, vor allem in den Gebieten, in denen das Erbprinzip der Realteilung herrschte. Im Erbfall zersplitterte sich der Güterbestand der Familie oft derart, dass das Überleben der einzelnen nachkommenden Familienmitglieder in Gefahr stand.

---

[117] Der Begriff 'Familie' ist eine sprachliche „Neuschöpfung, die erst im Laufe des 18. Jahrhunderts im deutschen Sprachgebrauch heimisch wurde" (Lenz/Böhnisch in: Böhnisch/Lenz 1997, S. 14). Vorher war nur der Begriff des 'Ganzen Hauses' gängig.

[118] Der Besitz einer Familie bestand während des 19. Jahrhunderts „selten aus mehr als ein oder zwei Betten, einem Tisch, drei Stühlen, und einigen wenigen Geräten und Kleidungsstücken" (Herrmann u.a. in: Borscheid/Teuteberg 1983, 76).

[119] „Ein alter Mann berichtet: Wenn meine Mutter gewaschen hat im Hof, dann hab` ich den Kessel schüren müssen. (...) Das hab ich nie gern getan. Da bin ich abgewitscht. Dann hat sie mir aber immer geschrien und mich geholt. Dann hab` ich mal wieder geschürt und hab´ den Deckel zugeschlagen (...) dann ist das Türle weggefallen. Ich bin durchgegangen, dann hat sie geschrien: `Ich schmeiß dich zu Tod mit einem Stein`. Und ich hab` mich mal herumgeguckt und in dem Moment fährt mir ein Stein auf die Stirn. (..) Mich hat es zusammengehaut wie einen Sack. Da hatte die Mutter eine Wut. Weil`s Türle hin war und das hat gekostet ...." (Herrmann, u.a. in: Borscheid/Teuteberg 1983, 76).

[120] „Von 1800 bis 1823 gab es (in Hausen, BS) 6,9 Geburten pro Familie, von den Kindern starben 39% vor dem 14. Lebensjahr, von 1823 bis 1844 sank die Geburtenrate auf 5,9%, die Sterblichkeitsrate stieg auf 40%, die Geburten bleiben dann konstant" (Ilien/Jeggle 1978, 90).

Im Vergleich zur bäuerlichen Familie der Agrargesellschaft, die sowohl eine Konsum- als auch als eine Produktionseinheit (= Subsistenzwirtschaft) bildete, haben sich die Aufgaben der Familie seit Beginn der Industrialisierung verändert. Mit der Auslagerung der Produktion, Bildung und Ausbildung aus den Familien mussten sie zwar Zuständigkeiten abgeben, bekamen aber gleichzeitig neue Aufgaben zugeschrieben. Die moderne Familie hat sich vor allem auf die Sozialisation ihrer Kinder hin und auf den Bereich der Reproduktion spezialisiert. Sie leistet dabei ganz selbstverständliche Alltäglichkeiten wie „z.B. Haushaltsführung, Nahrungszubereitung, Krankheitsvorsorge und -betreuung, Regeneration, Freizeitgestaltung und natürlich Kindererziehung und -betreuung"[121]. Diese selbstverständlichen Leistungen basieren auf Gegenseitigkeit der einzelnen Familienmitglieder. Gegenseitig erbrachte und zu erbringende Leistungen zeichnen das System Familie in besonderer Weise aus und geben ihm das spezifische Gesicht. Die Familie wird von ihren Mitgliedern als verlässliche Institution gesehen. Dort erhalten sie – wenn notwendig – die erforderliche Hilfe und Unterstützung. Als primäre Hilfequellen werden vorwiegend (41%)[122] Familienmitglieder genannt, die im gleichen Haushalt leben.

Die Individualisierungs- und Vereinzelungstendenzen, so sie von Beck beschrieben werden, sind im Kontext der Familie so nicht feststellbar. Die Familie fungiert nach wie vor als „primäres Unterstützungssystem, auf das sich die Individuen stützen und auch stützen können. (...) Für die Gegenwart läßt sich feststellen, daß es vor allem die Eltern-Kind-Beziehungen sind, auf deren Schiene – auch dann, wenn sich beide Teile längst verselbstständigt haben – wechselseitig Unterstützungsleistungen erbracht werden. Eltern und Kinder fühlen sich auch in besonderem Maße *verpflichtet*, einander mit Rat und Tat beizustehen"[123]. Dies betrifft nicht nur die Bezie-

---

[121] Lenz/Böhnisch in: Böhnisch/Lenz 1997, S. 42

[122] Schubert (1990) zit. v. Nestmann in: Böhnisch/Lenz 1997, S. 227

[123] Lenz/Böhnisch in: Böhnisch/Lenz 1997, S. 42

hung zwischen Eltern und ihren heranwachsenden Kinder, sondern ebenso auch zwischen schon betagten Eltern und ihren längst erwachsenen Kindern. Zwar leben die einzelnen Generationen nicht mehr in einem Haushalt zusammen (Ganzes Haus), aber es bestehen dennoch vielfältige Kontakte untereinander. Beispielsweise verfügen 51% der 60 – 69jährigen über häufige familiale Kontakte zu jüngeren (15 – 30jährigen) Familienmitgliedern; in der Altersgruppe der 15 – 59jährigen verfügen sogar 53% über häufige Kontakte zu Über-60jährigen. Intergenerative häufige Kontakte finden sich bei dieser Altersgruppe dagegen weniger im beruflichen Kontext (27%) und bei sonstigen Gelegenheiten (15%). So scheint die Familie der Ort zu sein, wo intergenerative Kontakte am ehesten stattfinden[124]. Relativierend muss an dieser Stelle ein weiterer Bezug auf die intergenerativen Kontakte bei sonstigen Gelegenheiten (außerhalb Schule, Beruf, Ausbildung und Familie) genommen werden. In der zitierten, vom Sozialministerium Baden-Württemberg (1999) herausgegebenen, Studie werden die Kontakte zu Über-60jährigen einer weiteren Aufschlüsselung unterzogen. Dann geben 23% der Befragten (15 – Über-70jährige) an, häufig mit Über-60jährigen zu tun haben, 29% ab und zu, 32% selten und 16% nie[125]. Es kann hier also festgehalten werden, dass immerhin 52% der Befragten über intergenerative Kontakte außerhalb der Familie und Schule/Beruf/Ausbildung verfügen.

---

[124] Quelle: Generationenkonflikt und Generationenbündnis in der Bürgergesellschaft 1999; S. 14-17

[125] Quelle: Generationenkonflikt und Generationenbündnis in der Bürgergesellschaft 1999; S. 22. Die Studie verfeinert das Datenmaterial nochmals und kommt zu dem Ergebnis, dass „lediglich 4% aller Jugendlichen zwischen dem 15. und 20. Lebensjahr außerhalb von Familie oder Beruf bzw. Ausbildung (also im Freizeitbereich, BS) **intensiven** Kontakt zu Menschen, die über 60 Jahre alt sind (haben). (Herv. BS). An dieser Stelle wird zu ersten und einzigen Mal von intensiven Kontakten gesprochen, gefragt wurde allerdings nach häufigen Kontakten, wobei auch `häufig` nicht näher erläutert wird. Gerade dieses Ergebnis scheint dem Herausgeber spektakulär genug zu sein, um es auch im Vorwort zu zitieren. Insgesamt kommt die Studie zu dem Ergebnis, dass die intergenerativen Kontakte schwach ausgebildet sind und dringend einer Förderung, beispielsweise durch bürgerschaftliches Engagement, bedürfen.

Trotz dieser doch recht hohen Kontaktdichte finden nach wie vor die meisten intergenerativen Kontakte innerhalb der Familie statt (68%[126]). Die intergenerativen Kontakte werden auch dann noch gepflegt, wenn sich die Lebenswelten der Generationen unterscheiden (was im Übrigen keinesfalls als ein Zeichen sich auflösender Generationenbeziehungen und -bezüge interpretiert werden kann). In der schon oben zitierten Studie des Sozialministeriums Baden-Württemberg wird festgestellt, dass 60% aller Befragten der Meinung sind, „Jugendliche und ältere Menschen, das sind heute zwei total verschiedene Welten"[127]. An dieser empirisch erhobenen Tatsache ist nichts Spektakuläres auszumachen. Es wäre doch fatal, wenn sich einzelne Generationengruppen nicht mehr unterscheiden würden. Schließlich sind doch deutliche Unterschiede zumindest im Alter, dann aber auch in den biografischen Erfahrungen und letztlich auch im Status festzumachen.

Die Pflege und Betreuung der betagten Elterngeneration wird nach wie vor und vielfach von den nachfolgenden Kindern übernommen. Trotz der „entfamilialisierten"[128] materiellen Altersversorgung werden[129] der Pflegeleistungen von Familienangehörigen erbracht. Weiter kann davon ausgegangen werden, „daß zwei Drittel bis drei Viertel aller Krankheitsepisoden so und ohne die Inanspruchnahme professioneller Helfer im sozialen Netzwerk von Familie, Verwandtschaft, Freundschaft, Nachbarschaft etc. bewältigt werden"[130]. Trotz

---

[126] Quelle: Generationenkonflikt und Generationenbündnis in der Bürgergesellschaft1999; S. 15.

[127] Quelle: Generationenkonflikt und Generationenbündnis in der Bürgergesellschaft 1999; S. 25.

[128] Lenz/Böhnisch in: Böhnisch/Lenz 1997, S. 43

[129] Caritas Österreich 2006

[130] Nestmann in: Böhnisch/Lenz 1997, S. 224. Nestmann untermauert diese Aussage mit der Darstellung einer repräsentativen Umfrage von Schubert (1990): „Auf die Frage nach den wirklich verläßlichen Helfern, wenn einmal Hilfe gebraucht wird, wird als erste Hilfeoption und erste Hilfeerwartung der Partner (42%) genannt. Es folgen mit weitem Abstand die Kinder (19%) und die Eltern (17%)..." (ebenda S. 227).

des zahlenmäßig kleiner werdenden familialen und verwandtschaftlichen Unterstützungssystem Familie können Eltern und Kinder auf gegenseitige Unterstützungsleistungen bauen: „Für die Gegenwart läßt sich feststellen, daß es vor allem die Eltern-Kind-Beziehungen sind, auf deren Schiene – auch dann, wenn sich beide Teile längst verselbständigt haben – wechselseitig Unterstützungsleistungen erbracht werden. Eltern und Kinder fühlen sich auch in besonderem Maße verpflichtet, einander mit Rat und Tat beizustehen"[131]. Die Familie gilt damit idealtypisch als Ressource und als „wichtige Instanz der Gesundheitsversorgung und Krankheitsbewältigung, der Sozialisation zur gesunden Lebensführung und der materiellen und sozialen Sicherung"[132]. Nicht nur die Pflege und Betreuung wird von den Familienangehörigen übernommen, sondern ebenso auch die psycho-soziale Versorgung der betagten Eltern. Die regelmäßigen Telefonate und Besuche erbringen zusätzliche Unterstützungsleistungen. Es ist also bei weitem nicht so, dass zwischen den einzelnen Generationen keinerlei Kontakte beständen. Trotz der getrennten Haushalte bestehen enge und intensive intergenerative Beziehungen und damit auch Unterstützungsleistungen. Die einzelnen Generationen leben nicht mehr – wie in der bäuerlichen Gesellschaft – in einem Haushalt, unter einem Dach zusammen, sondern in getrennten Haushalten, haben aber dennoch engen Kontakt zueinander. Intergenerative Kontakte und Beziehungen müssen somit nicht zwangsläufig auch häusliche Kontakte bedeuten. Die Generationen, die durchaus auch räumlich getrennt sein können, stehen in einer engen emotionalen Beziehung zueinander, die gerade aufgrund der räumlichen Trennung und der aufgelösten formalen Autorität der Großelterngeneration die Qualität der „inneren Nähe trotz äußerer Distanz"[133] besitzt. Die intergenerativen Beziehungen zwischen Großeltern, Eltern und Enkeln werden somit „wärmer und nachsichtiger, sie sind durch

---

[131] Lenz/Böhnisch in: Böhnisch/Lenz 1997, S. 42
[132] Nestmann in: Böhnisch/Lenz 1997, S. 226
[133] Olbrich in: Liebau 1997, S. 189

freundliche Gleichheit charakterisiert, die geeignet ist, Spannungen zwischen Familiengenerationen zu reduzieren"[134]. Zur engeren Familie werden aber auch nicht-zum-Haushaltgehörende, aber verwandte Personen gezählt, wie z.B. Onkel, Tanten, Großeltern, etc. Die vielseitig beklagte intergenerative Trennung und Segmentierung der Generationen beziehungsweise Individualisierung und Vereinzelung ist somit nicht zwangsläufig gegeben. Lediglich die Form und Ausgestaltung der Beziehungen ist eine andere geworden. Die Transparenz des dörflichen Lebens lässt den Kontakt zwischen den Generationen[135] zu. Aufgrund dieser intergenerativen Besonderheit werden die ländlichen Werte, Normen und Traditionen weitergegeben. Ein ,Sprung' von der einen zur anderen Generation ist hier fließend. Eine Reflexion über die übergebenen tradierten Normen und Verhaltensvorgaben kann nicht oder nur sehr schwerlich stattfinden! Dadurch wird eine Verständigung – im Sinne eines Aushandlungsprozesses – zwischen den Generationen unterbrochen und eine Abgrenzung zwischen den Generationen unmöglich. Alle sind sich scheinbar einig, vom Großvater bis zum Enkel.

Aufgrund der starken Zuwendung der Jugendlichen zu ihren Herkunftsfamilien – immerhin leben 84,2%[136] der Landjugendlichen im elterlichen Haushalt -, werden der modernen Familie vielfältige Aufgaben zugeschrieben, mit denen die Familie früher kaum konfrontiert war und deren Bewältigung ihr immense Schwierigkeiten bereitet, weil sie auf ihre neue Aufgabenstellung nicht/kaum vorbereitet ist: „Jugendliche erhoffen sich viel von ihren Familien, sie sind aber auch schnell enttäuscht, wenn diese Erwartungen nicht erfüllt wer-

---

[134] Kivnick/Sinclair (1996) zit. n. Olbrich in: Liebau 1997, S. 182f.

[135] „Die meisten Kinder erleben auf Grund der gestiegenen Lebenserwartung viele Jahre ihre Großeltern. So hatten 1991 nur 19% der 10- bis 14jährigen keine Großeltern mehr, und 22% hatten noch alle vier Großeltern. Nach den Daten des DJI-Familiensurveys lebten 1991 in den Neuen Bundesländern etwa 60% im selben Haus, in der Nachbarschaft oder wenigstens im selben Ort wie ihre Großeltern" (10. Jugendbericht 1998, 34).

[136] Böhnisch/Rudolph u.a. 1997

den können. Dem gesellschaftlichen Spannungsverhältnis von Funktionsdruck und Integrationserwartung entspricht auf der personalen Ebene auch eine emotionale Ambivalenz von Erwartung an die und Enttäuschung an der eigenen Familie"[137]. Dass die moderne Familie ihre ‚neuen' Aufgaben und Funktionen in nur beschränktem Maße bewältigen kann, ist auch darauf zurückzuführen, dass in ihr nach wie vor tradierte Strukturen und Beziehungsmuster vorhanden sind und wirken (auch wenn diese zur Bewältigung ihrer Aufgaben dysfunktional sind): Die tradierte Familienkonstellation, dass die Erwachsenen über einen Erfahrungs- und Wissensvorsprung verfügen, den sie an ihre heranwachsenden Kinder weitergeben könnten, trifft für die moderne Familie nicht zu. Der durch die Industrialisierung (Ende 19. Jahrhunderts) neu entstandene Zeitgeist, der alles Neue und Fortschrittliche in den Mittelpunkt stellte, hat auch „die überkommene Selbstverständlichkeit der familialen Generationenhierarchie als Binnenstruktur der bürgerlichen Familie erschüttert"[138]. Das Verhältnis der Generationen untereinander veränderte sich prägnant. In der traditionellen bäuerlich-geprägten Lebensform war das Verhältnis der Generationen durch Machtbeziehungen und Besitzverhältnisse gekennzeichnet; dagegen kennzeichnete das Generationenverhältnis in der industriellen Gesellschaft die Wissensbeziehung, das heißt, die ältere Generation zeichnete sich durch einen immensen Wissens- und Erfahrungsvorsprung aus. Das Verhältnis der einzelnen Generationen basierte damit auf einem pädagogischen Beziehungskonstrukt, das darauf angelegt war, dass die jüngere Generation über erzieherische Prozesse von der älteren Generation lernen musste. Aber auch dieses Generationenverhältnis hat sich verändert. In der modernen Industriegesellschaft ist es nicht mehr nur die ältere Generation, über die das Wissen und die Erfahrungen transferiert werden können, sondern es ist ebenso die jüngere Generation selbst, die sich dieses neuartige Wissen aneignen und über vielfältige Erfah-

---

[137] Lenz/Böhnisch in: Böhnisch/Lenz 1997, S. 61
[138] Lenz/Böhnisch in: Böhnisch/Lenz 1997, S. 23

rungen verfügen muss. Denn sowohl die Eltern als auch die Heranwachsenden sind in fast gleichem Maße mit Modernisierungsprozessen und „widersprüchlichen Strukturmomenten"[139] konfrontiert, zu deren Bewältigung sie sich neu orientieren müssen/sollten, so dass die Eltern ihren Kindern realistischerweise bei der Orientierungsfindung kaum als Vorbild dienen und ihnen wenig behilflich sein können. Böhnisch/Blanc sprechen hier von einer doppelten Relativierung: „Zum einen lernen und erlernen die Jungen heute augenscheinlich mehr Neues, das die Älteren nicht kennen und deshalb auch nicht weitergeben können, als zu früheren Zeiten (, in denen die Älteren über einen Erfahrungsvorsprung verfügten, BS); zum anderen ist vieles von dem, was die Älteren früher gelernt haben – zumindest unter dem industriegesellschaftlichen Verwertungsgesichtspunkt – heute wert- oder belanglos geworden"[140]. In dieser Situation sind sowohl Ältere als auch Jüngere Lernende, keine der beiden Altersgruppen verfügt über umfangreichere und verwertbarere Erfahrungen, aus denen dann für eine Generation ein Übermaß an Macht ableitbar wäre: „Durch die einschneidenden Umwälzungen auf fast allen Lebensgebieten, sind die biographischen Orientierungen und Lebenserfahrungen der Elterngeneration geradezu dramatisch entwertet worden und für die Jugend kein brauchbarer Maßstab mehr. In vieler Hinsicht ist damit das ‚Generationengefälle' aufgehoben und müssen Alt und Jung gemeinsam nach neuen Orientierungen suchen"[141]. So sind es nun vor allem die Gleichaltrigen, die zum Wissenserwerb und Erfahrungsvorsprung beitragen können, kaum mehr die ältere Generation. Damit bekommt das Generationenverhältnis eine andere Bedeutung und Funktion; es dient nicht mehr ausschließlich dem Wissens- und Erfahrungstransfer[142] und basiert auch nicht mehr auf einem Generationengefälle. Diesem modernen Generationenverhältnis

---

[139] Böhnisch/Fritz/Seifert 1997, S. 17

[140] Böhnisch/Blanc 1989, S. 11

[141] Münchmeier in: Böhnisch/Lenz 1997, S. 126

[142] Ausführlicher dazu: Münchmeier in: Böhnisch/Lenz 1997. Gängler in: Böhnisch/Münchmeier 1987, S. 256-258

folgend sind beide Generationen Lernende (teach-the-teacher-Situation) und so werden die Gleichaltrigen zu Ungusten der älteren Generation zur Identitätsentwicklung herangezogen: „Nicht mehr das Herausarbeiten der 'Differenz' (ja nicht so sein wie die Erwachsenen), sondern die 'Identifikation' mit und 'Imitation' von Gleichaltrigen scheint wichtig (so sein wollen wie alle sind)"[143]. Dieses spezifische, moderne Generationenverhältnis ist nicht frei von Widersprüchen. Nach wie vor treffen dort unterschiedliche Generationen mit doch recht unterschiedlichen Erfahrungen und Vorstellungen aufeinander, über die sie sich diskursiv austauschen und auseinandersetzen müssten. Erst dieser Diskurs lässt eine gesellschaftliche und soziale Weiterentwicklung zu; ohne ihn käme es zur Stagnation. Schon Schleiermacher (1826)[144] wies auf diese Diskursnotwendigkeit hin. Für die Land-Familie hat dies natürlich weitreichende Folgen. Im familialen Kontext der Land-Familie werden nach wie vor die für die Integration ins dörfliche Leben funktionalen Traditionen über die Erwachsenengeneration an die Heranwachsenden weitergegeben, es herrscht hier also ein Lehrender-Lernender- beziehungsweise Lehrende-Lernende-Verhältnis. Dies betrifft im Besonderen die Geschlechterrollen und manche Verhaltensideale. Dadurch entsteht in der Land-Familie eine deutliche Ambivalenz: Einerseits sind es die Erwachsenen, die als Lehrende gelten, andererseits sind es aber gerade auch diese Erwachsenen, die in vielen Bereichen zu den Lernenden gehören[145]. Für die Landjugendlichen existiert im familialen Kontext ein deutlicher Widerspruch, ein ,einerseits' als auch ein ,andererseits'. Sie erleben und erfahren dort die Erwachsenen einmal als Lehrende und ein anderes Mal als Lernende.

Typisch für die Land-Familie war generationenübergreifendes Zusammenarbeiten. Die ehemals bäuerliche Arbeitsform

---

[143] Münchmeier in: Böhnisch/Lenz 1997, S. 126

[144] Schleiermacher in: Weniger 1961

[145] Vgl. dazu: Münchmeier in: Böhnisch/Lenz 1997

machte dies zwar notwendig, aber dieses idealisierte Bild der Land-Familie, wo sich drei Generationen um einen Tisch versammeln und friedlich gemeinsam zu Abend essen, oder wo die Großeltern unter dem Kastanienbaum liebevoll ihre Enkel betreuen, gehörte auch schon damals in den Bereich der Überidealisierung. Die bäuerlich-dörfliche Familienkonstellation (Ganzes Haus)[146], in der sowohl mehrere miteinander Verwandte (Großeltern, nicht verheiratete Onkel und Tanten, Eltern und Kinder) als auch das Gesinde (Mägde, Knechte) zusammenlebten, existierte zwar, allerdings nicht in dieser allzeit friedlichen und harmonischen Form. Auch dieser Familienform waren Gewalt und intergenerative Konflikte durch das Machtgefälle zwischen den Generationen inhärent: „Das Verhältnis zwischen Alt und Jung war dadurch gekennzeichnet, daß die Verfügungsgewalt über Grund und Boden, über Besitz, Produktion und Konsum in den Händen der mittleren Generation lag, die deshalb die rechtliche und faktische Macht in den Händen hatte. Ihr waren die gebrechlichen Alten und die Kinder unter Umständen bis weit über das Kinder- und Jugendalter hinaus unterworfen, insbesondere in der traditionellen bäuerlichen Gesellschaft"[147]. Die bäuerlich-dörfliche Familie war eine Zweckgemeinschaft, in der jeder auf jeden angewiesen war und die in nur wenigen Ausnahmefällen auf emotionaler Nähe basierte. Sobald die einzelnen Familienmitglieder aufgrund von Krankheit oder Alter ihre Arbeitskraft nicht mehr einbringen konnten – sie also ‚nutzlos‘ wurden –, zerbrach der familiale Zusammenhang. Auch aus diesem Grund ließ sich die sich auf das ‚Altenteil‘ zurückziehende Elterngeneration ihre Versor-

---

[146] Die bäuerliche Familienform des 18./19.Jahrhunderts wird als `das Ganze Haus` bezeichnet und setzte sich zusammen aus einem verheirateten Haushaltsvorstand, seiner Ehefrau, ihren nichtarbeitsfähigen Kindern, Altenteilern (Vater und Mutter, die den Hof schon übergeben haben) und dem Gesinde (Knechte, Mägde) und nichtverheiratete Verwandte, wie Bruder, Schwester, Onkel, Tanten und arbeitsfähigen Kindern. Vgl. Sandgruber in: Borscheid/Teuteberg 1983, S. 136
[147] Münchmeier in: Böhnisch/Lenz 1997, S. 115

gung im Alter sehr detailliert und urkundlich in Form eines Kaufbriefes bescheinigen[148].

Misst man die moderne Familie in der Industriegesellschaft an der historischen, aus dem bäuerlichen Lebenskontext stammenden Familie, dann werden selbstverständlich Veränderungen und Unterschiede deutlich und man neigt leicht dazu, die historisierende und idealisierende Sichtweise als Folie zu benutzen, um der ‚ursprünglichen' Familienkonstellation nachzuweinen, in der scheinbar alles besser war und die eventuell auftretende Probleme und Konflikte per se bewältigen konnte. Dieses Bild der ‚idealen' Familie wird trotz seiner Dysfunktionalität von der modernen Familie nach wie vor reaktiviert. Insbesondere in schwierigen und unübersichtlichen Lebenssituationen greifen viele Familien auf tradierte Bewältigungs- und Interaktionsformen zurück, anstatt professionelle Hilfen in Anspruch zu nehmen.

Leben in und zwischen zwei Welten[149]

Eine weitere Spezifik des ländlichen Lebenskontextes ist, dass die LandbewohnerInnen ein Leben in und zwischen zwei Welten führen. An dieser Stelle muss nochmals Bezug auf die theoretischen Annäherungen an die Kategorie ‚Land' genommen werden. Dort wurde aufgezeigt, dass der ländliche Raum sich weder als ‚Idylle-pur' auszeichnet noch ein Abklatsch urbanen Lebens ist. Der ländliche Raum ist etwas Eigenständiges und dadurch vielleicht auch etwas Eigenartiges. Ein wesentliches Kennzeichen des ländlichen Raumes ist, dass sich dort beides findet, dass dort beides aufeinander trifft: Idylle und Moderne. So kann der ländliche Raum keinesfalls ausschließlich als Insel der Glückseligen betrachtet werden. Gesellschaftliche Entwicklungen, Modernisierungs-

---

[148] Ein solcher Kaufbrief ist in Brüggemann/Riehle 1986, S. 154-158, aufgeführt

[149] Der Begriff „Das Leben zwischen zwei Welten" ist von Böhnisch/Münchmeier (1987) übernommen.

und Globalisierungstendenzen[150] tangieren ihn ebenso wie den urbanen Lebensraum. Allerdings treffen diese dann auf eine historisch gewachsene, typisch ländliche Sozialwelt. Hervorzuheben ist, dass es im ländlichen Raum zu keiner Synthese dieser beiden ‚Welten' kommt, sondern dass beide nebeneinander existieren. Diese, typisch ländliche, Lebensbedingung erfordert von den LandbewohnerInnen die Entwicklung umfangreicher, komplexer und wohl auch komplizierter Bewältigungs- und Handlungsmuster (worauf an späterer Stelle noch zurück zu kommen sein wird).

So leben die LandbewohnerInnen zum Beispiel in einem ländlich-strukturierten Lebens- und Sozialraum, der sich durch typische strukturelle Bedingungen, typische Orientierungslinien (Traditionen, Werte, Normen und Regeln) auszeichnet und mit dem sich die Landjugendlichen in einer für sie typischen Weise auseinandersetzen, der An- und Herausforderungen stellt, aber gleichzeitig auch Möglichkeiten, Ressourcen und Chancen bietet. Das ist dann die *eine Welt*. Neben dem ländlich strukturierten Lebens- und Sozialraum existiert für die Landjugendlichen aber auch noch eine *andere Welt*, die die gesamtgesellschaftliche Realität repräsentiert. Auch diese stellt Anforderungen an die Landjugendlichen, aber auch diese bietet Möglichkeiten und Ressourcen. Die Landjugendlichen leben also ständig in und zwischen zwei Welten, die sich durchaus auch konträr gegenüber stehen.

Tradition/Dorf und Moderne/Stadt
Die Landjugendlichen äußern einen deutlichen Bleibe-Wunsch[151], sie leben gerne auf dem Land beziehungsweise in ihrem Dorf und möchten auch als Erwachsene dort leben oder doch zumindest wiederkommen können[152]. Sie favorisie-

---

[150] Gemeint sind damit Modernisierungstendenzen, so wie sie Beck (1986) beschrieben hat.

[151] Vgl. dazu beispielsweise: Böhnisch/Rudolph u.a. 1997; Böhnisch/Münchmeier/Sander 1980; mehr dazu im folgenden Kapitel.

[152] 86% der Landjugendlichen möchten in ihrer Heimatregion bleiben (Böhnisch/Rudolph u.a. 1997, S. 32).

ren also die typisch ländliche, an Traditionen orientierte Lebensgestaltung. Aber die Landjugendlichen leben nicht auf einer Insel, fernab gesamtgesellschaftlicher und sozialer Problemlagen. Auch diese wirken auf die Prozesse der Lebensgestaltung und -führung von Landjugendlichen ein. So müssen sich auch Landjugendliche mit Modernisierungsprozessen, Umweltverschmutzung, Kriegsgefahren, Globalisierung etc., kurz mit der Risikogesellschaft (Beck) und ihren Folgen, auseinandersetzen. Sie können das nicht ignorieren, auch wenn sie sich eindeutig für das Landleben entscheiden. Dazuhin wäre es kurzsichtig anzunehmen, die Landjugendlichen übernähmen beispielsweise ihre sozio-kulturellen Wünsche, Vorstellungen und Bedürfnisse ausschließlich aus dem ländlich-dörflichen Lebenskontext. Eine solch enge Orientierung lässt sich bei Landjugendlichen nicht feststellen. Sie übernehmen dagegen auch die Soziokulturalität der urbanen Gesellschaft sowie die medial vermittelten Vorstellungen[153], die sich vor allem in den Bereichen Konsum, Beruf, Karriere, Freizeitgestaltung, etc. widerspiegeln.

Das Leben in und zwischen diesen beiden Welten erlaubt den Landjugendlichen, sich mit den angebotenen Ausbildungs- und Arbeitsmöglichkeiten zu arrangieren. Damit können sie weiterhin im Dorf/in der Region bleiben, bei gleichzeitiger Inanspruchnahme städtischer Ausbildungs- und Arbeitsplatzangebote. Darüber hinaus lässt sich damit die Notwendigkeit zur regionalen Freizeitgestaltung meistern, indem urbanen Freizeitvorstellungen (Kino, Disco, Bummeln etc.) entweder in der Region oder aber im urbanen Bereich nachgegangen werden kann, ohne aber die für den ländlichen Lebenskontext typische Freizeitgestaltung (Vereine und Verbände, Clique etc.) zu vernachlässigen. Auf den Freizeitbereich der Landjugendlichen bezogen heißt dies, dass die ländliche Lebenswelt beispielsweise sowohl die typisch-dörflichen Möglichkeiten zur Freizeitgestaltung (Vereine und Verbände) als auch die medial geprägten (Fernsehen, Video, Internet) und urbanen

---

[153] 48% der Landjugendlichen verbringen ihre freie Zeit mit Kinobesuch; 54% mit Fernsehen; 56% mit Einkaufen (Scheu 1996b, S. 8f.)

(Kino, Disco) anbietet. Diese beiden grundsätzlichen Möglichkeiten zur Freizeitgestaltung unterscheiden sich doch recht erheblich, ihr gemeinsamer Nenner ist sehr klein. Zugespitzt kann man so zusammenfassen: Montags Polka und samstags Hip Hop! Die Landjugendlichen leben in diesen beiden Welten; sie möchten beides, sowohl Blasmusik, um die Integration ins Dorf nicht zu gefährden, als auch Hip Hop, um am sozio-kulturellen Leben der Moderne teilzuhaben. Für die Landjugendlichen bedeutet dies, dass sie ihre dorf-typische Freizeit zusammen mit Erwachsenen und im dörflichen Kontext (Vereine und Verbände) gestalten, dagegen ihre urban-typische, moderne Freizeit zusammen mit Gleichaltrigen in der Region aus- und erleben.

Ein ebenso deutlicher Widerspruch zwischen Dorf/Tradition und Stadt/Moderne zeigt sich auf gesamtgesellschaftlicher Ebene. Während im dörflichen Lebenskontext soziale, gesellschaftliche und kulturelle Problemlagen[154] (Sucht, Arbeitslosigkeit etc.) tabuisiert werden und somit scheinbar keiner öffentlichen Lösung bedürfen, werden die Landjugendlichen von gesamtgesellschaftlichen Problemfeldern (Risikogesellschaft) nicht verschont, die allerdings aufgrund ihrer Wucht und Vehemenz nicht ins Reich der Tabus abgedrängt werden können und deshalb dorffern, regional bewältigt werden müssen.

Die für Landjugendliche typische Lebensbedingung, in und zwischen zwei Welten zu leben, beinhaltet auch immense Anpassungs- und Unterordnungsleistungen seitens der Landjugendlichen. Die Landjugendlichen passen sich dem dörflichen Lebenskontext an, ordnen sich diesem unter. Die Notwendigkeit zur Anpassung und Unterordnung betrachten die Landjugendlichen nicht lediglich als vielleicht gut gemeinte Absichtserklärung, sondern sie leben diese auch aus. Die Notwendigkeit, sich anzupassen, und dies auch öffentlich zu zeigen, können die Landjugendlichen auch dadurch bewältigen, dass sie sich entsprechend der ländlich-dörflichen Tradi-

---

[154] Vgl. Gängler 1990

tionen und Regeln verhalten. Tradierte Elemente finden sich in vielen Prozessen der Lebensgestaltung und -führung von Landjugendlichen. Sie formen so zum Beispiel auch das Heiratsverhalten[155]. Für die meisten Jugendlichen und jungen Erwachsenen im ländlichen Bereich ist die Heirat ein angestrebtes und favorisiertes Lebensziel. Sie verbinden mit der Ehe Liebe und Geborgenheit, aber auch Absicherung und Verbindlichkeit. Die beiden letztgenannten Elemente sind eindeutig tradierte Elemente. Für die Landjugendlichen gehört eine spätere Heirat zu einer ,normalen' Biografie und zur Normalität ländlich-dörflichen Lebens. Mit der Übernahme dieser tradierten Form der Lebensführung verfolgen die Landjugendlichen dazuhin das Ziel, der Dorföffentlichkeit zu zeigen, dass sie die ländlich-dörflichen Regeln übernehmen und somit aus ihrer Sicht einer Integration nichts mehr im Wege stehen kann. Gleichzeitig zeigen sie damit auch, dass sie eine ,gelungene' Erziehung und Sozialisation hinter sich haben, dass sie sich die von der Dorföffentlichkeit geforderte Anpassung angeeignet haben. Allerdings gehen die Landjugendlichen mit diesem Lebensereignis anders um, als beispielsweise ihre Groß- oder Urgroßeltern. Sie verschieben dieses Lebensereignis auf einen späteren Zeitpunkt. Dies geschieht aber nicht lediglich aufgrund der verlängerten Schul- und Ausbildungszeiten, sondern auch, um die Jugendphase zu verlängern und länger im Jugendstatus zu verharren. Bevor sie heiraten und eine Familie gründen, möchten sie ,etwas' erleben und sich finanziell erst konsolidieren. Hier verbinden die Landjugendlichen die Tradition mit der Moderne, indem sie die Notwendigkeiten der modernen Zeit mit tradierten Regeln versuchen zu vereinbaren. Dagegen entgehen die Landjugendlichen dem Anpassungsdruck und Unterordnungszwang mit ihrer recht intensiven Regionalorientierung. In der Region versuchen sie dann, ihrem Interesse nach Eigenständigkeit und Selbstständigkeit gerecht zu werden.

---

[155] Vgl. Scheu 1991

Die Landjugendlichen ziehen zwar das Landleben eindeutig dem städtischen Leben vor, nutzen dessen Vorteile, wie zum Beispiel Geborgenheit, Dazugehören, und nehmen die daraus entstehenden Nachteile, wie zum Beispiel Pendeln, in Kauf. Es scheint, als ob sie ihre gesamte Lebensplanung und -gestaltung an den Notwendigkeiten des ländlich-dörflichen Lebens ausrichten und sich um der Integration willen den tradierten Vorgaben und Regeln anpassen. So gewährt der Bleibe-Wunsch nicht nur Sicherheit, Geborgenheit und Integriert-Sein, sondern verlangt von den Landjugendlichen auch einiges an Anpassungs- und Unterordnungsleistungen. Dabei entschädigt die doch recht positiv bewertete Lebenssituation, so zum Beispiel die Naturnähe, die engen familialen und verwandtschaftlichen Beziehungen und Bezüge sowie die Clique, die Landjugendlichen für die zur Integration erbrachten Leistungen. Das Interesse der Landjugendlichen nach einer Integration, ihr deutlicher Integrationswille ist am ehesten zu realisieren, wenn sie sich an den tradierten Vorgaben, an einem Regelwissen, das ursprünglich aus dem bäuerlichen Lebenskontext stammt und damals durchaus funktional, existenzsichernd und überlebensnotwendig war, orientieren. Die Funktionalitäten dieser Regeln, Vorgaben und Normen sind in der modernen ländlich-dörflichen Gesellschaft allerdings nicht mehr vorhanden. Sie existieren somit eher als „bestehende Reste früherer Zeiten"[156] weiter und sind in Form von Sinninhalten im Menschen verhaftet, die dann eventuell in Konkurrenz mit heutigen Anforderungen und Handlungsnotwendigkeiten stehen[157]. Die Realisierung der Integrationsabsicht und damit ein Bleiben ist allerdings erst dann realisierbar, wenn den Landjugendlichen dazuhin zur Klärung der gesamtgesellschaftlichen und sozialen Problemlagen und Realisierung ihrer urban-vermittelten sozio-kulturellen Wünsche und Bedürfnisse Möglichkeiten zur Verfügung stehen, wenn der Aspekt Stadt/Moderne dabei nicht ausgeblendet bleibt. Die Orientierung an gesamtgesellschaftlichen und ur-

---

[156] Bloch 1985, S. 116
[157] Vgl. Böhnisch/Blanc 1989

banen Anforderungen und Möglichkeiten führt allerdings nicht zur Ausgrenzung und Desintegration, weil die Landjugendlichen dabei versuchen, den ländlich-dörflichen Regeln, Normen und Vorgaben entsprechend zu handeln, um ihre Integration nicht zu gefährden. Die Befriedigung urban-soziokultureller Wünsche und Bedürfnisse bei gleichzeitiger Dorforientierung ist den Landjugendlichen auch deshalb möglich, weil sie über die tradierte Form des Informiert-Seins verfügen. Die tradierte Form der Informationsgewinnung durch über-andere-Bescheid-wissen wird auch von den heutigen Landjugendlichen verwendet. Sie beteiligen sich genauso wie die Erwachsenen an Gesprächen im Dorf, wissen zumindest über die Altdörfler Bescheid und können Gesprächsfetzen in den passenden Kontext bringen, der es ihnen dann erlaubt, sich ein Bild zu machen. Solche Informationen werden größtenteils mündlich übertragen, sodass das Gespräch/die Kommunikation ein wesentliches Element ländlich-dörflichen Lebens bleibt. Die Landjugendlichen bleiben also trotz ihrer Orientierung an Urbanem über das Geschehen in ihrem Heimatdorf informiert. Mit diesem Potenzial an Wissen ist ihre Integration ins dörfliche Geschehen gesichert und die Bewältigung ‚moderner' Aufgaben und Herausforderungen sowie die Befriedigung urban- und medialvermittelter Interessen und Bedürfnisse möglich.

Das Interesse und Bedürfnis der Landjugendlichen, in ihrem Heimatdorf integriert zu werden, zu sein und/oder zu bleiben, lässt sich mit der Übernahme der tradierten Form der Leistung realisieren. Sie war im ehemals bäuerlichen Lebenskontext überlebensnotwendig und wies dem Einzelnen und/oder seiner Familie seine soziale Position zu. Nur wer etwas leistete, konnte seinen Lebensunterhalt sichern und konnte sich der Dorfgemeinschaft zurechnen; man gehörte aufgrund seiner oder der der Familie und Verwandtschaft erbrachten Leistung dazu (siehe oben). Leistung fungierte also auch als Integrations- und Positionierungsrahmen. Diese Form der Integration und Positionierung tradierte sich bis in die moderne Dorfgesellschaft und wird von den Landjugendlichen auch in dieser Form gebraucht. Über das Leistungskriterium rechnen sie sich zum Kreis der Leistenden, was natürlich das eigene Prestige um einiges erhöht beziehungsweise die jeweilige soziale Position sichert. Mit der aus dem ehemals bäuerlichen Lebenskontext tradierten Form der Lebensbewältigung versuchen die Landjugendlichen ihrem Integrationswillen – und damit auch Bleibe-Wunsch – gerecht zu werden. Die Tradierung der Leistungsorientierung ist für die heutigen Landjugendlichen also durchaus funktional. Den Versuch, dies mit der modernen Welt in Einklang zu bringen, bezahlen die Landjugendlichen allerdings mit dem hohen Preis der Anpassung und Unterordnung.

Familie und Clique

Die Landjugendlichen sind recht ausgeprägt an ihre Herkunftsfamilie gebunden. Sie verfügen über enge und aus ihrer Sicht harmonische Familienbeziehungen und -bezüge[158]. Gleichzeitig aber ist ihnen ihre Clique (die Gruppe der Gleichgesinnten und Gleichaltrigen) von großer Bedeutung[159]. Beide Institutionen sind für die Landjugendlichen relevant, in beiden pflegen sie intensive Beziehungen und Kontakte. Aber die Familie und die Clique sind nicht deckungsgleich, sondern unterscheiden sich in wesentlichen Punkten. So gestaltet sich die Aufnahme von Cliquenbeziehungen und -bezügen auf freiwilliger Basis, die Aufnahme von familialen Beziehungen und Bezügen ist dagegen vorgegeben.

Mit ihrer Herkunftsfamilie stehen die Landjugendlichen in einer engen emotionalen Beziehung. Die Familie vermittelt ihnen Geborgenheit, Sicherheit und vor allem emotionalen Halt: „Die Familie soll das bringen, was anderswo immer

---

[158] So bezeichnen bspw. 64,2% der Landjugendlichen ihr Verhältnis zu ihren Eltern als gut (Böhnisch/Rudolph u.a. 1997, S. 34). Siehe dazu auch Kap. 3 i.d.B.

[159] So fühlen sich bspw. 55,5% der Landjugendlichen in ihrer Clique am wohlsten (Böhnisch/Rudolph u.a. 1997, S. 35). Siehe dazu auch Kap. 3 i.d.B.

weniger zu bekommen ist"[160]. Die Familie als emotionalen Halt gebende Instanz wird in dieser Funktion sowohl von den Heranwachsenden als auch von der Elterngeneration übernommen, sie kann die notwendige Geborgenheit und Sicherheit über 'kurze Wege' vermitteln, die die einzelnen Familienmitglieder sonst nur sehr schwerlich finden. Vor allem die auf Dauer angelegten Sympathiebeziehungen zwischen unterschiedlichen Generationen und Geschlechtern sind nicht nur typisch für die Familie, sondern werden von den einzelnen Familienmitgliedern angestrebt und erwünscht.

Die Familie ist es auch, die das ökonomische Auskommen sichert und die soziale Position sowie Integration in die dörfliche Lebenswelt vermittelt, also die sozialen und materiellen Ressourcen sicherstellt. So spielt die Familie eine wichtige Rolle im Leben eines Landjugendlichen, sie gehört zu ihrem „sozialen Netzwerk"[161]. Die „Familienbindung ist damit mehr als nur eine Orientierung, sondern scheint ein vorgegebenes Modell ländlicher Integration zu sein"[162]. Die vielfältigen Integrationsleistungen der Familien zeigen sich auch in der Weitergabe von ländlich-dörflichen Regeln, Vorgaben und Normen. Es konnte empirisch nachgezeichnet werden (siehe unten), dass Tradierungen vorwiegend im familialen Kontext stattfinden. Das in den Familien weitergegebene Wissen um Traditionen und Regeln vermittelt den Landjugendlichen die für eine typisch ländlich-dörfliche Lebensgestaltung notwendigen Ressourcen, die allerdings nicht immer funktional für die Landjugendlichen sein müssen. Die Familie fungiert für die Landjugendlichen dazuhin als ein Ort, wo sie Fragen zur Schul- und Berufsausbildung und finanziellen Dingen besprechen. Aber sie ist kein Ort, wo intergenerative politische Auseinandersetzungen stattfinden. In den politischen Meinungen stimmen die Landjugendlichen größtenteils mit ihren Eltern überein. Intergenerative Un-

---

[160] Lenz/Böhnisch in: Böhnisch/Lenz 1997, S. 61
[161] Böhnisch/Blanc 1989, S. 68
[162] Böhnisch/Funk 1989, S. 230

stimmigkeiten und unüberwindbare Diskrepanzen bilden nicht den Mittelpunkt ländlich-dörflichen Familienlebens.

Den engen Familienbeziehungen und -bezügen der Landjugendlichen scheint es allerdings nicht zu schaden, dass die Eltern ihre Vorbildfunktion verloren haben beziehungsweise sich nicht mehr in der Lage sehen, dieser nachzukommen. Denn genauso wie ihre Kinder ist die Elterngeneration verpflichtet und gezwungen, situationsadäquate Verhaltens- und Lebensmuster neu zu entwickeln, weil die tradierten Formen dysfunktional geworden sind. Beide Generationengruppen können sich auf tradierte Lebensgestaltungsformen nicht mehr verlassen und müssen sich neue aneignen: „... der Lebensweg der Eltern, ihre biographischen Entscheidungen und Erfahrungen (können) nicht mehr einfach als Beispiel dafür genommen werden, wie das Leben so verläuft und wie man sich darin einrichten kann"[163]. Diese Situation, die also durch ähnliche Heraus- und Anforderungen sich auszeichnet, macht solidarisch. Die Verständigung zwischen Eltern und Kindern hat sich dadurch vereinfacht. Die Eltern können unter Umständen die Konflikte und Probleme ihrer Kinder besser nachvollziehen. Dies gilt allerdings auch umgekehrt, die Kinder können sich in die jeweilige Lebenssituation ihrer Eltern ebenso besser einfühlen, weil sie sich ja in einer ähnlichen Situation befinden. Damit hat sich auch der Generationenkonflikt/das Generationenverhältnis, so wie er/es sich zum Beispiel in den 1968er Jahren äußerte, harmonisiert[164]: Die Ansichten, Erwartungen und Vorstellungen der Generationen – zumindest innerhalb der Familie – näherten sich einander an. Dies betrifft sowohl den politischen Bereich als auch den Freizeitbereich. So ist auch die Mehrheit der Eltern mit der Freizeitgestaltung ihrer Kinder im Großen und Ganzen einverstanden. Gleichzeitig kann diese Situation auch ein Gefühl der Hilflosigkeit und Ausgeliefertheit vermitteln. Genauso wie ihre Eltern ist die heranwachsende Generation ge-

---

[163] Münchmeier in: Böhnisch/Lenz 1997, S. 126
[164] Siehe Kap. 3 i.d.B.

fordert, ihre Biografisierung selbst in die Hand zu nehmen, sie müssen neue Handlungs- und Bewältigungsstrategien aneignen, ohne sich an der Elterngeneration orientieren zu können. Natürlich sind die Landjugendlichen dadurch vor neue Lebensbewältigungsproblematiken gestellt.

Die enge Familienbindung und die verwandtschaftlichen Kontakte verhindern beziehungsweise erschweren die im urbanen Bereich vielfach zu findende generative Segmentierung. Die unterschiedlichen Generationen sind im ländlich-dörflichen Lebens- und Sozialraum präsent. Dies hängt natürlich auch mit der verlängerten Lebenserwartung der Menschen zusammen. So erreichen Frauen in Österreich heute ein durchschnittliches Alter von ca. 80 Jahren. Die Männer erreichen heute ein Alter von ca. 74 Jahren[165]. Diese Verlängerung hat zur Folge, dass Landjugendliche in ihrem alltäglichen Lebenskontext ständig mit Erwachsenen konfrontiert sind, sei es zu Hause, im Verein oder im verwandtschaftlich-familialen Kontext. Es ist ein Phänomen der modernen Zeit, dass sich die Enkel- und Großelterngenerationen über einen Zeitraum von ungefähr 20 bis 25 Jahren erleben können. So sind den Landjugendlichen die Probleme, Konflikte, Schwierigkeiten und Nöte der älteren Generationsgruppen bekannt. Dieser Prozess vollzieht sich natürlich in beide Richtungen. Aufgrund der intergenerativen Beziehungen und Kontakte sind auch die Erwachsenen in die Lage versetzt, die Nöte und Freuden der Kinder und Heranwachsenden zu kennen. Dadurch sind die Erwachsenen für die Landjugendlichen einschätzbar.

Gleichwertig neben der Familie rangiert die Clique. Allerdings hat sie für die Landjugendlichen andere Funktionen und Aufgaben. Den weitaus größten Teil ihrer außerhäuslichen freien Zeit verbringen Landjugendliche in der Clique, also zusammen mit Gleichaltrigen und Gleichgesinnten und sie kommen dort ihren Kommunikations- und Erleb-

---

[165] Aufgrund der verlängerten Lebenserwartung entsteht das Phänomen der Hochaltrigkeit.

nisbedürfnissen nach: Etwas ‚Neues' und bisher ‚Unbekanntes' erleben, neue Erfahrungen sammeln, an die eigenen Grenzen stoßen, neue Verhaltensstile aneignen, dorf-unübliche Lebensmuster entwickeln, sind Ansprüche, die Landjugendliche an ihre Clique stellen und bei deren Realisierung die Clique Unterstützung und Rückhalt bietet. Die Kommunikations- und Erlebnisbedürfnisse werden allerdings vorwiegend außerhalb des eigenen Dorfes, in der Region befriedigt. Denn die überaus starke dörfliche soziale Kontrolle und der Wunsch, nicht zur AußenseiterIn degradiert zu werden und damit die eigene Integration zu gefährden, lässt eine innerdörfliche Realisierung kaum zu. Und so ist das allabendliche Freizeit-Pendeln und Mobil-Sein weiterhin gefragt und notwendig. Die Cliquenorientierung ermöglicht die Befriedigung der jugendlichen Kommunikationswünsche und Erlebnisvorhaben in der Region. Die enge Anbindung an die Familie und Verwandtschaft stützt dieses Bestreben, indem sie die Rückbindung ins Dorf gewährleistet und dadurch die Integration ermöglicht und/oder erleichtert. Die Clique deckt die jugend- und soziokulturellen Wünsche und Interessen der Landjugendlichen ab. Außerdem gewährt sie einen engen Kontakt zu Gleichaltrigen und Gleichgesinnten. Es ist aber bei weitem nicht so, dass die Landjugendlichen sich ausschließlich wegen einer gemeinsamen Freizeitgestaltung oder wegen des Zugehörigkeitsgefühls einer Clique anschließen. In der Clique werden für Landjugendliche wichtige biosexuelle Fragen und Themen besprochen. Die einzelnen Cliquenmitglieder fungieren dabei als AnsprechpartnerInnen und RatgeberInnen.

Die Clique erleichtert darüber hinaus auch die Entwicklung und Erarbeitung biografischer Lebensbewältigungsstrategien und unterstützt oder stabilisiert die neu angeeigneten Strategien. Die von der Familie vermittelten tradierten Ressourcen zur Lebensbewältigung sind für eine adäquate und produktive Lebensbewältigung nicht immer ausreichend. Dieses Defizit versuchen die Landjugendlichen zu überwinden, indem sie zusammen mit Gleichaltrigen und -gesinnten, in der Clique, neue Bewältigungsstrategien entwickeln, aneignen und ausprobieren. Die Cliquenorientierung wirkt sich somit stabilisierend auf die Persönlichkeitsentwicklung der Landjugendlichen aus. Die Persönlichkeitsentwicklung von Jugendlichen (und Kindern und Erwachsenen) verläuft aufgrund des gesellschaftlichen Modernisierungsprozesses nicht mehr chronologisch[166] oder gar analog bestimmter Vorbilder. Die Jugendlichen sind gefordert, ihre Entwicklung in Eigeninitiative zu betreiben und entwicklungsnotwendige Bewältigungsstrategien selbstständig zu entwickeln. Das bedeutet dann auch, dass sie für sich neue Verhaltensmuster aneignen müssen, um ihr Leben in den Griff zu bekommen beziehungsweise zu bewältigen. Der dörfliche Lebenskontext kann ihnen dabei nur bedingt Hilfestellungen geben, er stellt ihnen wenige oder gar keine probaten und erprobten Muster zur Verfügung. In dieser Situation sind sie ganz auf sich selbst gestellt, es vollzieht sich ein individueller Aneignungsprozess. Aber weil doch die meisten Jugendlichen damit konfrontiert sind, können sie sich im Cliquenkontext gegenseitige Hilfestellungen geben. So wirkt die Clique bei der Entwicklung und auch beim Ausprobieren der neu entwickelten Verhaltensstrategien und -muster und bei ihrer Biografisierung unterstützend, gibt den notwendigen Halt[167] und vermittelt die erwünschte Anerkennung. Die Clique ist somit nicht nur im sozio-kulturellen Kontext für die Landjugendlichen funktional, sondern sie wirkt fördernd und unterstützend auf die Persönlichkeitsentwicklung.

Oben wurde gezeigt, dass das ‚Cliquenleben‘ eng mit Regionalorientierung zusammen hängt, sich also vorwiegend au-

---

[166] Das Konzept der Entwicklungsaufgaben von Havighurst geht von einem solchen chronologischen Verlauf aus. Vgl. Havighurst 1948

[167] Drößler bestimmt Halt „als ein sehr komplexes Phänomen, welches Orientierungsmöglichkeiten, soziale Beziehungen, individuelle Bezugspunkte und jene Ressourcen umfaßt, die bei der alltäglichen Lebensbewältigung von Bedeutung sind" (Drößler in: Böhnisch/Rudolph u.a. 1998, 77).

ßerhalb des eigenen Dorfes, in der Region abspielt. Die Regionalorientierung unterstützt flankierend die Entwicklung neuer und innovativer Bewältigungsstrategien und Handlungsnotwendigkeiten. In der Region können die Landjugendlichen – fernab der sozialen Kontrolle des eigenen Dorfes – experimentieren, dort können sie neue Verhaltens- und Bewältigungsstrategien ausprobieren, können neuen, innovativen und produktiven Formen der Freizeitgestaltung und Lebensbewältigung nachgehen und sich auch auf unsichere und nicht ganz stabile Möglichkeiten einlassen. Zusammen mit Gleichaltrigen und -gesinnten beabsichtigen die Landjugendlichen – im Gegensatz zum familialen Kontext – Neues, Unbekanntes und somit Dorfunübliches zu erfahren, anzueignen und auszuprobieren. Bei diesem Prozess fungiert die Familie – sozusagen flankierend – als Unterstützung und Sicherheit bietendes Medium. Die Landjugendlichen möchten zwar Neues und Dorfunübliches erfahren, ausprobieren und aneignen, aber sie gehen dabei auf Nummer sicher, sie agieren auf doppeltem Boden, indem sie sich den Rückhalt durch die Familie sichern.

Die Cliquenkontakte der Landjugendlichen realisieren sich vorwiegend in der Region, also außerhalb des Heimatdorfes. Außerdem vollziehen sich dort meist dorfunübliche Erfahrungen und Handlungsmuster. Für die Landjugendlichen bedeutet dies dann, dass sie in der Clique beziehungsweise in der Region ein anderes Leben führen, als in ihrer Herkunftsfamilie und ihrem Heimatdorf. Eine ausschließliche Cliquenorientierung würde somit für die Landjugendlichen gleichzeitig einen Ausschluss aus der dörflichen Gemeinschaft bedeuten. Damit dies nicht passiert, pflegen die Landjugendlichen zusätzlich intensive Familienbezüge. Die Familie gehört ebenso zum sozialen Netzwerk der Landjugendlichen wie zum Beispiel ihre FreundInnen und ihre Clique. Die Familie schafft somit den Ausgleich für die Cliquen- und Regionalorientierung, indem sie die Integration ins dörfliche Geschehen sichert und die notwendigen tradierten und dorftypischen Ressourcen vermittelt. Die Landjugendlichen wissen um diese familialen Leistungen und sie nutzen diese zur Realisierung ihrer Cliquen- und Regionalorientierung. Diese Möglichkeit verlangt von den Landjugendlichen aber auch, dass sie sich emotional und temporär auf ihre Familienbeziehungen und -bezüge einlassen.

Die Cliquen- und Regionalorientierung der Landjugendlichen erlaubt ihnen eine „Jugendphase an der langen Leine (und bedeutet, BS) eine vorübergehende Lockerung der jugendlichen Abhängigkeit vom familialen Milieu (..). Eine sozialräumliche Entfernung ermöglicht zum Beispiel die Akkulturation in fremden Nationalgesellschaften, die Erfahrung anderer Sozialmilieus oder die Betätigung in neuartigen politischen Aufgabenfeldern. Der gemeinsame Nenner einer solchen Jugend ‚an der langen Leine' ist das Prinzip vielseitiger und unabhängiger Entfaltung der persönlichen Kräfte"[168]. Die regionale Lebenswelt beinhaltet neben der Kultur der Gleichaltrigen ebenso auch die Kultur der Erwachsenen, die Kultur der Andersdenkenden und -aussehenden. Ohne ernsthafte Sanktionen können in der Region diese verschiedenen Kulturen und Symbolwelten nebeneinander bestehen und sich gegenseitig befruchten. Dagegen findet sich im Dorf/in der Familie eine solche Ansammlung von Symbolwelten und Kulturformen, die partiell von den unterschiedlichsten Gruppen durchdrängt werden kann, nicht. Die ländlich-dörfliche Kultur ist hier eindeutiger, es gelten die tradierten Formen der Altdörfler-Erwachsenen-Kultur, an der die Jugendlichen zwar teilnehmen, nicht aber an ihr teilhaben können.

Regionalorientierung bedeutet aber keinesfalls, dass sich die Landjugendlichen nur noch in der Region aufhalten und sich dort orientieren, nach wie vor und parallel dazu existiert eine

---

[168] Zinnecker in: Heitmeyer 1986, 107. Jürgen Zinnecker beschreibt in diesem Aufsatz, angelehnt an Bourdieu 1982, die klassenspezifischen Reproduktionsmöglichkeiten von Jugendlichen. Er geht davon aus, dass eine Jugendphase `an der langen Leine` nur für Jugendliche aus der Oberschicht möglich und auch vernünftig ist. Ich übertrage die Zinneckersche Beschreibung auf die ländliche Situation. Es kann festgestellt werden, dass sich diese Beschreibung mit der Regionalorientierung deckt.

familiale und dörfliche Orientierung. Eine ausschließliche Regionalorientierung unter Vernachlässigung sämtlicher familialer und dörflicher Orientierungen wäre von den Landjugendlichen kaum durchsetzbar. Auch in diesem Kontext kann man wieder von den *zwei Welten* sprechen, mit denen die Landjugendlichen konfrontiert sind. Einerseits müssen die Landjugendlichen um der Integration willen die innerfamilial tradierten Formen und Ressourcen zur Lebensbewältigung übernehmen, andererseits ist der erfolgreiche Einsatz dieser tradierten Ressourcen recht bescheiden, wenn nicht sogar dysfunktional. Dagegen versprechen die im Cliquenkontext entwickelten, angeeigneten und ausprobierten Handlungsstrategien und Ressourcen eher eine erfolgreiche Bewältigungsmöglichkeit.

So ist sowohl die Cliquenorientierung als auch die enge Familienbindung für die Landjugendlichen durchaus funktional. Erst beides zusammen lässt den Bleibe-Wunsch Wirklichkeit werden: Die Clique ermöglicht die sozio-kulturelle Entwicklung, fördert und stabilisiert die Persönlichkeitsentwicklung und die Familie sichert die Integration und stellt die dafür notwendigen tradierten Ressourcen zur Verfügung. Die Landjugendlichen benötigen also beides, sowohl die Clique als auch die Familie, zwischen beiden Bereichen müssen sie sich bewegen, beiden müssen sie gerecht werden, keiner der beiden Bereiche darf bevorzugt und/oder benachteiligt werden, wobei diese beiden Lebensbereiche keinesfalls kongruent sind. Im Gegenteil, beide zeigen sich als recht ambivalent und oft widersprüchlich. Mit diesen ambivalenten und widersprüchlichen Lebenswelten sind die Landjugendlichen im Rahmen ihres für sie typischen Lebenskontextes konfrontiert, das bedeutet dann für sie, dass sie sich zu dieser Lebenssituation verhalten, sich mit ihr auseinandersetzen müssen. Aus diesem für Landjugendliche typischen Verhältnis resultiert die Handlungsnotwendigkeit, eine Balance zwischen beiden Bereichen herzustellen, um damit gewährleisten zu können, dass beide Lebensbereiche lebbar und realisierbar werden und bleiben.

Das ‚Leben in und zwischen zwei Welten' bedeutet für die Landjugendlichen, dass sie diese beiden eigentlich konträren Welten miteinander vereinbaren müssen: So wäre zum Beispiel die Cliquenorientierung ohne gleichzeitige enge Familienbindung für die Landjugendlichen fast schon unrealistisch. Mit der Cliquenorientierung versuchen die Landjugendlichen ihren außerhäuslichen und -dörflichen Kommunikations-, Erlebnisbedürfnissen und auch ihren Interessen an neuen Erfahrungen (Cliquenorientierung) gerecht zu werden. Die Realisierung dieser Interessen kann unter Umständen auch mit einem Zustand der Unsicherheit verbunden sein. Dies versuchen die Landjugendlichen mit ihrem Interesse an einer engen Familienbindung, die Sicherheit, Geborgenheit und Integration verspricht, auszugleichen. Im Cliquenkontext können die Landjugendlichen neue Lebensbewältigungsstrategien entwickeln und erproben. Dabei müssen sie aber nicht auf das Angebot tradierter Strategien verzichten. Die Familie bietet dazu die notwendigen Ressourcen.

Indem den Landjugendlichen diese beiden ‚Welten' zur Verfügung stehen, die Landjugendlichen beide ‚nutzen', wirken diese ausgleichend und ergänzend. So können die Landjugendlichen innerfamiliale Konflikte dadurch vermeiden, dass sie konfliktfördernde und/oder konfliktuöse, sozusagen familienuntaugliche, Themen außerhalb der Familie, in der Clique besprechen. So werden in der Familie vor allem die finanziellen Angelegenheiten sowie Fragen zur Schul- und Berufsausbildung besprochen, wohingegen Fragen zur biophysischen Entwicklung im Cliquenkontext zur Sprache kommen. Durch diese von Landjugendlichen vorgenommene Aufteilung werden gleichzeitig innerfamiliale Konflikte vermieden, was dann wiederum zu der harmonischen Familienatmosphäre beiträgt, zu deren Mit-Gestaltung die Landjugendlichen gefordert sind. Das Leben in und zwischen der ‚Welt' der Clique und der ‚Welt' der Familie trägt auch dazu bei, dass das Mobil-Sein realisiert werden kann. Es konnte gezeigt werden (siehe oben), dass das Pendeln wesentlich für die ländliche Lebenspraxis ist und vor allem zur jugendlichen Freizeitgestaltung zwangsläufig dazu gehört. Zusammen mit der Clique unterwegs zu sein, ist allerdings ohne die (groß-) elterliche und familiale Unterstützung nicht möglich. Die Eltern, und manchmal auch ältere Geschwister, aber vor allem die Mütter sind es wohl, die in vielfältiger Weise Fahr- und Chauffierdienste übernehmen. Auch ein Mobil-Sein mit einem eigenen Fahrzeug (von Fahrrad/Moped bis Auto/Motorrad) ist ohne die elterliche und großelterliche Unterstützung kaum möglich. Die Familie, samt Großeltern, kinderlosen Onkeln und Tanten, finanzieren allerdings nicht nur das Mobil-Sein, sondern ebenso auch weitere Konsumansprüche (Kleidung, Freizeit, Hobbys etc.) der Landjugendlichen. Mit diesen doch recht engen intergenerativen Beziehungen und Bezügen wird nicht nur die Notwendigkeit zum Mobil-Sein bewältigt, sondern darüber hinaus auch die Integrationsabsicht der Landjugendlichen. Möchten die Landjugendlichen ein ‚Bleiben' in ihrem Heimatdorf beziehungsweise ein Zurückkommen realisieren, dann ist eine Integration unumgänglich. Integration bedeutet dann vor allem, sich den ländlich-dörflichen Traditionen und Regeln anzupassen/unterzuordnen sowie die Mechanismen der sozialen Kontrolle zu kennen und ihnen gemäß zu handeln. Einer solchen Anpassungs- und Unterordnungsforderung zu entsprechen, ist den Landjugendlichen eher möglich, wenn ihnen ein Ausgleich dazu zur Verfügung steht; wenn sie Möglichkeiten sehen und haben, trotz der das ländlich-dörflich Leben regelnden Vorgaben, Normen und Traditionen, Neues, Unbekanntes, also Dorfunübliches kennen zu lernen und anzueignen sowie der dörflichen sozialen Kontrolle, zumindest temporär, zu entfliehen. Im Cliquenkontext, zusammen mit Gleichaltrigen und -gesinnten, ist dies zu verwirklichen.

Diese für Landjugendliche typische Prämisse deckt den Teil des Sicher- und Geborgenheitsinteresses ab, der eher den Versorgungsaspekt meint. Die Familie fungiert dann als primäre Hilfequelle und verlässliche Institution (Haushaltsführung, Krankenvorsorge- und versorgung, materielle und immaterielle Unterstützung, etc.), der sich die Landjugendlichen sicher sein können. Dagegen deckt die Clique den anderen Teil des Sicherheits- und Geborgenheitsinteresses ab. Die Clique sichert ihren altersgleichen Mitgliedern die notwendige Unterstützung, Akzeptanz und Stabilisierung, die die Landjugendlichen zu ihrer Persönlichkeitsentwicklung und bei der Aneignung dorfunüblicher Lebensmuster brauchen, zu.

Integriert und freigesetzt

Typisch und charakteristisch für die dörflich-ländliche Lebenswelt ist, dass die Jugendlichen dort kaum eine Rolle spielen[169]. Ihr Streben nach „jugendkultureller Selbständigkeit"[170] findet in der Dorföffentlichkeit der Erwachsenen kaum Beachtung, wird in manchen Fällen sogar behindert. Auf die jugend-spezifischen Wünsche und Interessen wird im ländlichen Bereich wenig Rücksicht genommen. Die Jugendlichen erhalten erst dann die für sie notwendige Berücksichtigung und Anerkennung, wenn sie sich genauso wie die Erwachsenen ins dörfliche Geschehen integrieren, was dann nichts anderes heißt, als dass sie sich mit den dörflich-ländlichen Normen und Vorgaben, die sich vorwiegend an den männlichen, erwachsenen Dorfmitgliedern orientieren, zu arrangieren, ja sogar an diese anzupassen haben. In der Studie von Böhnisch u.a. (1997) kommt diese ungenügende öffentliche Anerkennung der Landjugendlichen deutlich zum Ausdruck. Die erwachsene Dorfbevölkerung vermittelt ihren Jugendlichen den Eindruck, dass diese für den dörflichen Gestaltungsprozess wenig Bedeutung haben. Weil die Landjugendlichen als Altersgruppe sowohl sozial als auch regionalpolitisch kaum Beachtung und Anerkennung finden, spielen sie auch im dörflichen Lebenskontext eine nur untergeordnete Rolle. Wenn ihnen Beachtung geschenkt wird, dann vorwiegend im negativen Sinn, wenn sie auffallen und die dörfliche Ruhe stören. Gleichzeitig können dann dadurch die

---

[169] Dies ist wohl auch im urbanen Bereich so. Allerdings ist dies nicht Gegenstand dieser Arbeit.

[170] Böhnisch/Fritz/Seifert 1997, S. 127

vorhandenen Vorurteile bestätigt werden: ‚Man wusste es ja schon immer, dass mit der heutigen Jugend nichts anzufangen sei‘. Dass die Landjugendlichen selbstständig und selbstverantwortlich ‚etwas‘-auf-die-Beine-stellen, können, wird ihnen seitens der erwachsenen Dorfbevölkerung des öfteren nicht zugetraut. Versuchen sie es dann doch einmal, werden sie mit Argusaugen beobachtet und ein Teil der Dorfbevölkerung wartet schon auf die ersten Fehler und Defizite. Die ländliche Jugendzentrums-Bewegung kann dies in vielfältiger Weise bestätigen. Diese mangelnde Anerkennung und Beachtung beeinflusst die Landjugendlichen allerdings nicht bei der Entwicklung ihres eigenen Selbstbildes, das sich durchaus als recht positiv zeigt. Allerdings muss in diesem Kontext betont werden, dass die Landjugendlichen ihr positives Selbstbild nicht in ihrem eigenen Dorf entwickeln und ausleben können, sondern dass sie dazu die Region benötigen. Dort fühlen sie sich akzeptiert und anerkannt. Gleichzeitig bemühen sich die Landjugendlichen, in ihrem Heimatdorf um die für sie notwendige Anerkennung und Bestätigung, indem sie sich nämlich – ganz Erwachsenen gemäß – am dörflichen Leben beteiligen[171]. So ist die Mehrheit der Landjugendlichen mitgliedschaftlich in den dörflichen Vereinen/Verbänden organisiert: Sie spielt dort Fußball oder macht dort Musik, aber in nur wenigen Fällen hat sie auch eine Funktion inne.

Diese für Landjugendliche typische Lebenswelt, die den Jugendlichen wenig Anerkennung zukommen lässt, hat wiederum ihren Ursprung im bäuerlichen Lebenskontext. In der bäuerlichen Gesellschaft zählte notwendigerweise vor allem die Arbeitskraft. Nur wer arbeiten und damit seinen Lebensunterhalt sichern konnte, wurde anerkannt. Da Kinder und Jugendliche nun mal keine vollwertigen Arbeitskräfte sind, fanden sie in der bäuerlichen Gesellschaft auch wenig/kaum Beachtung und Anerkennung[172]. Und es war das Ziel Aller,

---

[171] Siehe dazu Kap. 3 i.d.B.
[172] Vgl. Gillis 1980 und Ariès 1975

die Kinder und Jugendlichen so schnell als möglich zu vollwertigen Arbeitskräften heranzuziehen. Erst als Erwachsene gehörten sie zur dörflichen Gemeinschaft. Diese damals wohl notwendige Betrachtung tradierte sich weiter und fungiert heute als dysfunktionale Einschätzung. Wenn sich also die Landjugendlichen lediglich aufgrund ihrer Zugehörigkeit zu einer bestimmten Altersgruppe von den erwachsenen DorfbewohnerInnen als wenig bis gar nicht anerkannt und beachtet wahrnehmen, sie sich dagegen selbst als durchaus selbstbewusst und leistungsfähig einschätzen, dann müssen sich die Landjugendlichen mit dieser Ambivalenz auseinandersetzen, sie müssen sich zu dieser Situation verhalten. Aus der Wahrnehmung und Auseinandersetzung damit kann bei den Landjugendlichen ein Verzichts-Mythos entstehen, dass sie nämlich jetzt, als Jugendliche, auf Beteiligung am dörflichen Geschehen zugunsten einer späteren Realisierung, als Erwachsene, verzichten. Somit steht ihnen als Erwachsene die Beteiligung fast schon automatisch und selbstverständlich zu, sozusagen als Belohnung für den Verzicht im Jugendalter. Bekommt nun jemand die Beteiligungschancen ohne den abgeleisteten Verzicht, entsteht das Gefühl der Benachteiligung.

Die Landjugendlichen streben ihre Integration ins dörfliche Geschehen mit einer doch recht ausgeprägten Vehemenz an. Das ländlich-dörflich strukturierte Leben, das Wissen um die dort geltenden Regeln und Traditionen, die Vereinsorientierung und die engen Familienbindungen ermöglichen ihnen ein Verbleiben in ihrem dörflichen Lebenskontext, wenn auch nur mit einem Bein. Das heißt, die Landjugendlichen rücken mit der Übernahme typisch ländlich-dörflicher Regeln und Traditionen ihrer Integration immer näher. Ihre Integration setzt allerdings voraus, dass sie – zumindest im dörflichen Lebenskontext – auch einem tradierten Jugendbild entsprechen, was sich dann beispielsweise in ihrer Vereinsorientierung niederschlägt. Sie sollten gemäß den tradierten Erwartungen der Dorföffentlichkeit handeln und sich verhalten. Dies bedeutet, dass sie das Meister-Lehrling-Prinzip übernehmen und im dörflichen Lebenskontext sich als von Erwachsenen Lernende präsentieren, dass sie akzeptieren, erst im verehelichten Status als gleichwertige und als Erwachsene anerkannte DorfbewohnerInnen zu gelten etc.

Diesem Integrationsvorhaben der Landjugendlichen steht allerdings auch ein gesellschaftlicher Prozess entgegen, der dies fast schon konterkariert, denn auch im ländlichen Bereich hat mit der gesellschaftlichen Modernisierung für die Jugendlichen ein Prozess der Freisetzung eingesetzt. So bewirkt zum Beispiel die verlängerte Jugendphase, dass juristisch volljährige, also erwachsene junge Menschen sich noch in der Ausbildungsphase befinden, also keinesfalls ökonomisch selbstständig sind und nur in Ausnahmefällen eine eigene Familie gründen. Dieser Freisetzungsprozess wird verstärkt durch die früher eintretende soziokulturelle Reifung der Jugendlichen und ihrer früheren und stärkeren Außenbeziehungsweise Gleichaltrigenorientierungen, die zumindest den emotionalen Ablöseprozess von der Herkunftsfamilie vorverlagern[173]. Gleichzeitig bleiben die Jugendlichen aber aufgrund ihrer deutlich verlängerten Schul- und Ausbildungszeiten ökonomisch von ihren Eltern abhängig. Darüber hinaus tragen auch die gesellschaftlichen Entwicklungsprozesse dazu bei, dass das Jugendalter als eigenständige und freigesetzte Lebensphase angenommen werden muss. Aufgrund der gesellschaftlichen Modernisierung[174] werden beispielsweise ehemals funktionale Statuspassagen des Erwachsen-Werdens dysfunktional. Dies kann am Beispiel der Berufsausbildung nachgezeichnet werden. Bedeutete in den 50er Jahren die abgeschlossene Berufsausbildung den Eintritt in die Welt der Erwachsenen, so gilt dies für die heutigen Landjugendlichen nicht mehr ohne weiteres. Eine abgeschlossene Berufsausbildung verspricht keinesfalls mehr einen eindeutigen und langfristigen Lebensentwurf, so wie es

---

[173] Während das Jugendalter noch in den 70er Jahren als Übergangsphase betrachtet wurde, muss auch aufgrund dieses Freisetzungsprozesses diese Lebensspanne als eigenständige Lebensphase betrachtet werden.

[174] Vgl. Böhnisch/Rudolph u.a. 1997, S. 9

in der Normalbiografie[175] vorgesehen ist, sondern auch diese Passage muss von den Landjugendlichen im Laufe ihrer Biografie immer wieder neu überdacht und unter Umständen modifiziert werden. Die Entwicklung und das Festhalten an langfristigen Lebensentwürfen kann für die Landjugendlichen sogar bedrohend oder schädlich sein. Heute wird von allen Menschen Mobilität, Spontanität, Flexibilität und Kreativität erwartet und verlangt (auch wenn manche dazu nicht in der Lage sein können). Diese neuen Sozialisationsziele entsprechen zwar modernen Notwendigkeiten, stellen die Jugendlichen allerdings vor große Bewältigungsherausforderungen. Der ländlichstrukturierte Lebens- und Sozialraum offeriert den Landjugendlichen zur produktiven Bewältigung dieser Herausforderungen kaum Orientierungspunkte, auf die die Landjugendlichen und ihre Umwelt zurückgreifen könnten[176]. Um das Jugendalter als eigenständige und freigesetzte Lebensphase ausgestalten und erleben zu können, können die Landjugendlichen kaum auf probate Vorbilder – weder aus dem ländlichen noch aus dem urbanen Bereich – zurückgreifen, auch der Rückgriff auf Traditionen ist hier wenig erfolgversprechend. Stattdessen sind sie gefordert, ihre eigenen Ressourcen einzusetzen, ihr Leben selbst in die Hand zu nehmen.

Der Freisetzungsprozess der Landjugendlichen wird außerdem durch „die Ausweitung und überdörfliche Zentralisierung des Bildungswesens, durch die verbreitete Motorisierung und die damit verbundene Gelegenheit zur regionalen Mobilität (und, BS) schließlich durch den breiten Medienkonsum (vor allem das Fernsehen) mit seinen nivellierenden Folgen und durch den sich ausdehnenden ländlichen Jugend-

---

[175] Als Normalbiografie bezeichnet R. Levy (1977) eine Entwicklung, in der zentrale Lebensereignisse an ein bestimmtes Alter gebunden sind und in einer vorgegebenen Reihenfolge ablaufen. Beck/Beck-Gernsheim (1990) gehen dagegen von einer Biografisierung des Lebenslaufes aus.
[176] In diesem Punkt ergeht es den Landjugendlichen wohl genauso wie ihren AltersgenossInnen im urbanen Bereich.

kommerz"[177] unterstützt und gefordert. Freisetzung bedeutet dann, dass sich die Inhalte und Bedeutungen des Jugendalters gewandelt haben. „Es findet gegenwärtig eine weitreichende Neudefinition der gesellschaftlichen Rolle der Jugend statt, ein Prozess, an dem ökonomische, kulturelle, soziale, politische Wandlungen beteiligt sind, auf die die Jugend auf ihre Weise ‚antwortet', der sie sich teilweise unterwirft, der sie sich aber auch entzieht, insofern sie unter modernen Bedingungen nicht nur ihre Geschichte hat, sondern in gewisser Weise auch ‚macht'"[178]. Selbstredend ist auch die Landjugend von diesem Wandlungsprozess betroffen. Eine solch freigesetzte Jugend kann sich auf tradiert-vermittelte Formen der Lebensbewältigung nicht weiter verlassen, ist daher gezwungen, sich neue adäquate und somit dorf-un-typische Formen anzueignen.

Freisetzung und die für den ländlichen Bereich typische und von den Landjugendlichen angestrebte Integration zeichnet das Leben der Landjugendlichen aus. Auch diese Lebenssituation zeigt sich für die Landjugendlichen als recht widersprüchlich und ambivalent. Integrationsabsichten und Freisetzungsleistungen stehen diametral einander gegenüber, sind keinesfalls kongruent. Trotzdem versuchen die Landjugendlichen beides miteinander zu verbinden, indem sie sich um eine Balance bemühen. Und so müssen sie sich entsprechend den tradierten Vorgaben, Regeln und Normen verhalten, um die Integration ins dörfliche Geschehen nicht zu gefährden, gleichzeitig aber auch sich auf moderne Entwicklungsaufgaben einlassen und ihre Biografisierung selbstständig durchführen.

Das Bild der *zwei Welten*, in denen sich die Landjugendlichen wiederfinden, trifft auch hier zu: Die *eine* Welt repräsentiert den Integrationswillen und die damit verbundenen Integrationsleistungen, in der *anderen* Welt sind die Landju-

---

[177] Böhnisch/Winter 1990, S. 17
[178] Hornstein 1985; zit. von Heitmeyer 1986, S. 17

gendlichen selbst gefordert, sie müssen zur Bewältigung dieser Sozialisationsaufgaben ihre eigenen Ressourcen entwickeln beziehungsweise reaktivieren. Mit dieser widersprüchlichen Situation sind die Landjugendlichen konfrontiert und sie müssen sie auf irgendeine Art und Weise meistern.

Mit dem Leben in und zwischen diesen beiden ‚Welten' versuchen die Landjugendlichen ihren Integrationswillen und damit ihre Bereitschaft zur Anpassung an und Unterordnung unter die das dörfliche Leben regelnden Traditionen, Vorgaben und Normen geltend zu machen. Wenn Landjugendliche die Absicht äußern, als Heranwachsende und später als Erwachsene auf dem Land beziehungsweise in ihrem Heimatdorf zu leben, dann ist dazu ein Integriert-Sein und Dazugehörigkeit erforderlich. Allerdings stoßen die Landjugendlichen mit der Übernahme tradierter Handlungsmuster, Vorgaben und Normen an deutliche Grenzen. Zur Bewältigung moderner Lebensaufgaben und vor allem der eigenen Biografisierung reichen diese keineswegs aus. Die Landjugendlichen müssen sich dazu an der ‚modernen Welt' orientieren. Sie müssen die Gestaltung ihres Lebensentwurfs selbst in die Hand nehmen, müssen neue Handlungsstrategien entwickeln, mit denen sie die Anforderungen der Moderne bewältigen können. Sie können ihren Bleibe-Wunsch erst dann realisieren, wenn sie beiden Aspekten gerecht werden, denn eine alleinige Orientierung an und die Übernahme von dörflichen Traditionen würde zwar die Integration sichern, aber die Bewältigung der Moderne unberücksichtigt und unbewältigt lassen.

Die Prämisse des ‚Lebens in und zwischen zwei Welten' beinhaltet den Wunsch nach Integration in die typisch dörfliche Lebenswelt durch die Übernahme typisch ländlich-dörflicher Traditionen. Sich diesen Traditionen entsprechend zu verhalten, sichert beziehungsweise vereinfacht den Landjugendlichen (und auch der erwachsenen Dorfbevölkerung) die Realisierung dieses Wunsches. Allerdings stoßen die Landjugendlichen mit der Übernahme eines solchen Konzeptes eindeutig an Grenzen, denn die das ländlich-dörfliche Leben regelnden Traditionen sind weder für die Bewältigung moderner Entwicklungsaufgaben (beispielsweise Biografisierung etc.), noch für die Gestaltung einer auf Flexibilität und Modernität angelegten Lebenspraxis (wie zum Beispiel Flexibilität in der Berufsausübung etc.), noch für einen produktiven Umgang mit gesellschaftlichen, sozialen, politischen Herausforderungen (zum Beispiel Armut, Gewalt, Rassismus etc.) funktional. Und so nutzen die Landjugendlichen dazuhin die Möglichkeiten, die sich aus dem Freisetzungsprozess ergeben: Sie entwickeln und eignen sich neue Handlungsstrategien – außerhalb des eigenen Dorfes, in der Region – an, die dann viel eher dazu taugen, mit diesen Anforderungen umzugehen, diese zu meistern. Unterstützend steht den Landjugendlichen dazu eine flankierende Maßnahme zur Verfügung. Im ländlichen Bereich existiert noch ein tradiertes Jugendbild, das von den Landjugendlichen übernommen wird und zu ihrer angestrebten Integration verhilft. So fördert und unterstützt auch das Integriert-Sein die Landjugendlichen bei der Gestaltung ihrer an die Moderne angelegten Biografisierung/Freisetzung. Sie hilft, die dabei auftretende Unsicherheit zu überwinden.

Mit den obigen Ausführungen konnte gezeigt werden, dass sich das ländliche Leben in einer Spezifik zeigt. Ob sich diese Typik in voller Gänze vom urbanen Leben unterscheidet, ob es in unserer heutigen Zeit überhaupt noch tragfähige Stadt-Land-Unterschiede gibt, kann an dieser Stelle nicht geklärt werden und ist auch nicht Absicht dieser Arbeit. Es konnte allerdings gezeigt werden, in welchen Ausformungen sich das ländliche Leben zeigt.

6 Durchführung der Studie – der methodische Zugang

Nachdem in den vorangegangenen Kapiteln eine Begriffsbestimmung (Kapitel 2 und 3) und theoretische Einordnung der Forschungsfrage (Kapitel 4) vorgenommen wurde sowie die typisch-ländlichen Lebenswelten (Kapitel 5) historisch hergeleitet wurden, gilt es in den nun folgenden Kapiteln sechs und sieben, einen empirischen Zugang zu der Forschungsfrage herzustellen. Dabei geht es zum einen um die aktualempirische Darlegung der Interessen und Bedürfnisse der Landjugendlichen, die sich in realen je-eigenen Handlungsmustern zeigen. So wird hier ein empirischer Zugang gewählt, der die in den Handlungsmustern der Jugendlichen inhärenten Interessen und Bedürfnisse aufzeigt und des Weiteren klärt, welche Handlungsmuster Jugendliche im ländlichen Raum wählen, um ihre jeweiligen Interessen und Bedürfnisse zu realisieren. Schließlich wird an Hand des empirischen Materials gezeigt, dass in den typisch-ländlichen Handlungsmustern ausgrenzende und rassistische Grunddimensionen inne wohnen.

Um den hier vorliegenden Forschungsfragen auf empirischer Ebene nachzukommen, basiert das empirische Vorgehen auf der theoretischen Grundüberlegung, nach der ausgrenzend-rassistische Denk- und Handlungsmuster das Resultat eines Auseinandersetzungsprozesses sind, anhand dessen die Menschen zum einen versuchen, ihre Umwelt zu kontrollieren, über ihre Bedingungen zu verfügen, das heißt ihre subjektiven Interessen und Bedürfnisse zu realisieren und zum anderen ihre je-spezifischen Bewältigungsaufgaben und Herausforderungen zu bewältigen[179]. Mit dieser theoretischen Bestimmung werden die Funktionen von menschlichem Handeln und damit auch von ausgrenzend-rassistischen Denk- und Handlungsmustern definiert: Einerseits soll damit das

---

[179] Die theoretische Fundierung dieser Denk- und Handlungsmuster ist oben ausführlich dargestellt

Ziel der Umweltkontrolle und Bedingungsverfügung, also (verallgemeinerte) Handlungsfähigkeit erreicht werden und andererseits hat das menschliche Handeln beziehungsweise haben ausgrenzend-rassistische Denk- und Handlungsmuster die Funktion, Aufgaben und Herausforderungen, die je-spezifischen Handlungsnotwendigkeiten zu bewältigen sowie die eigenen Interessen und Bedürfnisse zu realisieren. An diese Paradigmen lehnt sich auch das hier vorliegende empi-rische Vorgehen an.

Methodenauswahl

Das Ziel der Studie ist, die Entstehungsdimensionen von Ausgrenzung und Rassismus herauszuarbeiten. Dazu ist es wichtig, sich auf empirischer Ebene dem Zusammenhang ausgrenzend-rassistischer Denk- und Handlungsmuster von Landjugendlichen, dem für Landjugendliche typischen Lebenskontext und der Subjektivität der Landjugendlichen an-zunähern. Diese Zielbestimmung macht ein spezifisches empirisches Vorgehen erforderlich. So muss die Studie so angelegt sein, dass die Subjektseite, also die Interessen und Bedürfnisse der Landjugendlichen, und die Lebenswelt, also die für Landjugendlichen typischen Lebensbedingungen, abbildbar werden. So wurden zur Untersuchung auf die qualitativen Erhebungsmethoden des ExpertInnengespräches, des narrativen Leitfadeninterviews und der Gruppendiskussion zurückgegriffen.

Die ExpertInnengespräche[180] dienen in erster Linie dazu, komplexe Zusammenhänge durchschau- und damit rekonstruierbar zu machen. Es handelt sich dabei also „um die Erfassung von praxisgesättigtem ExpertInnenwissen, des know how derjenigen, die die Gesetzmäßigkeiten und Routinen, nach denen sich ein soziales System (damit kann auch eine Clique gemeint sein, BS) reproduziert ...“[181]. Mit den Exper-

---

[180] ExpertInnengespräche gehören zum Methodenrepertoire der ethnografischen Feldforschung. Vgl. dazu Meuser/Nagel in: Friebertshäuser u.a. 1997

[181] Meuser/Nagel in: Friebertshäuser u.a. 1997, S. 481

tInnengesprächen soll ein Zugang zum Forschungsgegenstand fachwissenspezifisch eingeleitet werden. Die ExpertInnengespräche sind auf einen Forschungsgegenstand hin fokussiert. Die leitfadengestützten ExpertInnengespräche werden forschungsgegenstandsspezifisch, also themenzentriert, ausgewertet.

Die ExpertInnengespräche sollen einen Zugang zur Lebenswelt der Landjugendlichen ermöglichen und detaillierte Einblicke ermöglichen. So geben die ExpertInnen in diesem Kontext beispielsweise Auskunft über die dorftypischen Freizeitmöglichkeiten für Landjugendliche, aber auch über Einschränkungen und Behinderungen. Dazuhin werden die ExpertInnen über ihre Zusammenhangsannahme von ausgrenzend-rassistischen Denk- und Handlungsmustern und Landleben befragt. Gleichzeitig dienen die ExpertInnengespräche der Autorin aber auch zur Vergewisserung und kritischen Reflexion ihrer eigenen, lebensweltbezogenen Kenntnisse.

Auf eine detaillierte und gesonderte Darstellung der Ergebnisse der ExpertInnengespräche wird hier verzichtet. Sie fließen vor allem in die anschließende Beschreibung der einzelnen Falltypen ein.

Für die Durchführung dieser Studie wurde noch auf zwei weitere empirische Forschungsmethoden, das leitfadengestützte narrative Interview und die Gruppendiskussion, zurückgegriffen. Es handelt sich dabei um „offene Befragungsverfahren"[182], die den InterviewpartnerInnen ermöglichen, zum einen selbst zu entscheiden, wie ausführlich und mit welchem Schwerpunkt sie bestimmte Gesprächsthemen behandeln und zum anderen, eigene Antworten formulieren zu können. Die Wahl dieser empirischen Forschungsmethoden ist eng mit dem Forschungsgegenstand verbunden. Es sollte damit nicht nur das Alltagswissen der befragten Landjugend-

---

[182] Hron in: Huber/Mandl 1982, S. 119

lichen abgebildet werden, sondern darüber hinaus ihre subjektiven Deutungsmuster und Erklärungen, ihre Handlungsnotwendigkeiten, -wünsche und -absichten. So soll es den befragten Landjugendlichen mit diesem Erhebungsverfahren
möglich sein, „ihre eigenen thematischen Verknüpfungen
und Argumentationsketten"[183] einzubringen. Auf erzählende
Weise (=narrativ) berichten die befragten Landjugendlichen
über ihre momentane Lebenssituation, über besondere Lebensereignisse, über Möglichkeiten und Einschränkungen,
aber auch über Zusammenhänge und Verknüpfungen[184]. Der
den narrativ-fokussierten Interviews zu Grunde liegende
Leitfaden dient in diesem Fall dazu, den Forschungsgegenstand nicht aus den Augen zu verlieren und das Interview forschungsgegenstandsspezifisch zu strukturieren. Der so angewandte Leitfaden übernimmt damit keinesfalls die Funktion
und das Ziel, Fragen in einer vorher festgelegten Reihenfolge
abzufragen, so wie es ein klassischer Leitfaden beabsichtigt.

Durchführung der Studie
Der qualitativen Befragung von Landjugendlichen sind fünf
ExpertInnengespräche vorausgegangen. Die einzelnen Expert-
Innen waren hauptamtlich Tätige aus der Jugendhilfe (2), ehrenamtlich Tätige aus der offenen Jugendarbeit (1), ehrenamtlich Tätige aus der Kommunalpolitik (1) und Erzie-
hungswissenschaftler (1).

An der Befragung nahmen acht männliche und elf weibliche
Jugendliche aus ländlich-strukturierten Regionen in Südwürt-
temberg (D) im Alter zwischen 17 und 23 Jahren teil. Die befragten Landjugendlichen wohn(t)en in unterschiedlichen
Dörfern. Mit der Entscheidung, unterschiedliche Dörfer in
die Untersuchung aufzunehmen, war der Anspruch verbunden, die Pluralität und Unterschiedlichkeit landjugendtypischer Lebensweise abbildbar zu machen. Die befragten Landjugendlichen unterscheiden sich nicht nur bezüglich ihres

---

[183] Hron in: Huber/Mandl 1982, S. 128
[184] Vgl. Friebertshäuser/Prengel 1997

Heimatdorfes, sondern darüber hinaus auch in ihrer Freizeit-orientierung. So wurden Landjugendliche befragt, die sich in selbstverwalteten offenen Dorfjugendtreffs engagieren, die einen größeren Teil ihrer Freizeit in einem Tanzcenter verbringen und die im ersten Semester Soziale Arbeit an einer Fachhochschule studieren. Die befragten Landjugendlichen unterschieden sich also in ihrer Freizeitgestaltung/-orientierung, gleichen sich aber in ihrer dorftypischen Lebensweise. Als weiteres Auswahlkriterium fungierte die Art der Dorfzugehörigkeit. So wurden ausschließlich Landjugendliche in die empirische Studie einbezogen, die der Gruppe der Altdörfler zuzurechnen sind. Das heißt, die befragten Jugendlichen leben in Familien, die mindestens seit zwei Generationen im Dorf leben. Dem liegt die Annahme zu Grunde, dass gerade bei der Gruppe der Altdörfler dorf- und landtypische Regeln, Traditionen und Handlungsmuster zu finden sind, auf die ja in diesem Vorhaben ein besonderer Wert gelegt wird. Es ist davon aus zu gehen, dass sich bei der Gruppe der Neudörfler/Zugezogenen tradierte Elemente zur Lebensbewältigung weniger finden lassen. In die empirische Untersuchung wurden ausschließlich Landjugendliche einbezogen, die auf den ersten Blick keine manifest ausgrenzend-rassistischen Denk- und Handlungsmuster zeigen. Die Auswahl der nicht-manifest ausgrenzend-rassistisch denkenden und handelnden Landjugendlichen ist dem Forschungsgegenstand geschuldet. In diesem Vorhaben soll es ja gerade nicht darum gehen, manifest ausgrenzend-rassistische Denk- und Handlungsmuster zu untersuchen und ex-post zu erklären, sondern vielmehr um die alltäglichen und für den ländlichen Raum unspektakulären Denk- und Handlungsmuster, denen Ausgrenzung und Rassismus zu Grunde liegen. So ist es Ziel dieses Vorhabens, zu zeigen, wie sich gerade so gelagerte ausgrenzend-rassistische Denk- und Handlungsmuster landtypisch entwickeln und entfalten.

Die erste Kontaktaufnahme zu den InterviewpartnerInnen vollzog sich in zwei Schritten. Im ersten Schritt suchte die Autorin verschiedene Freizeitstätten auf, die von Landjugendlichen besucht werden. Dabei handelte es sich um offene selbstverwaltete Dorfjugendtreffs und das schon angesprochene Tanzcenter. Dort stellte die Autorin ihr Forschungsvorhaben vor und fragte bei den Landjugendlichen nach, wer an einem solchen Vorhaben interessiert ist und dann auch bereit ist, an einem etwa 1-stündigen Interview teilzunehmen. Mit den dazu bereiten Landjugendlichen wurde anschließend das weitere Vorgehen (Terminabsprachen, Treffpunkte) besprochen. Dieses Vorgehen konnte in dieser Form allerdings nur realisiert werden, weil die Autorin im Feld bekannt ist[185]. Bewährt hat sich bei diesem Vorgehen, die einzelnen InterviewpartnerInnen kurz vor dem anvisierten Interviewtermin nochmals telefonisch daran zu erinnern. Zu den anderen InterviewpartnerInnen vollzog sich die erste Kontaktaufnahme auf eine ähnliche Weise. In einem erstsemestrigen Seminar an einer Fachhochschule für Sozialwesen stellte die Autorin das Vorhaben vor, fragte nach Interessierten und zum Interview Bereiten und nahm Terminabsprachen vor. Auch hier erleichterte das Bekanntsein der Autorin im Feld dieses Vorgehen.

Die eigentliche Untersuchung setzte sich aus drei Teilen zusammen. Der erste Teil umfasste die Kontaktaufnahme zu Jugendlichen im ländlichen Raum. In dieser Phase der Untersuchung wurden den zukünftigen InterwiewpartnerInnen der Sinn und Zweck dieser Untersuchung erläutert, ihre Vorbehalte besprochen und Fragen beantwortet. Diese ausführlichen Vorgespräche dienten neben der grundsätzlichen Abklärung zur Interviewbereitschaft dem gegenseitigen Kennenlernen und vor allem dem Aufbau einer intersubjektiven Beziehung zwischen Forscherin und Mit-ForscherInnen beziehungsweise InterviewpartnerInnen. Dieser ersten Untersuchungsphase, dem Aufbau intersubjektiver Beziehungen,

---

[185] In nur einem Fall wurde das Interview väterlicherseits verboten. Dieser Interviewpartner hat den Kontakt zu mir abgebrochen. Auf schriftliche Anfragen hat er nicht reagiert. Der Versuch, telefonisch mit ihm in Verbindung zu treten, wurde vom Vater verhindert. Weshalb der Vater ein Interview unterbunden hat, bleibt ungeklärt.

wurde deshalb soviel Aufmerksamkeit und auch Zeit geschenkt, weil diese grundlegend und unumgänglich für eine dem Forschungsgegenstand adäquate Befragung ist. Denn mit der Befragung sollte ja nicht lediglich die reale Lebenssituation abgebildet werden, sondern darüber hinaus auch ihre subjektive Bedeutung für die Landjugendlichen. Ein so formulierter Forschungsgegenstand erfordert natürlich auch die Wahl bestimmter Forschungsmethoden.

Neben der Auswahl der ‚richtigen‘ Untersuchungsmethoden erfordert der hier vorliegende Untersuchungsgegenstand zusätzlich den Aufbau einer intersubjektiven Beziehung zwischen Forscherin und InterviewpartnerInnen. Intersubjektive Beziehungen zwischen ForscherInnen und MitforscherInnen beziehungsweise InterviewpartnerInnen erlauben, dass beide ihre Subjektivität unverkürzt in den Forschungsprozess einbringen und sich so über ihre Bedeutungs- und Begründungszusammenhänge verständigen können, damit dann die jeweiligen Handlungsbegründungen nachvollziehbar werden. Qualitative Befragungen, die auf intersubjektiven Beziehungen angelegt sind, lassen einen gegenseitigen Erkenntnisgewinn zu. Der Erkenntnisgewinn seitens der ForscherInnen ist nachvollziehbar und braucht hier nicht weiter ausgeführt zu werden. Erkenntnisse können die InterviewpartnerInnen/MitforscherInnen im Kontext des Interviews gewinnen, wenn die Interviewsituation ihnen erlaubt, beispielsweise neue, bisher unbekannte Handlungsmöglichkeiten zu erkennen oder bestimmte emotionale Befindlichkeiten zu klären[186].

Absichtlich wurden keine jüngeren Jugendlichen in diese Befragung einbezogen, denn es ist davon auszugehen, dass diese über einen relativ schwachen eigenständigen Mobilitätsgrad verfügen und somit eine regionale Freizeitorientierung kaum vorhanden ist[187]. Die befragten Jugendlichen leben be-

---

[186] Ausführlich siehe in: Scheu in: Held 1989

[187] Selbstredend verfügt diese Altersgruppe über schulbedingte und landtypische Regionalorientierung, die aber in diesem Forschungszusammenhang leider keine Berücksichtigung findet.

ziehungsweise lebten in ballungsgebietsabgewandten Räumen, in kleineren bis größeren Dörfern mit 400 bis 3500 EinwohnerInnen.

Der zweite Teil umfasste die eigentliche Datenerhebung, die Interviewphase. Die einzelnen Interviews dauerten zwischen 60 und 90 Minuten. Sie wurden anhand eines Interviewleitfadens durchgeführt und fanden alle an von den Landjugendlichen favorisierten und damit ihnen bekannten Orten statt. Die Interviews wurden auf Band aufgenommen und anschließend transkribiert.

Die Auswertung der verschriftlichten Interviews erfolgte in dem dritten Teil. Aus dem vorliegenden Material wurden die sozialen Daten (Alter, Beruf, Wohnort) herausgearbeitet. Im Anschluss daran erfolgte die kategoriale Auswertung. Hierbei handelt es sich also um einen theorie-orientierten Auswertungsansatz. Die zur Auswertung herangezogenen Kategorien speisen sich zum einen aus der kategorialen Bestimmung ländlichen Lebens beziehungsweise der objektiven Prämissenlage von Landjugendlichen und zum anderen aus der kategorialen Bestimmung der subjektiven Prämissenlage und schließlich aus der theoretischen Fundierung von Ausgrenzung und Rassismus. Das empirisch erhobene Datenmaterial soll damit zur Klärung der Entstehung ausgrenzend-rassistischer Denk- und Handlungsmuster bei Landjugendlichen beitragen. Keinesfalls wird das Datenmaterial zur Bestätigung vorab formulierter Hypothesen herangezogen. So fungieren in diesem Auswertungsverfahren die Kategorien nicht dazu, das Datenmaterial zu deuten beziehungsweise zu interpretieren, sondern vielmehr, das von den InterviewpartnerInnen/MitforscherInnen Erzählte theoretisch einzuordnen und zu fundieren, das heißt, das Datenmaterial zu ‚durchdringen‘.

Das so ausgewertete Datenmaterial wurde dann in schriftlicher Form an die InterviewpartnerInnen zurückgekoppelt, mit der Bitte um Überprüfung. Damit wurden die einzelnen Auswertungen von den Betroffenen kommunikativ validiert.

In einem abschließenden letzten Schritt wurden die so erarbeiteten Ergebnisse verallgemeinert. Die Verallgemeinerung qualitativ erhobener Daten kann selbstverständlicherweise nicht in Form einer Häufigkeitsverallgemeinerung erfolgen. Verallgemeinerungen erfolgen hier eher in Form von „struktureller Verallgemeinerung"[188]. Für die hier vorliegende empirische Studie bedeutet dies, dass die für Landjugendliche typischen – und damit theoretisch herleitbaren – Handlungs- und Begründungsmuster herausgearbeitet werden. Im Prozess der strukturellen Verallgemeinerung wird in einem ersten Schritt ein Zusammenhang zwischen dem Forschungsgegenstand (hier ausgrenzend-rassistische Denk- und Handlungsmuster) und dessen gesamtgesellschaftlichem Bezug (hier objektive und subjektive Prämissenlage der Landjugendlichen) hergestellt. In einem zweiten Schritt werden die so vorgenommenen Einzelauswertungen mit einander verglichen. Treten nun zwischen den Einzelauswertungen deutliche Unterschiede oder Widersprüche auf, stimmt also die Zusammenhangsannahme nicht, muss diese neu überarbeitet werden; oder anders ausgedrückt, der Zusammenhang muss auf eine andere Art und Weise theoretisch fundiert werden. Erst wenn der Vergleich der Einzelauswertungen sich nicht mehr als widersprüchlich und ambivalent zeigt, können verallgemeinerte Aussagen getroffen werden.

An dieser Stelle soll nochmals Bezug zu den theoretischen Vorüberlegungen (siehe oben) genommen werden. Dort wurde aufgezeigt, wie die Entstehung und Entwicklung ausgrenzend-rassistischer Denk- und Handlungsmuster theoretisch geklärt werden kann. Danach sind ausgrenzend-rassistischer Denk- und Handlungsmuster als funktionale Handlungsweisen beziehungsweise Bewältigungsstrategien zu fassen, die mit dem Ziel der Bewältigung von landtypischen Handlungsnotwendigkeiten und Anforderungen und der Realisierung landjugendtypischer Interessen und Bedürfnisse verbunden sind.

---

[188] Holzkamp zit. v. Held 1994, S. 131

Entsprechend dieser theoretischen Vorüberlegungen kann hier also abschließend festgehalten werden, dass an der Entstehung ausgrenzend-rassistischer Denk- und Handlungsmustern grundsätzlich zwei Dimensionen beteiligt sind. Da sind zum einen die für Landjugendliche typischen Interessen und Bedürfnisse und zum anderen die objektiven Lebensbedingungen der Landjugendlichen und die daraus sich für sie ergebenden Handlungsnotwendigkeiten. Zur Entfaltung eines Erklärungsansatzes für ausgrenzend-rassistische Denk- und Handlungsmuster bei Landjugendlichen müssen daher beide Dimensionen auf empirischer Ebene untersucht werden.

Der empirische Zugang zu diesen beiden Dimensionen erfolgt allerdings auf unterschiedliche Art und Weise. Die empirische Annäherung an die Interessen und Bedürfnisse der Landjugendlichen erfolgt aus der gegenstandsspezifischen Auswertung des gesamten Interviewmaterials im ersten Teil der Studie. Dabei werden die für Landjugendliche typischen Interessen und Bedürfnisse herausgearbeitet. Der Interessen- und Bedürfnislage von Menschen näher zu kommen, ist kein leichtes Unterfangen. Zwar können Jugendliche nach ihren spezifischen Interessen und Bedürfnisse ‚befragt‘ werden, aber diese Aussagen bleiben oft recht oberflächlich. Nicht etwa aus Boshaftigkeit, sondern – dies lässt sich als Resultat vieler eigener Untersuchungen[189] festhalten – weil vielen Jugendliche die ‚Sprache‘ fehlt, um solche emotionalen Zustände beschreiben und benennen zu können. Um dieses Problem zu umgehen, wurde hier auf ein theoriegeleitetes Auswertungsverfahren zurückgegriffen. Ausgangspunkt dieses Auswertungsverfahrens ist die theoretische Herleitung menschlicher Interessen und Bedürfnisse (siehe oben). Danach versuchen die Menschen *durch* ihr Handeln, ihre eigenen Bedürfnisse und Interessen zu befriedigen oder zumindest einer Bedürfnisbefriedigung und Interessenrealisierung näher zu kommen. Das heißt, in den jeweiligen Handlungs-

---

[189] Vgl. dazu: Scheu 1989; Scheu 1991 und Scheu 1997

vollzügen spezifizieren sich die je-spezifischen Interessen und Bedürfnisse. So werden also die landjugendtypischen Handlungsvollzüge einer weiteren Betrachtung unterzogen und die darin spezifizierten Interessen und Bedürfnisse herausgearbeitet.

Um auf empirischer Ebene sich der Entstehung von ausgrenzend-rassistischen Denk- und Handlungsmustern Landjugendlicher zu nähern, wird das empirische Material im zweiten Teil der Studie am ‚Fall‘ ausgewertet. In den einzelnen Fallstudien soll dann neben einer kurzen Darstellung der objektiven Lebensbedingungen im Besonderen auf das je-spezifische Verhältnis eingegangen werden, das die Landjugendlichen zu ihren objektiven Lebensbedingungen aufbauen. Die einzelnen Fallstudien zeigen zum einen, welche Denk- und Handlungsmuster die Landjugendlichen zur Bewältigung ihrer Handlungsnotwendigkeiten entwickeln und zum anderen, welche ideologischen Grundgedanken beziehungsweise Ideologeme sie diesen unterlegen. Daran anschließend werden diese ideologischen Begründungen auf der Folie von Ausgrenzung und Rassismus interpretiert. Mit diesem Vorgehen ist die Absicht verbunden, die ideologischen Grundgedanken beziehungsweise Begründungsmuster der Landjugendlichen auf der Folie von Ausgrenzung und Rassismus zu interpretieren, um dann letztlich damit die Frage klären zu können, ob und in wie weit in den jeweiligen Handlungsvollzügen die Begründungsmuster für ausgrenzend-rassistische Denk- und Handlungsmuster liegen.

7 Ergebnisse der empirischen Studie

Teil 1: Interessen und Bedürfnisse der Landjugendlichen

Ziel der empirischen Studie ist, die für einen Erklärungsansatz zur Entstehung ausgrenzend-rassistischer Denk- und Handlungsmuster bei Landjugendlichen notwendigen Voraussetzungen und Prozesse herauszuarbeiten. Nach der theoretischen Fundierung des Forschungsgegenstandes sind an der Entstehung ausgrenzend-rassistischer Denk- und Handlungsmuster zwei grundlegende Dimensionen beteiligt. Da wäre zum einen die objektive Prämissenlage, zu der die Landjugendlichen ein gnostisches Verhältnis aufbauen, woraus sich dann die je-spezifischen Handlungsnotwendigkeiten ergeben, die die Landjugendlichen in einer für sie typischen Art und Weise bewältigen. Auf diesen Aspekt wird im Kontext der Fallstudien Bezug genommen (siehe unten). Die zweite notwendige Dimension bei der Entstehung ausgrenzend-rassistischer Denk- und Handlungsmuster ist die Interessen- und Bedürfnislage der Landjugendlichen sowie deren dörfliche Realisierungsmöglichkeiten. So werden im Teil 1 dieses Kapitels die Interessen und Bedürfnisse empirisch herausgearbeitet, die den Landjugend-typischen Handlungs- und Bewältigungsmustern zu Grunde liegen.

Familienorientierung: Integration und Zugehörigkeit

Die befragten Landjugendlichen geben an, über enge innerfamiliale Beziehungen und Bezüge zu verfügen. Die ‚Enge‘ dieser Beziehungen und Bezüge begründen sie a) mit den regelmäßigen Treffen zu mindestens einer Mahlzeit, vorwiegend dann am Abend oder am Wochenende. Dabei fungiert die gemeinsame Mahlzeit als Option; die Landjugendlichen können, wenn sie dies möchten, an der gemeinsamen Mahlzeit teilnehmen; sie können dann dort ihre einzelnen Familienmitglieder treffen. Die gemeinsame Mahlzeit ist keinesfalls ein Fixpunkt in der alltäglichen Lebensgestaltung der Landjugendlichen. Schon die abendliche Freizeitgestaltung sowie die eigene Mobilität, aber auch die schulische Belastung steht dieser Option entgegen.

Christoph (...) Ja, aber abends sind wir eigentlich meistens zusammen. Jetzt auch noch. (...) Ja, aber so die letzten Jahre war das so, dass ich abends fast nie da war und das ist dann auch wieder das.
(Int3a.doc, S. 17)

Trotzdem definieren die Landjugendlichen die ‚Enge' ihrer Familienbindung unter anderem mit dieser Option. Einen weiteren Aspekt, mit dem die Landjugendlichen diese ‚Enge' begründen, liegt darin, dass b) zwischen ihnen und ihren Eltern keine/wenige Kontroversen und politische Meinungsunterschiede bestehen. Die Eltern der befragten Landjugendlichen sind mit der Freizeitgestaltung ihrer Kinder, mit ihrer jugendlichen Lebensführung und ihrer individuellen Biografisierung im großen und ganzen einverstanden. Es scheint auch so zu sein, dass sich die Eltern- und Kindergeneration darin nur unwesentlich unterscheiden. Durchgängig geben die befragten Landjugendlichen an, dass sich ihre politische Meinung kaum von der ihrer Eltern unterscheidet. Dabei übernehmen die meisten Landjugendlichen die Meinung ihrer Eltern nicht unreflektiert. Sie können die politische Meinung ihrer Eltern durchaus mit der schulisch-, medial- oder peersvermittelten verbinden und vergleichen. Auch daraus ergeben sich keine Unterschiedlichkeiten. So bleibt der für die 60er/70er Jahre des vergangenen Jahrhunderts typische Generationenkonflikt aus. Die einzelnen Generationen scheinen sich einander angenähert zu haben.

Norbert: Meine Leute (=Eltern, BS), die sind natürlich reifer von ihren Erfahrungen her und so. Und wissen auch mehr wie ich über Politik, weil sie ja schon mehrere Jahre auf der Welt sind und auch schon wählen dürfen und so. Und sich auch damit beschäftigen und öfter Zeitung lesen wie ich. Dann wissen die natürlich schon mehr und wenn sie dann, wenn ich dann noch was sag zum Beispiel, gerade Ökosteuer oder so, dann wird mein Vater (...) und wenn ich das Gefühl habe, dass ich da richtig liege, mit dem, was ich auch sonst

im Umfeld höre oder auch gelesen habe, da bin ich mit ihm schon einer Meinung.
(Int4a.doc, S.22f)

* *Johanna: Politisch schon, ja. Dass ich dann vieles, was mein Vater so gesagt hat, was ich früher nicht so darauf geachtet habe, eigentlich jetzt sage, das stimmt, das kann ich so teilen.*
(Int3.doc, S. 15)

Für die befragten Landjugendlichen vollziehen sich die innerfamilialen Gespräche und Diskussionen weniger über Politik als über allgemeine, weltanschauliche und lebenspraktische Vorstellungen und Meinungen. Aber auch darüber entstehen keine Kontroversen oder Konflikte.
* *Franz: Ja, politische, es waren schon politische andere Überzeugungen da. Aber wo wir jetzt weniger über Politik gesprochen haben, sondern eher über allgemeine weltanschauliche Dinge. (...) Das war stärker. Gerade, ja. (...)*
(Int2.doc, S. 18f)

Dagmar: Also Politik jetzt in dem Sinne, bei uns wird jetzt nicht daheim eben über Politik so geredet, sondern eher über die weltanschauliche Dinge und da kommt es dann schon manchmal rüber, dass die Oma einfach eine andere Ansicht hat wie jetzt ich, aber das artet jetzt nicht in Streit aus, sondern da wird dann halt darüber diskutiert. Ich kann auch ihre Meinung annehmen, und sie größtenteils auch von mir. Da wird dann halt einfach drüber diskutiert.
(Int3.doc, S. 14f)

Die Landjugendlichen betrachten ihre familialen Beziehungen und Bezüge auch deshalb als ‚eng' und harmonisch, weil sie c) relativ viel Zeit für familiale Unterstützungsleistungen investieren. Die Mithilfe im familialen Haushalt ist für die Landjugendlichen selbstverständlich und trägt da zu hin zum familialen Zusammenhalt bei. Die familiale Mithilfe gestaltet sich (immer noch!) geschlechtsspezifisch. Die Unterstützungsleistungen der männlichen Landjugendlichen sind vorwiegend handwerklicher Art (Garten, Haus, Auto etc.), während die weiblichen Landjugendlichen sich im emotionalen und hauswirtschaftlichen Bereich (Kontakte organisieren und pflegen, Putzen, Einkaufen etc.) abspielen.

Paul: Ja, mein Vater steht morgens auf, gibt mir drei Arbeitsanweisungen für den Tag und dann kann ich gucken, wo ich die unterbringe oder wie ich die mache. Und wenn sie halt dann nicht unbedingt gemacht, ist es nicht so arg schlimm, solange ich es in den nächsten paar Tagen mache. Wenn es wirklich mal eine Zeitlang rumliegen bleibt, dann Scheu: wird's kritisch.
Paul: Dann wird's kritisch. Weil, dann ist er narret, dann guckt er dann auch, dass es irgendwann mal getan wird.
(Int1.doc, S. 35f)

Verwandtschaftliche Beziehungen und Bezüge pflegen die befragten Landjugendlichen kaum. Sollte dies der Fall sein, dann werden diese von den Eltern gepflegt und die Landjugendlichen partizipieren daran.

Meike: Ich hab auch noch so Onkel und Tanten von meiner Mutter, die hab ich auch noch nie gesehen. Da hab ich auch keinen Überblick.
(Int1.doc, S. 47)

Jo: Also ich sehe eigentlich alle Tanten und Onkel nur auf Familienfesten.
(Int2.doc, S.17)

Die Herkunftsfamilie spielt in der momentanen und auf die Zukunft ausgerichteten Lebensgestaltung der Landjugendlichen also eine wichtige Rolle. Die Landjugendlichen verbringen ihre freie Zeit zwar vorwiegend außerfamilial (und außerdörflich), zusammen mit Gleichaltrigen in ihrer Clique, dennoch legen sie einen großen Wert auf innerfamiliale Beziehungen und Bezüge. Sie bewerten ihre familialen Beziehungen und Bezüge als äußerst verlässlich und harmonisch.

Für die Landjugendlichen fungieren die engen Familienbe-ziehungen und -bezüge zur Realisierung ihres Interes-ses/Bedürfnisses Dazugehören/Integriert-Sein. Sie betrachten ihre Familie als Institution, die ein fast bedingungsloses Da-zugehören gewährleistet. Dieses Dazugehören leiten die Landjugendlichen vom Vorhandensein ihrer engen Familien-bindungen, die einen partnerschaftlichen Austausch ermögli-chen und sich recht harmonisch vollziehen. Sie zeichnen sich deshalb als harmonisch aus, weil Konflikte (scheinbar) nicht vorhanden sind und Auseinandersetzungen, beispielsweise über unterschiedliche Vorstellungen und Meinungen, nicht ausgetragen werden.

Das heißt dann, die Landjugendlichen führen Auseinander-setzungen um der Harmonie willen wohl in der Clique, in nur sehr wenigen Fällen in ihrer Familie. Sie bemühen sich also um die Herstellung und Aufrechterhaltung einer harmoni-schen, konfliktfreien Familienatmosphäre und verzichten damit auf einen familialen Diskurs, der eventuell ihr Dazu-gehören gefährden könnte. Mit dem Hinweis, über enge Fa-milienbindungen und -bezüge zu verfügen, drücken die Landjugendlichen ihr Dazugehören aus. Ihre Dazugehörig-keit untermauern sie des Weiteren mit ihren deutlich zum Ausdruck gebrachten und immer wieder betonten innerfami-lialen Unterstützungsleistungen. Damit drückt sich das Da-zugehören auch über den Aspekt des Gebraucht- und Ernst-genommen-Werdens aus.

Anne: Ja, also meine Eltern sind auch beide berufstätig und ich hab keine Geschwister. Also ja, ich war schon auch manchmal auf mich selber dann auch angewiesen. Und es war auch abgesprochen, was ich jetzt zu machen habe oder so, bis die Eltern auch heimkommen und wer was übernimmt so im Haushalt.
Scheu: Was haben Sie denn da so machen müssen?
Anne: Ja, also früher waren das halt dann so Sachen wie Spülmaschine ausräumen oder, wir haben dann auch noch Tiere gehabt, Hasen und eine Katze, die auch versorgen und ja, solche Sachen. Abwaschen mal oder so. Und später war

*es dann auch eher mal mit Wäsche waschen oder ja, solche
Sachen
(Int4b.doc, S.6f)*

Die Unterstützungsleistungen, die die Landjugendlichen in
ihren Familien erbringen, festigen diese Dazugehörigkeit.
Die Landjugendlichen leisten das, wozu zum Beispiel der
Vater oder die Mutter keine Zeit haben. Damit gewinnen die
von den Landjugendlichen erbrachten innerfamilialen Unterstützungsleistungen eine stabilisierende Funktion; sie stabilisieren das innerfamiliale Gebilde.

**Intergenerativität: Gebraucht- und Ernstgenommen
werden**
Verwandtschaftliche Beziehungen und Bezüge zum Beispiel
zu Onkel und Tanten, Cousins und Cousinen verlieren aufgrund der veränderten Familienstrukturen an Bedeutung und
Funktionalität. Die Tendenz zu kleiner werdenden Familien
(Ein-Kind-Familie) bedeutet, dass Kinder keine oder wenige
Geschwister haben, aber auch, dass weitere Verwandte wie
Onkel, Tanten, Cousins und Cousinen, fehlen. Vielfach bleiben dann nur noch die Großeltern, um an verwandtschaftlichen Beziehungen teilhaben zu können. Bengtson (1990)
fasst diese Tendenz mit dem Begriff der „bean-pole-fa-
mily"[190] (= Bohnenstangenfamilie). Demnach gewinnen intergenerative Beziehungen und Bezüge an Exklusivität und
Einzigartigkeit, weil sie doch anscheinend so selten und nicht
mehr selbstverständlich sind. Intergenerative Beziehungen
und Bezüge vollziehen sich heute über getrennte Haushalte[191], sind aber dennoch vorhanden und werden seitens der
Landjugendlichen auch gepflegt. Der gemeinsame Haushalt

---

[190] Bengtson u.a. zit. v. Lenz u.a. 1999, S. 90

[191] So leben nur 5,1% der westdeutschen und 2,8% der ostdeutschen über
65jährigen zusammen mit ihren Kindern und ihren EhepartnerInnen in einem gemeinsamen Haushalt. Dagegen leben 45,7% der Westdeutschen und
45,3% der Ostdeutschen dieser Alterskohorte verheiratet, aber ohne ihre
Kinder, in einem gemeinsamen Haushalt. (Quelle: BMFSFJ 1998, S. 73;
zit. v. Lenz u.a. 1999, S. 65)

bildet somit nicht das Kriterium für Intergenerativität. Trotz räumlich getrennter Wohnungen und Haushalte finden sich intergenerative Beziehungen und Bezüge. Dies konnte auch in der hier vorliegenden qualitativen Studie gezeigt werden. Der hohe Mobilitätsgrad der Großelterngeneration und der nachfolgenden Generationen und die modernen Telekommunikationstechniken vereinfachen die Gestaltung solcher intergenerativer Beziehungen und Bezüge. Intergenerative Beziehungen und Bezüge, als Großeltern-Enkel-Beziehungen gestalten sich allerdings recht unterschiedlich[192]. Am Rande sei angemerkt: Den 'modernen' Großeltern stehen zur Gestaltung ihres Großelterdaseins keine Vorbilder zur Verfügung. Sie sind gefordert, diese selbst zu gestalten und vollziehen damit im späteren Alter einen Prozess der Biografisierung.

Insgesamt geben die befragten Landjugendlichen an, über vielfältige und intensive intergenerative, großelterliche Beziehungen und Bezüge zu verfügen. Ausnahmen ergeben sich dann, wenn die Großeltern schon verstorben sind oder aber der Kontakt zu ihnen von der Elternseite abgebrochen wurde. Ausschlaggebend für den Abbruch dieser Beziehung ist in den meisten Fällen wohl ein vorausgegangener Eltern-Kind-Konflikt.

* Meike:(...) Ich hab noch eine Oma von meiner Mutter, und meine Mutter und meine Oma, die sind sich zu ähnlich, die haben sich vor 16 Jahren, haben die sich zerstritten und seitdem kein Wort mehr miteinander gewechselt.
Scheu: Wenn sie ähnlich sind, passiert das.
Meike: Genau eben. Die sind also beide ziemlich herrschsüchtig und streitsüchtig und also die sind beide schon bisschen. Ja, wenn die zwei aufeinander treffen, dann fliegen da

---

[192] Krappmann (1997) geht von drei Formen der Gestaltung dieses Beziehungskonstruktes aus. Großelter-Enkel-Beziehungen können von den Großeltern (1) rein formell oder aber gar nicht ausgeübt werden, (2) als distanziert, ritualistisch praktiziert werden oder aber (3) vertrauensvollvergnüglich gestaltet werden (Krappmann zit. v. Lenz u.a. 1999, S. 91).

die Fetzen und da ist nichts. Und deswegen hab ich auch zu
meiner Oma nicht so das Verhältnis
(Int1.doc, S.45)

Abgebrochene großelterliche Beziehungen scheinen aber die Ausnahme zu sein. Die Mehrheit der befragten Landjugendlichen gibt an, über intensive großelterliche Beziehungen zu verfügen und diese auch zu pflegen. Die Beziehungs- und Kontaktpflege geht weit über ein zufälliges Sich-Treffen hinaus. Das Zusammensein mit den Großeltern ist geplant und findet relativ oft statt, vor allem in Form von gemeinsamen Mahlzeiten.

* Paul: (...) Und dann halt Großeltern, sieht man eigentlich
relativ oft so wöchentlich mindestens ein-, zwei- bis dreimal.
Scheu: Aber die wohnen nicht in E.
Paul: Nein die wohnen in M, aber. (...) oder geh halt mal so
zum Kaffeetrinken runter oder wenn ich jetzt drei Stunden
Mittagspause habe in der Schule, dann fahr ich da zum Mit-
tagessen hin. Das ist so das, was meiner Oma noch Spaß
macht, so ein bisschen für uns ein bisschen was tun, schaffen.
(Int1.doc, S. 41f)

* Norbert: Ich geh immer gern bei meiner Oma vorbei zum
vespern geschwind. Bevor ich hier runterkomme (ins Ju-
gendhaus, BS)
(Int4a.doc. S, 13)

Die Kontaktpflege wird durch die ländliche Wohnsituation und Lebensweise wesentlich vereinfacht. So leben die Großeltern sehr oft in demselben Dorf wie ihre Enkelkinder, oder sogar in demselben Haus, aber mit eigenem Haushalt beziehungsweise in der näheren Nachbarschaft[193].

---

[193] In einer deutschen Repräsentativstudie wurde festgestellt, dass „von den 70-bis 85jährigen, die zumindest ein lebendes Kind haben, nur knapp 9% mit einem Kind in einem gemeinsamen Haushalt (leben). Deutlich größer wird jedoch der Anteil, wenn man den Blick nicht nur auf den Haushalt richtet, sondern auch die Hausgemeinschaft und Nachbarschaft mit einbezieht. Mehr als ein Viertel dieser Altersgruppe (26,7%) wohnt mit einem Kind unter demselben Dach, und wenn man die Nachbarschaft mit einbe-

Max: (...) Und komme meistens so um 12 Uhr herum wieder heim. Ja, und dann ess' ich was, leg mich auch manchmal meistens noch ein bisschen hin, weil das halt schon 5 Uhr ein bisschen früh ist zum aufstehen. Ja, und dann helf' ich meistens meinem Opa was, der wohnt gleich nebenan.
(Int4a.doc, S.4)

Dabei ist es aber keinesfalls so, dass die Enkelgeneration das von den Großeltern angelegte Support-Konto abarbeiten müsste, also eine moralische Verpflichtung bestände. Mit der Pflege dieser intergenerativen Beziehungen und Bezüge kann die Enkelgeneration ihre Interessen und Bedürfnisse nach Geborgenheit, Gebrauchtwerden und Ernstgenommenwerden realisieren.

Paul: Da lässt sich meine Oma, also das lässt sich meine Oma nicht nehmen. Die fragt dann gleich, wenn ich morgens bloß von 9 Uhr bis um 10 Uhr komm, dann fragt sie, was willst du zum Mittagessen.
(Int1.doc, S. 46)

Max: So hockt man sich halt mal eine halbe Stunde hin und schwätzt. (...)
(Int4a.doc, S.14)

Tanja: Also bei uns war es so, dass meine Oma bei uns im Haus gewohnt hat. Aber die ist jetzt schon gestorben. Und mein Opa ist aber schon vor ihr gestorben gewesen. Und früher war es dann halt auch praktisch, wenn wir von der Schule heimgekommen sind, dann war die Oma da. Dann konnten wir zu der hochgehen, da waren dann meine Geschwister auch noch kleiner. Und dann war es dann halt, da konnte meine Mutter dann schon wieder Halbtags schaffen gehen und es war einfach, da waren wir wirklich viel bei meiner Oma. Und dann später eigentlich auch, also man hat

---

zieht, dann sind es sogar 44,5%. Neun von zehn 70- bis 85jährigen haben mindestens ein Kind in einer Entfernung von maximal zwei Stunden" (Lenz u.a. 1999, S. 92).

immer hochgeguckt und hat also Kaffee getrunken hat man dann immer zusammen eigentlich. Ja. Also wir waren schon viel bei meiner Oma.
(Int4b.doc, S.19)

Das Verhältnis zwischen Großeltern und ihren Enkeln vollzieht sich für die befragten Landjugendlichen auf einer partnerschaftlichen und auf Austausch angelegten Basis: Die Großeltern vermitteln Geborgenheit und Gebrauchtwerden, die Enkeln liefern die notwendigen handwerklichen und emotionalen Unterstützungsleistungen.

*Paul: Ja, so. Und wenn halt mein Opa anruft und sagt, er hätte was zum Schaffen und ich hab Zeit, dann komm ich runter. Birnen auflesen, Mosten sind wir jetzt wieder gewesen.
(Int1.doc, S. 41)

Intergenerative, Großeltern-Enkel-Beziehungen fungieren für die befragten Landjugendlichen in erster Linie nicht (aber doch auch) als finanzieller Ressourcenmarkt, sondern werden viel eher als Möglichkeit zum Austausch und zur gegenseitigen Partizipation gesehen. Enge und intensive Großeltern-Enkel-Beziehungen fungieren als ‚Brücken-Funktion‘[194]: „Großeltern, die dem Kind nah und vertraut sind, sich jedoch anders verhalten als die primären Bezugspersonen, bilden eine Brücke in eine noch unbekannte soziale Welt"[195]. Beiden Generationsgruppen ist es dann möglich, die eigenen Erfahrungen und Vorstellungen einzubringen und damit Neues und Unbekanntes kennen zu lernen. Vor allem für die Großväter bietet diese intergenerative Beziehung die Möglichkeit, über den Schatten der eigenen Geschlechterrolle zu springen. Nicht selten sind es dann die Großväter, die intergenerative Beziehung gestalten und auch emotional ausstatten.

Intergenerative Beziehungen und Bezüge sind allerdings nicht immer positiver Natur, dies muss relativierend hier

---

[194] Vgl. Krappmann 1997
[195] Lenz u.a. 1999, S. 91

134

konstatiert werden. Auch diese Beziehungsgeflechte sind nicht frei von Konflikten und Krisen. Nestmann spricht in diesem Zusammenhang dann von „alltäglichen Reibungen an unterschiedlichen Lebensstilen und Haltungen, (...) biographische(n) Konfliktgeschichten, (...) gegenseitige(n) Erwartungsenttäuschungen, Vernachlässigungsgefühlen etc."[196].

Anne: Also der ist sehr direkt. Meine Großeltern, die wohnen also direkt gegenüber von uns und das war so in der Kinderzeit eigentlich immer sehr praktisch, weil die Oma immer da war und auch für die Eltern, denke ich, war das recht geschickt. Aber später, also gerade so im jugendlichen Alter, da hab ich mich dann schon sehr beobachtet gefühlt, also weil sie genau gesehen hat, um 12 Uhr ist dann das Licht noch mal angegangen oder solche Sachen.

Scheu: Hat das dann eine Auswirkung gehabt, Konsequenz?

Anne: Also ich weiß nicht, ich hab eine Zeitlang gesagt, ich guck mal später, dass so Verwandte nicht so näh neben mir wohnen. Aber ich glaube, man muss das auch vom Mensch abhängig machen. Also ich denke, nicht jede Oma wird da jetzt am Fenster hängen und da die ganze Zeit beobachten. Aber ich glaube, man wird schon vorsichtig oder ja, möchte das auch nicht unbedingt, diese Beobachtung ständig. (Int4b.doc, S.18f)

Die Landjugendlichen versuchen, ihr Interesse und Bedürfnis nach Dazugehörigkeit und Gebraucht-Werden, aber auch Ernstgenommen-Werden über ihre recht intensiven intergenerativen Kontakte zu realisieren. Die von Landjugendlichen gepflegten intergenerativen Kontakte vollziehen sich nicht etwa über ausgedehnte Besuche der oder Treffen mit den Großeltern, sondern ebenso auch über unterschiedliche Formen von Unterstützungsleistungen (Chauffierdienste, handwerkliche Arbeiten etc.) seitens der Landjugendlichen.

Paul: Gut, und wenn ich bei der Oma was schaff und so, das ist eigentlich auch eine bisschen lockerere Arbeit. Gut, und vor allem Arbeit, die mehr Spaß macht. Weil mein Opa sagt

---

[196] Nestmann in: Lenz u.a. 1999, S. 97

halt irgendwann, er kann jetzt halt nicht mehr so arg viel und die Arbeiten, die Spaß machen, hat er normal gemacht und mir den Rest gelassen. Jetzt ist es anders, jetzt mach ich die Arbeit, die Spaß macht und so ein bisschen noch den Rest, so Handlanger. Er steigt auch nicht mehr aufs Dach rauf. Jetzt hab ich das Dach gerichtet, da hat der Lothar ein paar Dachplatten runter genommen, letztes Jahr noch und da haben wir jetzt bloß provisorisch ausgebessert gehabt und das haben wir jetzt halt gerichtet und dann war ich auf dem Dach droben. Dann hat er mir halt aufs Dach das Werkzeug rauf gegeben oder so was, das ist halt auch. (...) Ja. Das ist halt einfach, einfach schön, wenn du bei Oma und Opa bist. (Int1.doc, S.44)

So angelegte intergenerative Kontakte ermöglichen die Realisierung des Interesses/Bedürfnisses, auch als Jugendlicher von Erwachsenen ernst genommen zu werden. In dieser Situation sind es die Landjugendlichen, die zum Beispiel das Arbeitstempo vorgeben oder den schwierigeren Part der Arbeit übernehmen, während dann der Großvater oder die Großmutter eher Handlangerdienste übernehmen. Damit beschränken sie allerdings ihre Realisierungschancen auf einen relativ engen Lebenskontext. Die Realisierungsabsicht bleibt damit auf die vertikal erweiterte Herkunftsfamilie bezogen. Die Möglichkeit, das Interesse nach Zugehörigkeit und Ernstgenommenwerden auf gesamtgesellschaftlicher Ebene zu realisieren, bleibt dabei unberücksichtigt, wird von den befragten Landjugendlichen auch nicht in Erwägung gezogen. Die Option, eigenständig und familien- und dorffern dieses Interesse zu realisieren, kann damit nicht verfolgt oder gar durchgesetzt werden. Die Landjugendlichen bleiben dann solange an ihre vertikal erweiterte Herkunftsfamilie gebunden, bis sie ihr Interesse nach Zugehörigkeit und Ernstgenommenwerden auf eine andere Weise zur Realisierung gelangen lassen können. Diese familiennahe Realisierungsmöglichkeit verlangt von den Landjugendlichen darüber hinaus eine enorme Anpassungsleistung. Soll in der vertikal erweiterten Herkunftsfamilie das Interesse nach Zugehörigkeit und Ernstgenommenwerden realisiert werden, dann müssen die Landjugendlichen dazu beitragen, dass die jeweilige Familie dies auch zulässt. Das heißt dann auch, dass die Landjugendlichen dazu beizutragen haben, an der Gestaltung und Ausformung einer innerfamilialen Harmonie mitzuwirken, was dann unter Umständen nichts anderes heißen kann, als sich unterzuordnen und anzupassen, Konflikte zu vermeiden und/oder, sich mit den familialen Gegebenheiten, mit Traditionen und typisch dörflich-ländlichen Regeln (bspw. Geschlechterzuschreibungen) zu arrangieren.

Zusammenfassend kann festgehalten werden, dass die Landjugendlichen ihre Interessen nach Zugehörigkeit und Ernstgenommenwerden in ihrem vertikal erweiterten familialen Lebenskontext, im Rahmen von intergenerativen Beziehungen und Bezügen, realisieren, sie sich damit aber gleichzeitig einschränken und sich eventuell selbst schaden. Die Option, die eigenen originären Interessen lediglich intergenerativ zu realisieren und damit die Nutzung weiterer, auf gesamtgesellschaftlicher Ebene angesiedelter, Optionen außer Acht zu lassen, ist ein zwar aufwändiges, aber dennoch lebensraumeinschränkendes Vorgehen. Diese Option setzt eine relativ konfliktfreie und harmonische Familienatmosphäre voraus, die auch von den Landjugendlichen selbst mitgestaltet werden muss. So müssen die Landjugendlichen, die sich einer solchen Option bedienen, ständig darauf bedacht sein, diese Konfliktlosigkeit und Harmonie herzustellen. Erst dann ist die Realisierung ihrer Interessen nach Zugehörigkeit und Ernstgenommenwerden möglich.

Regionalorientierung: Partizipation, Macht- und Einflusslosigkeit überwinden

Die befragten Landjugendlichen waren aufgrund ihrer typisch ländlichen Lebenssituation schon im Kindesalter, mit dem Besuch einer weiterführenden Schule zum Schulpendeln, also zur Regionalorientierung, gezwungen. Bis zur Oberstufe ist das Schulpendeln mit öffentlichen Verkehrsmitteln für die meisten Landjugendlichen unproblematisch, weil sich die Busverbindungen vielfach an dem regulären Stundenplan ausrichten.

Tanja: Das war okay, also da hat es extra so Busverbindungen für die ganzen Schulen, die fahren dann nach K, G und noch ein Stück weiter und also das ist auf die Schulzeiten eingerichtet gewesen.
(Int4b.doc, S.4)

Franz: Da ich eine sehr gute Verbindung hatte, ich hab ziemlich nah am Bahnhof gewohnt, war ich eine viertel Stunde, eine viertel Stunde, raus gegangen aus dem Haus, und dann war ich in der Schule eine viertel Stunde später. Das ging echt schnell. (Int2.doc, S.2)

Mit dem Schulpendeln, das meistens auch einen Schulwechsel bedeutet, werden die dörflichen Jahrgangs- beziehungsweise Gleichaltrigengruppen auseinander gerissen. Die einzelnen Landjugendlichen pendeln in unterschiedliche Schultypen aus. Dies bewirkt, dass gleichaltrige Landjugendliche sich weniger sehen, sich eigentlich fremd sind.

David: Es gibt schon einige (im Dorf, BS), wo man nicht so zusammenkommt. Wo man früher vielleicht gekannt hat und dann durch die andere Schule verloren hat. Da (im Dorf, BS) hat es schon einige Jugendliche in unserem Alter, aber mit denen hat man nichts zu tun.
(ReHa I. S. 5.)

Problematisch und belastend wird das Auspendeln in die Region ab der gymnasialen Oberstufe. Sämtliche befragten Landjugendlichen, die ein regionales Gymnasium besuch(t)en, sprachen von enormen Belastungen. In der gymnasialen Oberstufe gibt es größtenteils keinen durchgängigen und mit den Busverbindungen koordinierten Stundenplan mehr. Die befragten Landjugendlichen bewältigen diese Belastungen beziehungsweise versuchen, diesen zu entgehen, indem sie so früh als möglich auf ein eigenes Fahrzeug zurückgreifen. So wird das Schulpendeln ab dem 18. Lebensjahr vielfach mit dem eigenen Fahrzeug vollzogen.

Paul: ... und wenn ich dann halt mal 4 Stunden Nachmittagschule habe, dann ist es meistens so, dass ich dann eineinhalb Stunden auf den nächsten Bus warten muss und gut, das lohnt sich dann nicht (...)
(Int1.doc, S. 11f)

Dagmar: Das hat funktioniert, war aber sehr, sehr anstrengend, weil teilweise die Rückfahrt, dann musste ich eine Stunde warten und dann noch eineinhalb Stunden mit dem Bus, und ich war dann immer ziemlich fertig. (...) Ja, das war schrecklich.
(Int3.doc, S.5)

Ruth: Aber in der Oberstufe, wenn man halt Lücken hat, das sind dann, meistens haben sich dann Fahrgemeinschaften entwickelt, weil es einfach, weil wir viel Zeit gewartet haben.
Scheu: Dann waren Sie auch sehr früh mobil.
Ruth: Ja.
Scheu: So mit Auto, oder?
Ruth: Also, ich hatte das Auto von meiner Mutter dann in der Oberstufe, also ab 18 konnte ich das dann halt auch benutzen.
(Int3a.doc, S.6)

Anne: Also ich sag mal so, in der 11. Klasse war das noch weniger das Problem, weil einfach der Stundenplan ja dann auch noch geschickt gelegen ist, aber als dann diese Leistungskurse dazugekommen sind, da war es recht schwierig. Weil dann einfach auch mal, ja, zwei Stunden nichts war, und dann mittags wieder. Also das war recht schwierig, das war dann auch ein Grund dafür, dass ich dann anfangs von der 13. Klasse mir ein Auto zugelegt habe.
(Int4b.doc, S.1f)

Das Schulpendeln in die Region wirkt sich auch auf die Freizeitgestaltung der Landjugendlichen aus. Landjugendliche, die den größten Teil ihres Alltags schulbedingt in der Region verbringen, haben nur noch periphere Kontakte zu ihrer Jahrgangsgruppe im Dorf, womit dann eine gemeinsame – dörfliche – Freizeitgestaltung erschwert wird. Die Landjugendlichen verbringen ihre Freizeit nicht mehr zusammen mit ihrer Jahrgangsgruppe, sondern zusammen mit ihrer Clique, die sich aus Landjugendlichen verschiedener Dörfer zusammensetzen und deren Freizeit sich dann in der Region vollzieht. Es bildet sich eine regionale Freizeitorientierung heraus.

Paul: Ja nee, das sind die Leute, die man immer in der Tanzschule trifft. Also mit den E, so von dem her komme ich nicht so arg zurecht. Da ist das irgendwie...
(Int1.doc, S. 8)

Jo: (...) Das war dann auch zu der Zeit, wo ich auf dem Gymnasium war und ja, eben das Schwimmbad war halt in der Stadt, auf dem Dorf gab es das nicht. Und hab da dann auch Freunde gefunden und ja, die Sachen auf dem Dorf, ich hatte dann eben auch keine Freunde, keine Bindungen mehr eigentlich. Das hat sich alles recht schnell dann gelöst im Dorf und dazu hab ich dann da irgendwie auch keinen Kontakt mehr gehabt.
(Int2.doc, S.8)

Neben dem Schulpendeln zeigen die befragten Landjugendlichen eine recht intensive und ausgeprägte regionale Freizeitorientierung. Sie verbringen den größten Teil ihrer freien Zeit, zusammen mit ihrer Clique, in der Region. Daraus entsteht für die Landjugendlichen die Notwendigkeit zum Freizeitpendeln. Die über 16- beziehungsweise 18jährigen, also schon mobilen Landjugendlichen, können diese Notwendigkeit meist mit dem eigenen oder dem familialen Zweitfahrzeug bewältigen. Das heißt, sobald die Landjugendlichen mobil sind, verbringen sie den größeren Teil ihrer freien Zeit außerhalb ihres Heimatdorfes, in der Region. Die eindeutige Dorforientierung wird dann zu Gunsten der Regionalorientierung aufgegeben.

Dagmar: Ja, also da war ich dann (mit dem Besitz des Führerscheins, BS) sehr, sehr viel in der Stadt, viel einkau-

fen, ich hab praktisch alles nachgeholt. Sehr viel mit Freunden was unternommen. Viel in Discos gewesen. Jetzt sportlich jetzt nicht groß ausgeprägt.
(Int3.doc, S. 6)

Den nicht-mobilen Landjugendlichen, also denjenigen, die über kein eigenes Fahrzeug verfügen, bereitet das Freizeitpendeln jedoch einige Probleme. Sie sind dann auf Mitfahrgelegenheiten oder familiale Chauffierdienste angewiesen, was eine eigenständige Freizeitgestaltung doch einschränkt.

*Tanja: Also ich muss sagen, damals wo wir einfach noch alle so Jugendliche waren, da hat es uns dann ab und zu schon genervt, dass wir alle aus Kuchen kommen und dass es immer einfach ein Theater ist, bis man irgendwo hinkommt. Man muss halt alles besprechen dann immer vorher, dass es dann auch wirklich klappt. Das hat uns eigentlich schon oft genervt. Aber so, jetzt eigentlich auch nicht mehr. Also das hat sich dann auch irgendwie gegeben, wo dann, als irgend jemand ein Auto gehabt hat, dann hat man eher mal gesagt, ja gut, jetzt ist es nicht mehr so stressig.
(Int4b.doc, S.17)

* Max: Nein, also je nachdem, wie es immer kommt, weil dann ruft man, wir haben alle fast ein Handy und dann telefoniert man halt geschwind (mit der Schwester, BS). Und wenn es geht, dann wird man abgeholt, wenn nicht, muss man halt gucken, wie man heimkommt.
(Int4a.doc, S.6)

Nicht nur die Organisation des Mobil-Seins gestaltet sich für die noch nicht-mobilen Landjugendlichen problematisch und belastend. Auch für die Landjugendlichen, die schon im Besitz des Führerscheins und eventuell auch eines eigenen Fahrzeugs sind, ergeben sich Belastungen, dann vor allem finanzieller Art, die oft einen Nebenjob, ein ,Nebenher-Schaffen'[197], erforderlich machen.

---

[197] Dialektal

*Paul: (...) ja das meiste geht bei mir eigentlich aufs Fortge-
hen raus. Abends fortgehen und so. Ja, und wenn man dann
noch davon ausgeht, dass man irgendwo weiters hin in die
Disco fährt, dann ist es halt mit dem Benzin auch noch ein
wesentlicher Faktor abends.
(Int1.doc, S. 15)*

Das Freizeitpendeln beziehungsweise die Regionalorientierung ergibt sich für die befragten Landjugendlichen auch aus
den ländlich-dörflichen Freizeitangeboten, die vorwiegend
von den Vereinen oder Verbänden abgedeckt werden und den
Landjugendlichen vor allem am Abend wenig Möglichkeiten
und Alternativen bieten. Das dörfliche monostrukturelle Angebot an Freizeitmöglichkeiten für Jugendliche scheint nicht
ausreichend zu sein.
** Anne: Gut, sportliche Sachen, das hab ich öfter mal ge-
macht. Ja. Wir haben ein Hallenbad und Tennisplätze und
einen Skilift, also das war eigentlich ganz gut abgedeckt. A-
ber so dann, ja, später, so mit 17, 18, wo man halt dann vielleicht auch mal noch abends weg will, da war am Ort selber
eigentlich nichts. Also da waren wir dann darauf angewiesen, nach A.-E. zu kommen oder ja, B. oder so, in die Richtung.
(Int4b.doc, S.2)*

** Meike: Ja. (...) Es gibt fast nichts.
Scheu: Vereine in Ö.
Meike: Ja, die haben einen Sportverein. Da gibt's für Mäd-
chen eigentlich nichts.
Scheu: CVJM, Jungschar, CVJM, das ist
Meike: Das war interessant bis man 12, 13 Jahre war, dann
war das rum.
Scheu: Aber CVJM, das gibt es doch, das ist doch eine pietis-
tische Hochburg.
Meike: Ja das schon, aber mit denen hab ich nicht so viel am
Hut gehabt. (...)
Scheu: Aber. Und Vereine und so gäbe es auch, aber.*

Meike: Der Sportverein, die haben aber für Mädchen einfach nichts. Die haben eine Hausfrauengymnastikgruppe, und damit hat sich das.
Scheu: Und Fußball.
Meike: Fußball, genau, Fußball ganz wichtig. Und dann gibt es noch so, bei uns gibt es so eine Hütte, das ist eigentlich ein Treff für Jugendliche. Aber da war ich auch immer mit 14 drin, und hab dann gesehen, wie die noch kleineren ihre Bier und sonst was dahingestellt gekriegt haben, und dann war das eigentlich auch erledigt. Das ist also nichts für mich der Schuppen.
Scheu: Selbstverwaltet.
Meike: Da ist also niemand, der da das irgendwie beaufsichtigt oder so. Ja gut, die bauen den ganzen Schuppen selber, die haben den jetzt komplett abgerissen und wieder aufgebaut. Aber so die Leute, die da sind, das ist mir noch nie so, mit denen konnte ich nie so viel anfangen.
(Int1.doc, S. 6f)

Die doch recht ausgeprägte regionale Freizeitorientierung/-gestaltung der Landjugendlichen begründet sich nicht nur aus der typisch dörflichen Freizeitangebotsstruktur, sondern viel eher, aus dem Bedürfnis/Interesse der Landjugendlichen, Dorfunbekanntes und Dorfunübliches kennen zu lernen und auszuprobieren. Aufgrund ihrer landtypischen Kompetenz, über Andere und Anderes Bescheid zu wissen beziehungsweise informiert zu sein (siehe oben), ist ihnen ihr Heimatdorf wohl bekannt, sie können dort aus ihrer Sicht nichts Neues, Unbekanntes und vielleicht auch Unübliches mehr kennen lernen. Gegen eine ausschließlich dörfliche Freizeitgestaltung spricht dann vor allem, dass man sich im Dorf immer mit denselben, schon bekannten Menschen trifft, sei es im Verein oder in der Kneipe. Und weil man die DorfbewohnerInnen schon kennt, können auch keine (neuen) Informationen ausgetauscht werden. Die regionale Freizeitorientierung und -gestaltung scheint dazu eine Alternative zu bieten. Erst die Region bietet die erwünschte Abwechslung.

Tanja: (...) Und wir sind da (Kneipe, BS) eigentlich relativ selten hingegangen, weil das einfach für uns, das war, die war bei uns im Ort und da geht man hin und dann sieht man sowieso nur alle, die man sonst auch immer sieht, also lauter gleiche K.ener Gesichter, und jeder sieht jeden.
(Int4b.doc, S.13f)

Daniela: Auf dem Dorf waren es halt immer die gleichen, die man einfach schon gekannt hat. Und, ja, es war halt (in der Region, BS) irgendwo ein größeres Freiheitsgefühl.
(Int3.doc, S.7f)

Die befragten Landjugendlichen begründen ihre regionale Freizeitorientierung und -gestaltung auch mit dem fast monostrukturellen dörflichen Freizeitangebot. Dorfuntypische Freizeitbeschäftigungen, Hobbys und jugendkulturelle Vorlieben können im Dorf nicht realisiert werden. Nicht nur, dass hierfür im Dorf die Möglichkeiten und Räumlichkeiten fehlen, es fehlt auch an Gleichgesinnten, die diese dorfuntypischen Freizeitbeschäftigungen (z.B. Tanzen, bestimmte Musikrichtungen etc.) teilen. Auch dies macht eine regionale Freizeitorientierung notwendig.

Meike: Das ist halt in der Tanzschule oder in, wenn man sagt, jetzt in diesem Treffpunkt, das sind die Leute halt alle irgendwie ähnlich. Sie haben die gleichen Interessen, tanzen alle gern, dann kann man sagen, he, komm mal rüber, wir tanzen jetzt geschwind einen Discofox oder so. Das ist dann schon, dass man auf einer Wellenlänge liegt auch. Das macht auch viel aus.
Scheu: Ist das das gleiche.
Meike: Das macht denen viel aus. Jetzt meine ganze anderen Ö-inger, wenn ich zu denen sagen würde, komm, wir gehen eine Runde tanzen: Du kannst mich mal.
(Int1.doc, S.7)

Die Landjugendlichen favorisieren eine regionale Freizeitgestaltung, um die dorftypische monostrukturellen Freizeitangebote zu überwinden. In der Region finden sie eine Vielfalt und damit Auswahlmöglichkeiten. Vor allem der Aspekt der Auswahlmöglichkeiten scheint dabei von Bedeutung zu sein: Nicht auf die eine Dorfkneipe angewiesen zu sein, sondern sich eine Kneipe unter vielen aussuchen zu können, ist für die befragten Landjugendlichen wichtig. So begründet sich ihre Regionalorientierung auch aus der regionalen Angebotsvielfalt und damit Auswahlmöglichkeit.

Ruth: Nein, das ist einfach verschieden. Es gab nicht viele Angebote, und dann war quasi ein Angebot besetzt von einer Gruppierung oder so. Und durch das hat sich das dann einfach, sind die andern dann woanders hin, also das hat sich dann schon so verteilt. Und die Angebote waren halt entsprechend von der ... Gruppe oder so.

Scheu: Das heißt dann, dass wenn beispielsweise die Fußballspieler da die Kneipe besetzen, so in Anführungsstriche, dass dann für andere kein Platz mehr ist, für andere kulturelle Vorstellungen.

Ruth: Im Prinzip ja, weil es halt in eine bestimmte Richtung geht, die dann manchmal auch die entgegen gesetzte war, also.

(Int3a.doc, S.9)

Die Region setzen die Landjugendlichen gleich mit Neuem und Unbekanntem. Auch aus diesem Interesse speist sich ihre ausgeprägte Regionalorientierung. Was aber meinen die Landjugendlichen mit *Neues und Unbekanntes kennen lernen*? Als neu und unbekannt bewerten die befragten Landjugendlichen all das, was sich vom Dorftypischen unterscheidet. Dies kann den komplexen Aspekt der Lebensbewältigung betreffen, oder lediglich einzelne Teile davon, wie zum Beispiel Kultur, Freizeit, Kommunikation etc. So kann die Regionalorientierung dazu beitragen, das Handlungspotenzial der Landjugendlichen zu erweitern. Das Aneignen neuer, unbekannter Handlungsmuster wird allerdings von den befragten Landjugendlichen nicht als erklärtes Ziel ihrer Regionalorientierung angegeben. Für sie bedeutet das Erleben von Neuem und Unbekanntem dagegen eher Abwechslung! Das als neu und unbekannt Erlebte fungiert dann als interessantes

– weil neues – Gesprächsthema in der Clique beziehungsweise im Freundeskreis (und wohl auch in der Familie). Die Landjugendlichen möchten Neues und Unbekanntes erleben, um darüber in der Clique und im Freundeskreis erzählen und sich austauschen zu können. Daraus können sich zwar neue, dorfuntypische und damit eventuell auch lebensraumerweiternde Handlungs- und Bewältigungsmuster ergeben/entwickeln, aber dieser Aspekt der Regionalorientierung ist den befragten Landjugendlichen weniger wichtig.

Scheu: Haben Sie da (in der Region, BS) auch neue Leute kennen gelernt,(...)?

Christoph: Ja, also das war nicht das Ziel, sag ich mal. Aber das hat sich dann trotzdem entwickelt.

Scheu: Ergeben. Aber es war nicht so geplant, ich muss mal raus und neue Leute kennen lernen oder so was?

Christoph: Nein, das war es jetzt eigentlich nicht unbedingt. (Int3a.doc, S.3)

Norbert: Ich meine, wir sind ja meistens hier unsere eingeschworene Clique und die (anderen, BS) Leute, die sehen wir dann halt auch nicht so oft, aber es ist (...) wir können uns dann wieder unterhalten, dann kann man sich wenigstens wieder was erzählen und man langweilt sich dann nicht.

Scheu: Das Neue dann einfach auch. Dass man wieder jemand Neuem erzählen kann. Dann wird es wieder interessanter. (Int4a.doc. S.8)

Die Landjugendlichen, die also über Neues und Dorfunbekanntes berichten können, werden zu relevanten und interessanten GesprächspartnerInnen und zu Schlüsselpersonen im Kontext der Clique und im familialen Kontext. So realisiert sich über die Regionalorientierung das Interesse der Landjugendlichen, wichtig und ernst genommen zu werden, mit Macht und Einfluss ausgestattet zu sein, um den Gesprächsinhalt bestimmen zu können.

Das Erleben von Neuem und Unbekanntem in der Region umfasst auch das Kennenlernen von Altersgleichen und Gleichgesinnten. Daraus ergibt sich für die befragten Landjugendlichen die Möglichkeit, mit anderen Menschen über schon Erlebtes und Erfahrenes sich auszutauschen. So fungiert die Regionalorientierung für die befragten Landjugendlichen in erster Linie nicht dazu, neue Leute kennen zu lernen – im Sinne von Freundschaften knüpfen -, sondern viel eher, sich mit neuen Leuten auszutauschen, über sich etwas erzählen und mitteilen zu können.

Tanja: (...) Also wenn man jetzt irgendwo jemand Neues kennen lernt, und dann kommt man so ins Gespräch und dann frag man sich auch, ja wie alt bist du, und wo kommst her und was machst immer so am Wochenende, das brauche ich ja meinen Freunden nicht erzählen. Die wissen ja, was man am Wochenende gemacht hat.
(Int4b.doc, S.13)

Meike: Aber ich finde auch, wenn man woanders hingeht, geht es gar nicht so großartig darum, andere Leute kennen zu lernen. Ich finde das viel witziger, über andere Leute zu lästern.
(Int1.doc, S. 20)

Um Neues und Unbekanntes erleben und dann in der Clique, im Freundeskreis (oder auch in der Familie) darüber erzählen zu können, unternehmen die befragten Landjugendlichen Außergewöhnliches und nehmen dafür einigen Aufwand in Kauf. So berichten die befragten Landjugendlichen in den Interviews immer wieder über überregionale Freizeiterlebnisse. Das Aufsuchen weit entfernter Freizeitstätten, wobei eine Entfernung von 200km durchaus möglich ist, widerspiegelt ein solches Erlebnis. Dabei scheint es sich um Erlebnisse zu handeln, die den Landjugendlichen von großer Bedeutung sind und über die im Cliquenkontext immer wieder erzählt wird.

Paul: Ja, und wenn man dann noch davon ausgeht, dass man irgendwo weiters hin in die Disco fährt, dann ist es halt mit dem Benzin auch noch ein wesentlicher Faktor abends.
Scheu: Weiters hin als, oder was heißt weiters hin.
Paul: Ja E.,
MM: und S. (...)
Paul: Oder ab und zu, ein- zweimal sind wir auch schon nach München runter gefahren.
Scheu: In die Disco. Am Samstag. Nacht.
Paul: Ja, ja.
Scheu: Und dann wieder zurück.
Paul: Da bist du halt morgens relativ lang, du schläfst noch eine Stunde oder zwei im Auto oder findest noch irgendwas zum Schlafen und dann fährst du halt, gemütlich, gehst morgens noch was Frühstücken in München oder so irgendwo, und dann fährst du heim.
(Int1.doc, S.15ff)

Jo: Ja, also auch später bei mir, als ich dann auf Konzerte und Parties gegangen bin, und so, da war es meistens eben, ja, dass es in der Stadt eben im Jugendhaus oder so, das kam ab und zu mal vor, dass jemand, der auch auf dem Dorf gewohnt hat, bei sich zu Hause eine Party gemacht hat, aber das war dann eigentlich schon alles. Und später war ich dann auch in der politischen Jugend aktiv und bin dann oft auch eben mit dem Zug weggefahren übers Wochenende, also schon mit 14, 15 war ich oft zwei, drei Wochenenden im Monat unterwegs. Auch auf Konzerten, wo man eben hingefahren ist, und geschaut hat, wo man irgendwo übernachtet oder so. Und dann wieder zurückgekommen bist und auch Freunde dann überall dann gefunden, in ganz Deutschland praktisch. Und da war ich dann oft auch so unterwegs.
(Int2.doc, S. 9)

Die Regionalorientierung hat für die befragten Landjugendlichen ebenso auch einen ganz pragmatischen Grund. Aufgrund ihres Schulbesuchs/ihrer Arbeit und Ausbildung in der Region rekrutiert sich ihre Clique/ihr Freundeskreis nicht nur aus Gleichaltrigen und -gesinnten aus dem eigenen Heimatdorf, sondern eher aus der Region. Möchten sich nun die Landjugendlichen mit ihren Freunden, die sie aus der Schule beziehungsweise aus dem Betrieb her kennen, treffen, dann ist dies vor allem in der Region möglich.

Jo: Also bei mir war das während der Grundschule, hab ich eben alles im Dorf gemacht, also Freunde, Hobbys, also Tennisspielen, Klavierunterricht und eben solche Sachen, war alles im Dorf. Und dann, als ich dann aufs Gymnasium gekommen bin, also in die Stadt musste, dann hat sich's schlagartig geändert eigentlich. Ich hatte dann keine Hobbys mehr eigentlich. Außer eine Zeitlang noch Gitarrenunterricht. Das war halt, weil da ein guter Gitarrenlehrer war. Aber Freunde und sonstige Hobbys, die waren eben alle in V und ich hab dann dort auch keine Freunde im Dorf mehr gehabt, also keine Kontakte.
(Int2.doc, S. 5)

* Scheu: Kommen deine Freunde aus Ö.?
Meike: Meistens wo anders. Ö ist schwierig. (..) Nein, die sind alle verteilt. Also in T habe ich ein paar, in R. Ist also schon weiter gefächert.
Scheu: Woher kommt das, dass das so verteilt ist?
Meike: Also T. jetzt, weil ich da drei Jahre lang auf der Schule war. Im EG und in R halt jetzt durch die Tanzschule, weil die Tanzschule in R ist.
(Int1.doc, S. 2f)

Schon mobile[198] Landjugendliche verbringen also den weitaus größten Teil ihrer freien Zeit außerdörflich, in der Region. Mit ihrer regionalen Freizeitgestaltung überwinden die Landjugendlichen die dörflichen Einschränkungen, die sich einerseits aus dem monostrukturellen dörflichen Freizeitangeboten (Vereine/Verbände) und andererseits aus der für den dörflich-ländlichen Lebensbereich typischen sozialen Kon-

---

[198] Mobil bedeutet in diesem Zusammenhang, über ein (eigenes) Fahrzeug zu verfügen. So sind damit vorwiegend über 16jährige Landjugendliche gemeint.

trolle ergeben. Die Landjugendlichen versuchen mit ihrer regionalen Freizeitgestaltung, ihr Interesse und Bedürfnis, die erlebten dörflichen Einschränkungen zu überwinden, zu realisieren. So realisiert sich in der Regionalorientierung der Landjugendlichen ihr Interesse nach Lebensraumerweiterung. Die Region bietet den Landjugendlichen eine Vielzahl an Freizeitmöglichkeiten, die sie so auf dem Dorf nicht finden. Damit können die Landjugendlichen in der Region beispielsweise auch dorfunübliche Hobbys ausüben. Aber die Region stellt den Landjugendlichen nicht nur Möglichkeiten zu einer dorfunüblichen Freizeitgestaltung bereit, sondern ebenso auch eine Vielzahl an alternativen Angeboten. In der Region sind die Landjugendlichen dann nicht wie im Dorf auf ein einziges Angebot angewiesen, sondern können aus Alternativen auswählen.

Tanja: Die Auswahl einfach auch. Also man ist schon ziemlich eingeschränkt. Also bei, wenn man jetzt in dem Verein drin ist, dann ist es halt, man in seinem Vereinshäusle und da trifft man sich dann halt nach dem Sport oder irgendwie so was. Und man hat halt die, da sind halt lauter gleiche Leute um einen rum und die sieht man dann praktisch jede Woche nach dem Sport oder so. Und ja, das ist halt einfach, viel mehr ist dann da nicht.
(Int4b.doc, S.11)

Die Landjugendlichen versuchen mit ihrer intensiv ausgeprägten Regionalorientierung ihr Interesse nach Partizipation[199] zu realisieren. So ermöglicht ihnen die regionale Freizeitgestaltung, zwischen verschiedenen Freizeitalternativen eigenständig auszuwählen. Die Betonung liegt auf Wahlmöglichkeiten. Ihr Vorhandensein verspricht den Landjugendlichen auch die Realisierung ihres Interesses, ihre Einflusslosigkeit und Machtlosigkeit zu überwinden. Zwischen Alternativen wählen zu können, bedeutet dann, nicht weiter den monostrukturellen dörflichen Angeboten ausgeliefert zu sein. Die Regionalorientierung kann somit dazu beitragen, dass die

---

[199] Partizipation wird hier im weitesten Sinne verstanden, als „Teilhabe, Teilnahme, Beteiligung" (Duden, Fremdwörterbuch 1974)

Landjugendlichen ihr Interesse, nicht weiter den typisch dörflichen Vorgaben, Regeln und Möglichkeiten ausgeliefert zu
sein, sondern an Macht und Einfluss dazu zu gewinnen.

Zusammenfassend kann festgehalten werden, dass die Landjugendlichen mit ihrer recht ausgeprägten Regionalorientierung ihre Interessen, über Macht und Einfluss zu verfügen,
sich (an der Konsumwelt) zu beteiligen und die typisch dörflichen Einschränkungen zu überwinden, zu realisieren versuchen. So ist es ihnen in der Region möglich, ihr Streben nach
Eigenständig- und Selbstständigkeit zu erproben und zu realisieren. Dies ist allerdings ein sehr verkürzter Blick auf die
Regionalorientierung der Landjugendlichen. So bleibt doch
die Realisierung des Interesses, über Macht und Einfluss zu
verfügen, partizipieren zu können, recht oberflächlich, an ihr
haftet ein gewisses Maß an Scheinhaftigkeit. An dieser Stelle
muss kritisch angemerkt werden, dass das für Menschen typische Bedürfnis und Interesse, Einfluss ausüben oder aber
vorhandene Einschränkungen überwinden zu können, nicht
nur über alleinige Konsumpartizipation realisierbar ist. Die
Ausrichtung auf Konsum-Partizipation kann unter Umständen sogar kontraproduktiv wirken. Denn Konsum widerspiegelt lediglich eine Scheinwelt, widerspiegelt nur teilweise die
Lebenswirklichkeit der Landjugendlichen[200]. Die Wahlmög-
lichkeit, in der Region zwischen fünf sich gleichenden Kneipen auswählen zu können, vermittelt den Landjugendlichen
zwar den Eindruck, mächtig zu sein und Einfluss ausüben zu
können, aber diese Macht und dieser Einfluss bleibt folgen-
los. Nach wie vor bleiben die Landjugendlichen dann an wesentlichen gesellschaftlichen Prozessen unbeteiligt und damit
ohnmächtig und ohne jeglichen Einfluss[201]. Die Interessenrealisierung nach Partizipation und Macht- beziehungsweise
Einflusszugewinn über Regionalorientierung, so wie sie von
den befragten Landjugendlichen praktiziert wird, verhin-
dert/umgeht eine aktive und produktive Beteiligung an ge-

---

[200] Vgl. Böhnisch/Arnold/Schröer 1999
[201] Vgl. Roth in: Klein/Schmalz-Bruns 1997

sellschaftlichen Prozessen. Die Landjugendlichen vernachlässigen damit die Möglichkeit, verändernd auf lebensraumeinschränkende Situationen einzuwirken. So erkennen
die Landjugendlichen ihre mangelnden Partizipationschancen
und Gestaltungsmöglichkeiten, die ihnen der typisch dörfliche Lebensraum bietet und versuchen dann auf ‚anderem'
Wege, in der Region dies aufzufangen. Die Möglichkeit, an
der Gestaltung des eigenen, dörflichen Lebensraums mit der
Zielperspektive, auch Jugendlichen Beteiligungsmöglichkei-
ten und Partizipationschancen anzubieten, mitzuwirken,
bleibt dabei unbeachtet. Damit entheben sich die Landjugendlichen selbst der Chance, ihren Lebensraum mitgestalten
und damit dann letztlich auch über Macht und Einfluss verfügen zu können. Sie verhindern damit auch, an der Gestaltung ihrer jeweiligen Lebenswelt mitzuwirken und bleiben
somit abhängig von dem, was ihnen die (politische) Dorföffentlichkeit gewährt[202].

Bleiben: Geborgenheit und Übersichtlichkeit

Der größte Teil der befragten Landjugendlichen praktiziert
und favorisiert einen eindeutigen Bleibe-Wunsch. Die Landjugendlichen sprechen sich für ein Leben auf dem Land beziehungsweise in ihrem Heimatdorf aus. Ausnahmen bilden
solche Landjugendlichen, die aufgrund ihrer beruflichen Perspektive auf dem Dorf und in der Region keinerlei Möglichkeiten sehen. Aber auch diese möchten nicht im urbanen Bereich leben, sondern eher am Stadtrand beziehungsweise in
der Vorstadt, wo noch eine einigermaßen ländliche Lebensqualität vorhanden ist. Auch wenn der Bleibe-Wunsch nicht
realisierbar ist, bleibt doch der Wunsch nach auf dem Dorf
erfahrenen Vorteilen und Vorzügen bestehen.

---

[202] Relativierend muss hier angemerkt werden, dass diese Art der Interessenrealisierung nicht von allen Landjugendlichen genutzt wird. Nichtsdes-
totrotz bleibt es die Art, die von den befragten Landjugendlichen favorisiert wird. Sie wird auch von Landjugendlichen genutzt, die sich in offenen
und selbstverwalteten Dorfjugendtreffs engagieren.

*Anne: (...) Mir wäre auch so am Rand ein bisschen lieber,
wo man dann die Möglichkeit schon hat, hinzukommen, recht
geschickt, aber so mittendrin muss nicht sein.*
(Int4b.doc, S.16)

Die befragten Landjugendlichen praktizieren und favorisieren
– neben ihrer Regionalorientierung – einen Bleibe-Wunsch,
weil ihnen das Leben auf dem Dorf und in der Region Übersichtlichkeit und damit Sicherheit vermittelt. Die dorftypische Übersichtlichkeit struktureller und sozialer Beziehungen
und Bezüge (siehe oben) bedeutet für die Landjugendlichen,
über Andere und Anderes Bescheid zu wissen, also zum dörflichen Lebenskontext dazuzugehören. Dieses Bescheidwissen
gewährt den Landjugendlichen zugleich eine gewisse Hand-
lungssicherheit. So können sie beispielsweise einzelne Informationen einordnen, also in einen Gesamtzusammenhang
bringen, womit sie dann einen nicht unbeträchtlichen Überblick gewinnen, der wiederum zu einem Gefühl der Hand-
lungssicherheit führen kann.
*Sandra: Ich mein, auf dem Dorf ist es ja anders. Da kennen
sich die Leut, da grüßt jeder und da kennt der eine auch den
anderen. (...) Ich mein, es ist schon gut, wenn man sich untereinander kennt.*
(El/We.see II, S. 7)

Den Bleibe-Wunsch begründen die befragten Landjugendlichen recht oft mit der ländlichen Lebensqualität. Dabei stehen die Nähe zur Natur und die dortige Ruhe im Vordergrund. Gleichzeitig bildet dies das Präferenzkriterium, mit
dem das urbane Leben verglichen wird.
*Manuela: Ich würd nicht gern in der Stadt leben. (..)
Erstmal vom Lärm her. Es ist im Dorf viel ruhiger. Da sind
nicht so viele Leute. (..) Ich möcht also nicht so nah aufeinander leben. Also ein Garten ist mir wichtig".*
(El/We.see, S. 7)

*Max: Also ich finde das eigentlich gut, dass wenn man in
der Stadt lebt ist halt doch, wenn man rausgeht, alles gleich*

voll, also wie soll man sagen, Autos, Häuser, alles gleich,
Abgase. Und ich finde es halt schon gut in einem Dorf, da
gehst du raus und dann ist wirklich manchmal niemand auf
der Straße. Und dann kannst du auch manchmal einen schö-
nen, ich find es halt gut, manchmal schön abends noch einen
Spaziergang zu machen. Nebenher noch eine zum Rauchen.
Ich find das einfach schön. Auch die Luft ist angenehmer,
finde ich, also auf jeden Fall wie in der Stadt.
(Int4a.doc, S.11)

Für den Bleibe-Wunsch sprechen aber auch die familialen,
verwandtschaftlichen und intergenerativen Beziehungen und
Bezüge, die im Heimatdorf vorhanden sind und auf die die
Landjugendlichen jederzeit zurückgreifen können.

Der von den meisten Landjugendlichen formulierte und auch
praktizierte Bleibe-Wunsch erstaunt doch, wenn man be-
denkt, dass in ländlich-strukturierten Regionen Ausbildungs-
und Arbeitsmöglichkeiten recht mager verbreitet sind. Trotz
dieser Misere formulieren und praktizieren die Landjugendlichen einen Bleibe-Wunsch. So stellt sich die Frage, was die
Landjugendlichen mit diesem Vorhaben beabsichtigen, was
hinter dem Bleibe-Wunsch steckt. Die Absicht und der Entschluss der Landjugendlichen, in einer dörflich-ländlich-
strukturierten Region zu bleiben, widerspiegelt nur auf den
ersten Blick ihr Interesse an Naturnähe und sauberer Umwelt.
Mit dem Bleibe-Wunsch versuchen die Landjugendlichen
eben auch, ihr Interesse nach Geborgenheit und emotionaler
Absicherung zu realisieren. Die letztgenannte Absicht scheint
für die Landjugendlichen die wesentliche zu sein. Zwar betonen sie die ländliche Lebensqualität in Form von sauberer
Luft, Ruhe und Naturnähe, aber zum Erhalt dieser Lebensqualität tragen sie weniger bei. Die saubere Umwelt scheint
bei der Formulierung und beim Praktizieren des Bleibe-
Wunsches ein wesentliches Kriterium zu sein. Dies steht allerdings im Widerspruch zu ihrer realen Lebenspraxis. Der
Erhalt einer sauberen Umwelt ist wohl nur wenig mit der von
Landjugendlichen favorisierten Mobilität vereinbar. Die Nut-

zung öffentlicher Verkehrsmittel ist zwar in den meisten ländlichen Regionen nur recht eingeschränkt möglich, sodass eine individualisierte Mobilität notwendig wird. Dennoch machen sich in diesem Zusammenhang die Landjugendlichen fast keine Gedanken über ihren Anteil an der Umweltverschmutzung. Wenn den Landjugendlichen die saubere Umwelt so am Herzen läge, würden sie sich auch verstärkt umweltpolitisch engagieren müssen, was allerdings empirisch nicht feststellbar ist. Nur vereinzelt ist bei den Landjugendlichen ein ausgeprägter Naturbezug feststellbar. Es sind nur wenige Landjugendliche, die sich regelmäßig in Wald und Flur aufhalten, die ihre freie Zeit in beziehungsweise mit der Natur verbringen. Auch hier fungiert der dörflich-ländlich-strukturierte Lebensraum eher als Option, die man nutzen könnte, falls man es wollte. Somit versuchen die Landjugendlichen über den Bleibe-Wunsch wohl eher ihre Interessen und Bedürfnisse nach Geborgenheit, emotionaler Absicherung zur Realisierung gelangen zu lassen. Geborgen und sicher fühlen die Landjugendlichen sich dann, wenn sie die sozialen, gesellschaftlichen und politischen Systeme durchschauen, wenn diese ihnen übersichtlich und teilweise auch kontrollierbar erscheinen. Die typisch ländliche Sozialwelt, so wie oben dargestellt wurde, ist dann für die Realisierung dieser spezifischen Interessen und Bedürfnisse geradezu prädestiniert[203]. Die Übersichtlichkeit der typisch ländlichen Strukturen, das Bescheidwissen und Informiert-Sein über Andere und Anderes zeichnen das Landleben aus. Damit scheinen sowohl Strukturen als auch Beziehungen und Bezüge durchschaubar[204].

Johanna: Also das, was ich vielleicht früher nicht gut fand, eben dass man sich beobachtet, das find ich halt jetzt am

---

[203] Die Landjugendlichen unterscheiden sich in ihrer Interessenlage nicht/kaum von der städtischen Jugend. Unterschiede sind lediglich in der Realisierung der jeweiligen Interessen festzustellen.

[204] An dieser Stelle muss betont werden, dass es sich dabei wohl nur um eine scheinbare Durchschaubarkeit beziehungsweise um die Durchschaubarkeit kommunikativer Strukturen handeln kann. Denn vielen Landjugendlichen ist bspw. die Struktur der dörflichen Kommunalpolitik oder aber auch der Vereinspolitik undurchschaubar.

Dorf ganz gut, es gibt auch eine gewisse Sicherheit, dass man sagt, Mensch, da kenn ich Leute. Das ist, wenn man, wie gesagt, zuzieht, zwangsläufig erst mal schwierig, neue Kontakte aufzubauen. Und die kriegt man im Dorf schneller, wenn man eben in Verein geht oder wenn man Kind kriegt, über irgendwelche Kindergruppen oder irgendwas. Das find ich schon mal ganz gut. Und ich find, es ist einfach mehr Ruhe da. Das ist Geschmackssache, also wenn ich drei Stunden in der Stadt war und es wuselt um mich herum, bin ich ganz froh, wenn ich dann wieder zurück in einem ruhigen Bereich bin, wo es wieder überschaubar ist. Es ist auch ein Sicherheitsfaktor. Stadt ist halt auch gefährlich. Mittlerweile. (Int3.doc, S. 10).

Eine solche Durchschaubarkeit und Übersichtlichkeit vermittelt den Landjugendlichen den Eindruck, geborgen und sicher zu sein. Wichtig in diesem Zusammenhang ist die Frage, wie die Landjugendlichen diese Sicher- und Geborgenheit vermittelnde Durchschaubarkeit und Übersichtlichkeit erlangen? Zu einem großen Teil geschieht dies über dörflich-ländliche Strukturen und Beziehungsgeflechte und über ein tradiertes Wissenspotenzial, das intergenerativ und/oder familial weitergegeben wird.

Norbert: Man schwätzt miteinander, sagt hallo, erzählt sich was, was passiert ist oder so.
(Int4a.doc, S. 11)

Die Landjugendlichen, die sich eines solchen tradierten und generativen Wissens bedienen, übernehmen dieses dann unreflektiert. Damit bleibt die Realisierung ihres Interesses nach Geborgenheit und Sicherheit immer an das Landleben gebunden und macht einen Bleibe-Wunsch unabdingbar. Die Option, auch außerdörflich das Interesse an Geborgenheit und Sicherheit realisieren zu können/wollen, bleibt dabei unberücksichtigt. Dies schränkt allerdings die Realisierungsoptionen von den Landjugendlichen ein; sie bleiben damit an das typisch dörflich-ländliche Leben gebunden. Die Option, diese Interessen außerdörflich beispielsweise auch regional zu realisieren, ist dann mit Unsicherheit verbunden, der sich die Landjugendlichen nicht (unbedingt) ausliefern möchten.

Mit der Formulierung und dem Praktizieren des bei Landjugendlichen stark ausgeprägten Bleibe-Wunsches geht gleichzeitig die Absicht zur Realisierung des Interesses nach emotionaler Eingebundenheit und Absicherung, das heißt der Abwendung von Anonymität einher. Die Landjugendlichen schätzen das Landleben, weil dort anscheinend zwischenmenschliche Kontakte und Bezüge zur Normalität gehören und dann eher zur Verfügung stehen. Damit beziehen sich die Landjugendlichen auf die für den dörflich-ländlichen Lebenskontext typische Regel des Verwandtseins (siehe oben). Verwandtschaftliche Beziehungen und Bezüge zeichnen den Lebenskontext zumindest der Altdörfler aus. Diese verfügen über vielfältige solcher Beziehungen und Bezüge, auf die in Notsituationen zurückgegriffen werden kann.

Meike: Ich sag ja, bei mir im Dorf, dann hauptsächlich deshalb, weil da die ganze Familie wohnt. Da ist ja bei mir keiner, der außerhalb vom Dorf wohnt. Die sind ja alle irgendwo in der Nähe.
(Int1.doc, S. 30)

Die Frage, ob diese idealisierende Sichtweise zutreffend und für einen dörflich-ländlichen Lebenskontext noch typisch und gültig ist, bleibt an dieser Stelle von den Landjugendlichen ungeklärt. Es scheint allerdings unwahrscheinlich, dass sich solche verwandtschaftlichen Beziehungen und Bezüge gänzlich aufgelöst haben und durch andere ersetzt wurden. Nach wie vor existieren sie oder zumindest Reste davon. Auf verwandtschaftliche Beziehungen und Bezüge, so erfahren es wenigstens die Landjugendlichen, die zur Gruppe der Altdörfler gehören, kann jederzeit zurückgegriffen werden, sie leisten nicht nur Unterstützung in Notfällen, sondern vermitteln auch eine emotionale Abgesichertheit. Die Realisierung des Interesses nach emotionaler Abgesichertheit sehen die Landjugendlichen auch durch die Kleinräumigkeit dörflicher Siedlungsgebiete gewährleistet. Die Dorfbevölkerung kennt sich; man weiß über NachbarInnen und Andere Bescheid, ist über ihre Lebensführung informiert[205]. Dies ist allerdings ein gegenseitiger Prozess, nicht nur der/die Landjugendliche weiß über Andere Bescheid, sondern die Anderen wissen auch über ihn/sie Bescheid. Das sich gegenseitige Kennen und Bescheidwissen erleichtert unter Umständen die zwischenmenschlichen Kontakte und es entsteht ein Gefühl der emotionalen Abgesichertheit. Die Option, das Interesse nach emotionaler Abgesichertheit über den Bleibe-Wunsch zu realisieren, fußt allerdings auf einer instabilen Basis. Gerade die typisch dörflich-ländlichen Regeln des Informiert-Seins, auf der diese Realisierungsoption basiert, kann unter Umständen das Gegenteil bewirken. Informationen können auch dazu herangezogen werden, Menschen, die sich zum Beispiel den dörflich-ländlichen Regeln nicht unterordnen können/möchten, zu stigmatisieren oder gar auszugrenzen. Das heißt dann, diese Realisierungsoption setzt die Übernahme typisch dörflich-ländlicher Regeln voraus: Emotional abgesichert sind dann nur diejenigen, die sich anpassen und unterordnen, die auf eine innovative und dorfuntypische Lebensgestaltung verzichten und sich damit dann vielfältiger, anderweitiger und innovativer Realisierungsmöglichkeiten berauben.

Zusammenfassung

Die befragten Landjugendlichen verfügen über harmonische familiale Beziehungen und Bezüge. Sie begründen diese Harmonie damit, dass politische Meinungsunterschiede, die zum Konflikt werden könnten, nicht existieren beziehungsweise nicht konfliktuös ausgetragen werden. Ihre handwerkliche und häusliche Mithilfe trägt des Weiteren zu dieser Harmonie bei. Die familiale Harmonie unterstützend wirken auch die innerfamilialen Kontakte, die sich meist während der Mahlzeiten vollziehen. Allerdings fungieren diese gemeinsamen Mahlzeiten eher als Option, in dem Sinne, dass den Landjugendlichen diese Kontaktmöglichkeiten prinzi-

---

[205] Dies gilt zumindest für die Gruppe der Altdörfler

piell zur Verfügung stehen, sie diese also bei Bedarf in Anspruch nehmen können. Die ausgeprägte Freizeitgestaltung und wohl auch ihre intensive Regionalorientierung stellen das Zustandekommen solcher innerfamilialer Kontaktmöglichkeiten in Frage.

Die befragten Landjugendlichen pflegen intensive intergenerative Kontakte zu ihren Großeltern. Die für die ländliche Lebensweise typische Wohnortnähe der Großeltern und der hohe Mobilitätsgrad der Landjugendlichen erleichtert den EnkelInnen die Gestaltung und Pflege dieser Bezüge. Die befragten Landjugendlichen pflegen die intergenerativen Beziehungen, weil sie ihnen Geborgenheit und das Gefühl, ernst genommen zu werden, vermitteln. Dabei kommt es zu einem für alle Parteien akzeptablen Arrangement: Die Großeltern vermitteln ihren EnkelInnen ein Gefühl der Geborgenheit und des Ernstgenommenwerdens und die EnkelInnen revanchieren sich mit diversen Unterstützungsleistungen.

Die befragten Landjugendlichen werden aufgrund ihrer landtypischen Lebenssituation schon früh an das Pendeln gewöhnt (Schul- und Konsumpendeln), sodass sie die Notwendigkeit zum Mobil-Sein nicht als Problem, Konflikt oder Belastung bewerten. Es herrscht eine Selbstverständlichkeit, sobald als möglich über eine eigenständige Mobilität zu verfügen. Mit dem Mobil-Sein werden auch Benachteiligungen (mangelhaftes dörfliches Freizeitangebot) und Erschwernisse (ungünstige öffentliche Verkehrverbindungen) von den Landjugendlichen überwunden.

Landjugendliche verbringen den größten Teil ihrer Freizeit außerhalb des eigenen Dorfes, in der Region. Die regionale Freizeitgestaltung ergibt sich für die befragten Landjugendlichen aus ihrem regionalen Schulbesuch, vor allem im Jugendalter. Möchten sie sich mit ihren SchulkameradInnen auch in ihrer Freizeit treffen, dann findet dies vorwiegend in der Region statt. Auch die typisch-dörflichen Freizeitangebote (Vereine/Verbände, aber auch offenen Dorfjugendtreffs) veranlassen die Landjugendlichen, ihre Freizeit außerdörflich zu verbringen. Die regionale Freizeitgestaltung wird von den Landjugendlichen auch favorisiert, weil sie damit der dörflichen Kontrolle entgehen können und außerhalb des eigenen Dorfes, zusammen mit Gleichaltrigen und -gesinnten, Dorfuntypisches erfahren und erleben können, um sich dann wiederum in der Clique über das neu Erfahrene austauschen zu können. Das Kennenlernen neuer Leute könnte über eine regionale Freizeitgestaltung zwar realisiert werden, wird von den Landjugendlichen aber in dieser Form kaum angestrebt. Die befragten Landjugendlichen verbinden mit der Regionalorientierung eher das Ziel und den Wunsch, sich Anderen mitteilen zu können, über ihre (dörfliche) Erfahrungswelt Anderen berichten zu können.

Die meisten befragten Landjugendlichen möchten entweder in ihrem Heimatdorf bleiben beziehungsweise wieder zurückkehren oder aber zumindest in einer ländlich-dörflichen Region leben. Das urbane Leben genießt bei den befragten Landjugendlichen keine allzu große Beliebtheit. Keine/r der Befragten kann sich ein Leben im großstädtischen Bereich vorstellen, höchstens vorübergehend, um dann aber wieder zum ruralen Leben zurückzukehren. Der von den befragten Landjugendlichen favorisierte und praktizierte Bleibe-Wunsch begründet sich aus der ländlich-dörflichen Lebensqualität (Naturnähe, Sich-Kennen, Übersichtlichkeit, Sicherheit, Familie und Verwandtschaft).

Insgesamt zeichnen sich die von den Landjugendlichen favorisierten und praktizierten Möglichkeiten (enge Familienbindung, Intergenerativität, Bleibe-Wunsch, Regionalorientierung) zur Realisierung ihrer Interessen und Bedürfnisse nach Geborgenheit, Sicherheit, Übersichtlichkeit, Ernstgenommenwerden, Beteiligt-Sein etc. als recht instabil aus. Sie lassen zwar eine Realisierung zu, erfordern von den Landjugendlichen aber enorme Zugeständnisse, Unterordnungs- und Anpassungsprozesse und Verzichtsleistung. Auf der einen Seite ist es den Landjugendlichen dadurch möglich, ihre Interessen und Bedürfnisse zu realisieren, auf der anderen Seite bezahlen sie einen hohen Preis dafür. Diese Interessenrealisierung lässt offene Flanken übrig, mit denen sich die Landjugendlichen dann wiederum auseinanderzusetzen, die sie zu bewältigen haben. Und so sind es wohl gerade diese offenen Flanken, die für Ausgrenzung und Rassismus empfänglich machen, worauf nochmals an anderer Stelle zurück zu kommen ist.

Im nun folgenden zweiten Teil der explorativen Studie werden die erhobenen Daten als Fallstudien ausgewertet. Damit soll über den Zusammenhang ausgrenzend-rassistischer Denk- und Handlungsmuster von Landjugendlichen und dem Landleben Aufschluss gegeben werden.

Teil 2: Fallstudien

Für die Herausarbeitung der Entstehung ausgrenzend-rassistischer Denk- und Handlungsmuster bei Landjugendlichen wird auf das Fallstudien-Verfahren zurückgegriffen. Anhand von Fallstudien soll das gnostische Verhältnis der Landjugendlichen zu ihrer je-spezifischen objektiven Prämissenlage und die daraus sich für sie ergebenden Handlungsnotwendigkeiten nachgezeichnet werden. Es wird weiterhin gezeigt, welche Handlungsmuster die Landjugendlichen am Maßstab ihrer subjektiven Interessen und Bedürfnisse zur Bewältigung dieser Handlungsnotwendigkeiten wählen. In einem abschließenden Schritt werden die Begründungsmuster und ideologischen Grundgedanken, die den jeweiligen Handlungsmustern zu Grunde liegen beziehungsweise diesem inhärent sind, dargestellt und auf ihre Bedeutung im Hinblick auf die Entstehung ausgrenzend-rassistischer Denk- und Handlungsmuster geprüft.

Fallstudie 1
Georg: Sich den gegebenen Bedingungen fügen

Georg ist 22 Jahre alt und studiert zur Zeit des Interviews Soziale Arbeit an der Fachhochschule. Er bewohnt im an die Fachhochschule angeschlossenen Studentenwohnheim ein Einzelzimmer. Bis zur Aufnahme seines Zivildienstes lebte er zusammen mit seinem Bruder in dem elterlichen Haushalt in einem kleinen Dorf in Süddeutschland. Die Eltern besitzen ein großes Haus mit Sauna und Garten und ein Gütle[206]. Im elterlichen Haus verfügt Georg nach wie vor über ein eigenes Zimmer. Georg besitzt zwar eine Fahrerlaubnis, aber kein eigenes Fahrzeug. Wenn es seine Zeit zulässt, pendelt er am Wochenende und in der vorlesungsfreien Zeit mit öffentlichen Verkehrsmitteln nach Hause.

Georg besuchte die dörfliche Grundschule und bis zur Mittleren Reife die Realschule in einer nahe gelegenen Kleinstadt.

---

[206] Schwäbische Bezeichnung für einen großen Nutzgarten, meist am Ortsrand gelegen.

Anschließend besuchte er das Gymnasium in einer entfernteren Stadt. Das dadurch notwendig gewordene Schulpendeln nahm einen großen Teil seiner freien Zeit in Anspruch.

Da bin ich jeden Tag um halb sieben aus dem Haus, dass ich um kurz nach dreiviertel acht in der Schule sein konnte. Dort hatte ich in aller Regel vier Nachmittage, drei bis vier Nachmittage. Das hat sich etwas vermindert, aber nur unwesentlich, wo ich in die 12. oder 13. gekommen bin. Und da bin ich dann nicht vor halb fünf, teilweise auch erst um halb sieben heimgekommen. Und danach waren noch Schularbeiten zu machen. Und auf Arbeiten lernen auch. Der einzige Mittag, den ich frei hatte, war der Mittwoch.

Typisch für den ländlichen Raum ist das dörfliche Schulangebot. Meist gibt es eine Grund/Volks- und Hauptschule vor Ort und andere weiterführende Schulen in der Region. Aber auch das regionale Schulangebot ist eingeschränkt, Auswahlmöglichkeiten bestehen selten. Für Georg ergab sich daraus eine ausgedehnte Pendelnotwendigkeit. Georg berichtet von konfliktreichen Beziehungen zu seinen Klassenkameraden[207] in der Grundschule und in der Realschule. Aufgrund dieser schwierigen Beziehungen wechselte Georg in eine entfernter gelegene Schule.

Aber das hat mir relativ ja, während der Realschulzeit, hat mir das noch was ausgemacht, aber, ja, da wurde ich auch relativ oft gehänselt. Ich hab mich einfach ärgern lassen. Weil ich den richtigen Umgang mit solchen Menschen nie gelernt habe innerhalb meiner Familie, weil das da nicht, das gab es da nicht.

Mit dem Wechsel auf das Gymnasium versuchte Georg diesem Konflikt aus dem Wege zu gehen. Er wählte die weiterführende Schule nicht entsprechend seiner Neigungen und Interessen oder etwa seines Notendurchschnitts. Er wählte ein weiter entfernt gelegenes Gymnasium. Damit wollte er

---

[207] Im Interview benutzt Georg die männliche Form. Ob es sich dabei ausschließlich um männliche Klassenkameraden handelt, bleibt offen.

sicher gehen, dass keiner seiner ehemaligen Klassenkameraden mit ihm zusammen die gleiche Schule besuchen.

Aber schon durch meine WG[208]-Wahl, ich hätte theoretisch auch nach K. gehen können. Aber ich wusste, alle meine Klassenkameraden von W. gehen auch dort in die Schule. Also so gut wie alle. Und ich wollte einfach diese Vergangenheit, die nicht unbedingt positiv war, hinter mir lassen. Deswegen hab ich den weiten Weg auf mich genommen.

Georg verbrachte einen großen Teil seiner freien Zeit im familialen Kontext, weil die dörflichen Angebote (Vereine und Verbände) seine Freizeitinteressen nicht haben abdecken können.

Ich mein, es gäbe schon was, aber nichts, was mich so direkt angesprochen hätte.

Die Distanz zu den dörflichen Freizeitangeboten ergab sich aber auch, weil Georg in seinem Heimatdorf keine gleichgesinnten AltersgenossInnen finden konnte. Georg distanzierte sich von den AltersgenossInnen im Dorf, weil diese seiner Meinung nach doch recht vehement dem Alkohol zusprechen. Georg bewertet den Alkoholkonsum von Jugendlichen als etwas Jugendtypisches, für das er sich aber nie interessierte.

Vielleicht. Ich konnte mit Alkohol nie sonderlich viel anfangen. Und wenn sich Jugendliche bei uns im Dorf getroffen haben, dann waren das meistens so andere Milieus. Die brauchten, irgendwie hat da Alkohol eine relativ hochrangige Rolle drin gespielt. Gerade im jugendlichen Alter, mit 14 oder so. Da probiert man ja so ein bisschen aus und da, das hat mich nie sonderlich angemacht, denn ich kannte den Geschmack von Alkohol durchs Elternhaus. Ich hab relativ viel ausprobiert. Aber mir hat nie etwas geschmeckt. Bis heute nicht. Deswegen haben mich diese Gesellschaften, wo irgendwie Alkohol eine Rolle gespielt hat, egal welche, nie sonderlich attraktiv erscheinen lassen.

---

[208] WG = Wirtschaftsgymnasium

Scheu: Sind sie dadurch zum Außenseiter, jetzt in Anführungsstrichen, geworden, weil sie nein gesagt haben?
Ja.

Da Georg in seinem Heimatdorf weder für sich ein adäquates Freizeitangebot vorfand (außer CVJM), noch sich mit Altersgleichen dort treffen konnte, verbrachte Georg einen großen Teil seiner freien Zeit zu Hause und zusammen mit seinen Eltern.
Ja, Samstagabend haben wir meistens genutzt, um in die Sauna zu gehen.
Scheu: Mit der Familie?
Mit meinen Eltern.

Oder an anderer Stelle im Interview:
Manchmal, in der 11. Klasse hatte ich relativ viel Zeit noch mit meinen Eltern zusammen verbracht. Teilweise im Herbst mit schönen Spaziergängen oder so was. Oder im Winter, dass ich dann in Eigeninitiative mit meinem Bruder und ein paar Freunden Skifahren gegangen bin oder so was. Solche Aktivitäten. Allerdings haben die sich sehr in Grenzen gehalten. Also sonderlich oft konnte ich mir das nicht genehmigen.

Für Georg stand auch eine regionale Freizeitorientierung außer Frage. Georg benutzt prinzipiell nur öffentliche Verkehrsmittel, worauf er im Interview stolz hinweist, obwohl er den Führerschein besitzt und ihm im elterlichen Haushalt ein Auto zur Verfügung gestanden hätte. Da aber eine regionale Freizeitgestaltung mit ausschließlich öffentlichen Verkehrsmitteln recht schwierig ist, verzichtete Georg darauf und zog stattdessen eine familiale Freizeitgestaltung vor. Aber nicht nur die eingeschränkte Mobilität veranlasste Georg auf eine regionale Freizeitgestaltung zu verzichten, sondern ebenso auch das regionale Freizeitangebot, das seinen Interessen nicht entsprach.
Scheu: Und am Samstagabend, sind Sie da nicht auch ausgegangen?
Kaum. Ich konnte mir nicht vorstellen wohin.

Georgs einzige außerfamiliale Freizeitbeschäftigung war der regelmäßige wöchentliche Besuch eines Gruppenabends des CVJM. Im Interview betont Georg, dass er aufgrund des Schulbesuchs eigentlich über sehr wenig freie Zeit verfügte. So besuchte er wohl eher aus religiösen Gründen den CVJM-Gruppenabend. Er vermittelt im Interview den Eindruck, als ob er sich diesen Abend extra frei machen müsste.

*Freitag abends hab ich mir **das Recht raus genommen**, in den CVJM zu gehen (besondere Betonung im Interview, BS).*

Georg pflegte enge Beziehungen zu seinen Eltern und Groß-eltern. Die Eltern vermittelten ihm das Gefühl dazu zu gehö-ren und gebraucht zu werden. Seine Mithilfe im Garten und im Gütle – trotz seines eingeschränkten Zeitbudgets – war von den Eltern gern gesehen und seine Mithilfe und Unter-stützung wohl auch notwendig. So gelang es Georg über die familialen Unterstützungsleistungen, sein Interesse und Be-dürfnis nach Zugehörigkeit und Teilhabe, Ernstgenommen-werden, zu realisieren. Weder das Dorf noch die Region konnte ihm zur Realisierung dieser Interessen und Bedürfnis-se verhelfen beziehungsweise ihn dabei unterstützen.

Georg fühlt sich auch zur Zeit des Interviews im familialen Kontext geborgen und ist sich dort auch jeglicher Unter-stützung sicher. Vor allem seine Mutter trägt dazu bei, dass Georg diese Interessen und Bedürfnisse in der Familie reali-sieren kann. So berichtet er in dem Interview, dass seine Mutter jederzeit auf seine persönliche Situation Rücksicht nimmt, was sich dann hauptsächlich in Form von Entlastung zeigt. So wird Georg beispielsweise von seiner Mutter von hauswirtschaftlichen Unterstützungsleistungen aufgrund sei-nes knappen Zeitbudgets freigestellt. Georg interpretiert dies als besondere Anerkennung seitens seiner Mutter, die seine Belastung wahrnimmt und versucht, ihn zu entlasten.

Das (Mithilfe im Haushalt, BS) hat sich eigentlich in Grenzen gehalten, weil meine Mutter das auch gesehen hat, dass ich lernen musste und sie wollte dieser Schulkarriere nicht im

Weg stehen. Aber ja, so ganz entziehen konnte ich mich nicht. Und da hatte ich halt immer wieder so paar kleinere Arbeiten übernommen, wie Getränke aus dem Keller holen oder den Komposteimer auf den Kompost bringen.

Allerdings kann Georg seine Interessen und Bedürfnisse nach Selbstständigkeit und Eigenständigkeit im familialen Kontext nicht realisieren. Die enge Beziehung zu seiner Mutter lässt dies kaum zu. Vor allem seit dem Tod des Vaters klammert sich die Mutter an Georg. Georg selbst erkennt hier deutliche Einschränkungen.

Geborgenheit, das ist auch so ein Thema für sich. Meine Mutter, die ist eine relativ klammernde Frau. Sie lässt ihre Kinder ungern los. Und da musste ich mich dann gewaltsam davon befreien.

Gleichzeitig sieht Georg durch diese einengende Beziehung, die keine Selbstständigkeit und Eigenständigkeit erlaubt, seinen notwendigen Ablöseprozess gefährdet. Für ihn scheint klar zu sein, dass erst mit einer räumlichen Distanz ein solcher Ablöseprozess realistisch wird und er erst dadurch seine angestrebte Eigenständigkeit und Selbstständigkeit erreichen kann. So reduziert er seine Familienbesuche seit der Aufnahme des Studiums deutlich. Letztlich bedeutet dies, dass Georg mit der Entscheidung, am Studienort wohnen zu wollen, eine (räumliche) Distanz zu seiner Herkunftsfamilie aufbaut, um sein Bedürfnis und Interesse nach Eigenständigkeit und Selbstständigkeit realisieren zu können.

Mit der Wahl des tradierten Handlungsmusters ‚Sich den vorgegebenen Bedingungen fügen' sieht sich Georg in der Lage, seine Handlungsnotwendigkeiten, die sich für ihn aus dem gnostischen Verhältnis zu seinen objektiven Prämissen ergeben zu bewältigen. Die ihn einschränkenden Konsequenzen, die dieses Handlungsmuster auch mit sich bringt, versucht Georg zu überwinden, sofern seine Lebensbedingungen dies zulassen. Zusätzlich zur Bewältigung seiner Handlungsnotwendigkeiten versucht Georg mit diesem von ihm gewählten Handlungsmuster auch seine Interessen und Bedürfnisse zu realisieren.

Georgs jugendliche Lebensgestaltung war vom Pendeln geprägt, aufgrund dessen ihm wenig freie Zeit blieb. Sein knappes Zeitbudget, auf das er immer wieder hinweist, erlaubte ihm im Jugendalter keine ausgiebige Freizeitgestaltung, sodass er seine freien Zeit vorwiegend dörflich, das heißt in der Familie verbrachte. Wenn er aber trotz seiner knapp bemessenen freien Zeit familiale Unterstützungsleistungen erbrachte, dann resultierte daraus der Eindruck, gebraucht zu werden und dazu zu gehören. So konnte Georg über die familialen Unterstützungsleistungen diese Interessen und Bedürfnisse realisieren. Damit fungieren nicht die eigentlichen Unterstützungsleistungen als Option zur Interessen- und Bedürfnisrealisierung, sondern es ist vielmehr die Situation, dass er trotz seines knappen Zeitbudgets familiale Unterstützungsleistungen erbrachte: Nicht die tatsächlich erbrachten Leistungen fungieren damit als Realisierungsoption, sondern seine Bereitschaft zum Erbringen einer Leistung. Mit dem Hinweis, über wenig freie Zeit zu verfügen, ist es dann nicht mehr von Nöten, ausgiebige Leistungen erbringen zu müssen.

Mit dem permanenten Hinweis auf seine knapp bemessene Zeit sichert sich Georg die familiale Zugehörigkeit, ohne sich dafür engagieren zu müssen. Er begibt sich damit in eine Opfer-Rolle, die nach ständiger familialer Aufmerksamkeit und Unterstützung ruft. Er macht seine ‚Lebensbedingungen‘ (Pendeln, Schule, Studium) dafür verantwortlich, dass er sich in seiner Familie nicht engagieren kann. Diesen Opfer-Status überträgt Georg auch auf seine Freizeitsituation. Er betont, dass ‚es‘ ihm nicht beigebracht wurde, mit jugendkulturellen und jugendspezifischen Erscheinungen und Vorstellungen, wie zum Beispiel abends ausgehen oder Discobesuch, aber auch Alkoholkonsum, umzugehen, was dann zu einer ausschließlichen Familienbindung und letztlich wohl auch zu einer Vereinsamung führte. Der versachlichte Ausdruck, dass

‚es' ihm nicht beigebracht wurde, mit Altersgleichen umzugehen, weist darauf hin, dass er die Erziehungs- und Soziali-
sationsinstanz Familie als Institution betrachtet, die die Aufgabe hat, ihren Nachkommen die notwendigen Kompetenzen
und Fähigkeiten für eine gelingende Lebensgestaltung und -
führung zu vermitteln. Wenn nun diese Institution es nicht
schafft, die notwendigen Kompetenzen und Fähigkeiten an
ihre Nachkommen zu vermitteln, dann hat sie ihre Aufgaben
nicht erfüllt. Oder anders formuliert: Wenn nun einzelne
Nachkommen über diese Kompetenzen und Fähigkeiten nicht
verfügen, dann ist dies der Herkunftsfamilie zu zuschreiben.
Mit der Verwendung des Pronomens ‚es', wenn er von den
familialen Erziehungs- und Sozialisationsleistungen spricht,
verdeutlicht Georg, dass er sich nicht als Beteiligter beziehungsweise als Mitgestalter betrachtet. Damit ignoriert Georg jegliche mit-gestaltende Einflussmöglichkeit. Das dadurch entwickelte Denkmuster kann zugespitzt so formuliert
werden: Ich, als einzelner Mensch, habe wenig/keine Einflussmöglichkeiten. An der Gestaltung und Ausformung
meiner Umwelt bin ich nicht beteiligt. Er handelt also entsprechend des Opfer-Prinzips und fügt sich seinem ‚Schicksal'.

Mit diesem in der Kindheit und im Jugendalter entwickelten
Denkmuster gestaltet Georg auch sein Leben als junger Er-
wachsener. Der gesetzlich geregelten ‚Bedingung' für die
männlichen Jugendlichen entsprechend, entweder Wehr- oder
Zivildienst ableisten zu müssen, hat sich Georg – auch aufgrund seiner religiösen Überzeugung – für den Zivildienst
entschieden. In der näheren Umgebung fand sich keine passende Zivildienststelle, sodass Georg von zu Hause ausziehen
musste. So wurde eine mittelgroße Stadt zu seinem Lebens-
mittelpunkt. Da Georg kein eigenes Auto besitzt und sich
auch keines anschaffen möchte, reduzierten sich seine Familienbesuche drastisch. Gleichzeitig ergab sich aus dieser
durch äußeren Zwang sich ergebenden Umorientierung für
Georg die Möglichkeit, sich von seiner Herkunftsfamilie zu
lösen und eine gewisse Eigenständigkeit und Selbst-

ständigkeit zu erreichen. Aber auch dies macht Georg von äußeren Bedingungen abhängig. Nicht er selbst hat zu dieser Umorientierung beigetragen; nicht er hat gestaltend auf eine Veränderung seiner Lebensbedingungen eingegriffen, sondern verantwortlich war wiederum eine Institution, nämlich der Zivildienst.

Außerhalb seiner Herkunftsfamilie und außerhalb seines Heimatdorfes kann er nun seine für ihn sehr wesentlichen Interessen und Bedürfnisse nach Eigenständigkeit und Selbstständigkeit realisieren. Allerdings hat er wiederum zu dieser nun möglichen Realisierung selbst nicht beigetragen; in keiner Weise hat er gestaltend darauf eingewirkt, dass eine solche Realisierung möglich wird; auch an dieser Stelle hat er sich seinem Schicksal gefügt.

Fazit

Sich den gegebenen Bedingungen zu fügen, sich anzupassen und unterzuordnen als Denk- und Handlungsmuster, findet sich im ländlichen Raum des Öfteren. Es handelt sich dabei um tradierte Denkmuster, die sich aus dem ehemals bäuerlichen Lebenskontext speisen (siehe oben). Auch Georg verhält sich und handelt entsprechend dieser Tradition. Er übernimmt sie und legt sie als Begründung seinem Denken und Handeln zu Grunde und macht sie damit zum lebenspraktischen Prinzip. Auf den ersten Blick scheint diese tradierte Form der Lebensgestaltung für Georg völlig dysfunktional zu sein. Tatsächlich sichert er sich damit keinesfalls sein ökonomisches Überleben. Aber, und dies zeigt der zweite Blick, sichert er sich damit sein emotionales Überleben. Sich den vorhandenen Bedingungen anzupassen und unterzuordnen, sich also völlig unauffällig zu zeigen, verspricht ihm ein emotionales Überleben. Mit der Option nicht aufzufallen, wiegt er sich auf der sicheren Seite: Das tun, was alle Anderen auch tun, kann nicht falsch sein. Und so formulierte Georg im familialen Kontext auch nie Veränderungs- oder gar Mitgestaltungsansprüche, sondern ordnete sich den dortigen Gegebenheiten unter.

Auffällig am ‚Fall Georg' ist, dass Georg zur Bewältigung seiner Handlungsnotwendigkeiten und Realisierung seiner Interessen und Bedürfnisse ein an Traditionen orientiertes Denk- und Handlungsmuster wählt. Er übernimmt damit die für den dörflich-ländlichen Raum typische Tradition ‚Sich den vorgegebenen Bedingungen zu fügen beziehungsweise sich unterzuordnen und anzupassen', entzieht sich dadurch aber jeglicher Einfluss- und Mitgestaltungsmöglichkeit. In keiner Weise versucht er, die ihn einschränkenden Bedingungen zu überwinden, nicht einmal zu umgehen. Beispielsweise bemüht er sich nicht, die ihn belastende Situation, im Dorf keine Freunde zu haben oder im Dorf über keine passende Freizeitmöglichkeit zu verfügen, etwa durch Regionalorientierung zu verändern, geschweige denn über partizipatives Engagement zu verbessern. Georg begibt sich auf die Seite der restriktiven Handlungsfähigkeit. Sich den gegebenen Bedingungen anzupassen, sich diesen unterzuordnen und damit ‚über die Runden zu kommen' bildet die ideologische Basis seiner Lebensführung und Lebenspraxis. Mit diesem ideologischen Denkmuster versucht er also Herausforderungen und Bewältigungsaufgaben zu bewältigen, und er wähnt sich dabei auf der sicheren Seite. Zur Bewältigung seiner Herausforderungen und Aufgaben wählt er keine extravaganten – also unüblichen – Muster beziehungsweise Strategien, sondern solche, denen Anpassung und Unterordnung inhärent sind und die sich in keiner Weise vom ‚Mainstream' absetzen.

Mit der Wahl solcher Handlungsmuster meint Georg, die richtige – weil von der Mehrheit praktizierte und/oder favorisierte – Wahl getroffen zu haben. Dieses ideologische Denkmuster macht ihn anfällig, zu einem sogenannten Mitläufer zu werden, indem er jene Handlungsmuster übernimmt, die von einer – vielleicht sogar nur scheinbaren – Mehrheit praktiziert und favorisiert werden. So wie viele Andere zu handeln, verbindet Georg mit der Sicherheit, das Richtige zu tun und sich zu dieser Mehrheit zurechnen zu können. Dabei wendet er sich klar von etwas auffälligeren Handlungsmustern ab. Deutlich zeigt dies sein gespanntes Verhältnis zu seinen AltersgenossInnen in seinem Heimatdorf. Er distanziert sich von den Freizeitgewohnheiten seiner Altersgleichen. Den von ihnen praktizierten Alkoholkonsum und auch ihr Ausgehverhalten lehnt er grundsätzlich ab. Er bewertet diese ‚Vorlieben' und Gewohnheiten sehr negativ und überträgt diese negative Bewertung auf die ganze Persönlichkeit seiner Altersgleichen. Georg konstatiert hier, dass alle seine Altersgleichen dem Alkohol zusprechen. Einzelne Erfahrungen (ob er die selbst machte, bleibt unklar) werden auf eine ganze Gruppe übertragen. Er konstruiert damit klare Ex- und Inklusionskriterien: Es gibt eine Gruppe der ‚Braven' und zur Anpassung Bereiten, zu der er sich selbst zurechnet, und eine Gruppe der ‚Auffälligen'. Georg bedient sich hierbei ideologischer Denkmuster, denen klare Ungleichheits- und Ungleichwertigkeitsvorstellungen inhärent sind und die Ex- und Inklusionsprozesse begründbar machen. Das von Georg gewählte tradierte Denk- und Handlungsmuster macht also Intergruppendiskriminierungsprozesse beziehungsweise Aufteilung und Abgrenzung notwendig. Zu der Feststellung und Festlegung von Ungleichheit kommt die Festschreibung der Ungleichwertigkeit hinzu. So sind diesem tradierten Handlungsmuster Ungleichheits- und Ungleichwertigkeitsvorstellungen inhärent, die letztlich auch Ausgrenzung und Rassismus begründ- und entwickelbar machen.

Abschließend kann also festgehalten werden, dass ein deutlicher Zusammenhang zwischen der Entstehung ausgrenzend-rassistischer Denk- und Handlungsmuster und der typisch ländlichen Prämissenlage besteht. Mit der Fallstudie ‚Georg' kann dieser Zusammenhang spezifiziert werden.

Fallstudie 2
Meike: Familienorientierung
Meike ist 22 Jahre alt und begann nach dem Abitur eine Ausbildung zur Tanzlehrerin. Sie lebt in einem kleineren Dorf in Süddeutschland. Als jüngstes von acht Kindern bewohnt sie eine kleine Einliegerwohnung im elterlichen Haus.

Meike besitzt ein eigenes Auto. Ihr Verdienst als Tanzlehrerauszubildende ist allerdings nicht so üppig und reicht für die Lebensführung nicht aus, sodass sie nach wie vor auf elterliche Unterstützung angewiesen ist. Meike bewohnt zwar eine kleine Einliegerwohnung im elterlichen Haus, führt allerdings keinen eigenständigen Haushalt. Sie verbringt einen großen Teil ihrer freien Zeit zusammen mit ihren Eltern; auch die Mahlzeiten nimmt Meike im elterlichen Haushalt ein.

Also ich komm ja meistens zum Frühstück, wenn es schon vorbei ist, und dann sind meine Eltern gerade beim Zeitung lesen. Ich komme dann immer gerade geschickt, wenn die die Zeitung gelesen haben, dann krieg ich das alles schon erzählt und dann brauch ich nicht mehr reingucken.

Meike besuchte bis zum Abitur ein Gymnasium in einer nahe gelegenen mittelgroßen Stadt. Den Schulbesuch organisierte sie mit öffentlichen Verkehrsmitteln, was nicht immer ganz einfach und vor allem mit viel zeitlichem Aufwand verbunden war. So strebte sie an, zu ihrem 18. Geburtstag den Führerschein zu besitzen. Zur bestandenen Führerscheinprüfung bekam sie dann von ihren Eltern ein Auto zur Verfügung gestellt.

Wobei das bei mir auch bloß gegangen ist, weil ich jetzt den Führerschein, zum bestandenen Führerschein gleich das Auto hab hingestellt gekriegt. (...) Das war das Zweitauto von meinen Eltern. Aber nachdem die wirklich nur eins gebraucht haben, war es eigentlich die meiste Zeit für mich verfügbar. Weil sie auch gesagt haben, lieber ist uns, wir wissen, was für ein Auto du fährst und du hast eins, als dass du komische irgendwelche Sachen machst.

Damit konnte Meike den regionalen Schulbesuch besser organisieren. Die eigenständige Mobilität war für Meike besonders für ihre Freizeitgestaltung wichtig und vorausgesetzt. Meike pflegt ein recht dorfunübliches Hobby, nämlich Tanzen, das sie auch zu ihrem Beruf machen möchte, zu dessen Ausübung sie im Dorf keinerlei Möglichkeiten hat und das so eine intensive Regionalorientierung notwendig macht. Sie empfindet dies als Einschränkung, eventuell auch als Benachteiligung beziehungsweise Bevorzugung jener Jugendlichen, die ihre Freizeitgestaltung an tradierten Freizeitmöglichkeiten ausrichten. Dies zeigt sich deutlich an der etwas abschätzigen Bezeichnung ‚die‘, wenn Meike über ihre altersgleichen DorfbewohnerInnen redet.

Es gibt fast nichts.

Scheu: Vereine in Ö?

*Ja, **die**[209] haben einen Sportverein. Da gibt's für Mädchen eigentlich nichts.*

Scheu: CVJM, Jungschar?

Das war interessant bis man 12, 13 Jahre war, dann war das rum.

Scheu: Aber CVJM, das gibt es doch.

*Ja das schon, aber mit **denen** hab ich nicht so viel am Hut gehabt.*

Scheu: Und Vereine und so gäbe es auch, aber?

*Der Sportverein, **die** haben aber für Mädchen einfach nichts. Die haben eine Hausfrauengymnastikgruppe, und damit hat sich das.*

Scheu: Und Fußball?

Fußball, genau, Fußball ganz wichtig. Und dann gibt es noch so, bei uns gibt es so eine Hütte, das ist eigentlich ein Treff für Jugendliche. Aber da war ich mal mit 14 drin, und hab dann gesehen, wie die noch kleineren ihr Bier und sonst was dahingestellt gekriegt haben, und dann war das eigentlich auch erledigt. Das ist also nicht für mich, der Schuppen.

In ihrem Heimatdorf findet Meike keine Gleichgesinnten, mit denen sie ihre Vorliebe zum Tanzen teilen könnte; auch dies macht eine regionale Freizeitorientierung erforderlich.

Das ist halt in der Tanzschule oder in, wenn man sagt, jetzt in diesem Treffpunkt, das sind die Leute halt alle irgendwie ähnlich. Sie haben die gleichen Interessen, tanzen alle gern, dann kann man sagen, he, komm mal rüber, wir tanzen jetzt geschwind einen Discofox oder so. Das ist dann schon, dass

---

[209] Im Interview besonders betont

man auf einer Wellenlänge liegt auch. Das macht auch viel aus. (...) Jetzt meine ganze anderen Ö-inger, wenn ich zu denen sagen würde, komm, wir gehen eine Runde tanzen: Du kannst mich mal.

Meike pflegt keinerlei Kontakte zu Gleichaltrigen aus ihrem Heimatdorf. Ihr Freundeskreis setzt sich aus ehemaligen Schulfreundinnen und aus tanzbegeisterten Gleichaltrigen, die sie in der Tanzschule trifft, zusammen.
Scheu: Wo verbringst du deine Freizeit?
Oh je, bei Freunden, die besuchen, zum Kaffeetrinken gehen, Essen gehen.
Scheu: In Ö oder wo anders?
Meistens wo anders. Ö. ist schwierig. Nein, die sind alle verteilt. Also in T. habe ich ein paar, in R. Ist also schon weiter gefächert. (...) Also T. jetzt, weil ich da drei Jahre lang auf der Schule war und in R. halt jetzt durch die Tanzschule, weil die Tanzschule in R. ist. Dass da die meisten drum rum wohnen, irgendwo in der Ecke.

Meike möchte ihr Hobby zum Beruf machen. Sie kann ihre Ausbildung zur Tanzlehrerin allerdings nur in der Region beziehungsweise nächstgelegenen größeren Stadt absolvieren. Ihre unüblichen Arbeitszeiten, vorwiegend vom späten Nachmittag bis in den späteren Abend, auch am Wochenende, erschweren da zu hin, Kontakte zu Gleichaltrigen außerhalb der Tanzschule aufzunehmen und zu pflegen. So fungiert ihre Ausbildungsstelle für sie gleichzeitig als Treffpunkt, wo sie mit Gleichaltrigen und -gesinnten zusammen sein und ihre freie Zeit verbringen kann.
Wobei, bei uns (in der Tanzschule, BS), wir treffen uns immer ein bisschen früher und trinken dann schon erst zusammen alle Kaffee.

Nicht nur berufsbedingt, sondern auch aufgrund ihres spezifischen Freizeitinteresses verbringt Meike die meiste Zeit außerhalb ihres Heimatdorfes. Sie verfügt über keine/wenige Kontakte zur Dorfbevölkerung. Sie ist weder in einem Verein organiert, noch in einer anderen dörflichen Institution integriert. Es kann zusammengefasst werden, dass Meikes Integration ins dörfliche Geschehen wenig ausgeprägt ist. Sie kann ihr Interesse und Bedürfnis nach Zugehörigkeit und Integriert-Sein, aber auch Partizipation und Beteiligt-Sein nicht über die Dorforientierung erreichen. Es bleibt ihr dafür die Region und/oder ihre Herkunftsfamilie. Allerdings kann konstatiert werden, dass bei Meike die regionale Realisierung dieser Interessen wenig ausgeprägt ist. Sie nutzt die Region – neben der Ausbildung – lediglich für konsumtive und kommunikative Zwecke. Sie möchte in ihrer Freizeit mit Gleichaltrigen und Gleichgesinnten zusammen sein; sie möchte aber auch mit ihnen über Alltäglichkeiten sprechen und Spaß und Freude haben.

Aber ich finde auch, wenn man woanders hingeht, geht es gar nicht so großartig darum, andere Leute kennen zu lernen. Ich finde das viel witziger, über andere Leute zu lästern.

Über persönliche „private" Angelegenheiten spricht Meike nicht mit ihren FreundInnen aus der Tanzschule, sondern mit ihrer Mutter. Sie nutzt ihren Freundeskreis nicht, um über alterspezifische Probleme und Konflikte, beispielsweise Partnerschaft, sich auszutauschen oder gar zusammen mit ihm neue Verhaltensmuster anzueignen und auszuprobieren. In diesem Kontext bezieht sich Meike eher auf ihre familialen Beziehungen und Bezüge.

Also ich find Privat eigentlich immer eher so, das was zwischen mir und meinem Freund und solche Sachen. So was. Das ist bei mir Privat, und das kriegt meine Mutter erzählt, wenn keiner drum rum ist. Das sind dann so Diskussionen, die bis morgens um 4 Uhr gehen.

Entwicklungsbedingte Aufgabenstellungen, jugendtypische Anforderungen und je-spezifische Interessen und Bedürfnisse realisiert und löst Meike innerfamilial. Die Region dient ihr weder, um psychosoziale Aufgaben zu bewältigen, noch um ihre Interessen und Bedürfnisse nach Integration und Partizipation zu realisieren. Ihre doch recht ausgeprägte Regionalorientierung hat einen pragmatischen Charakter. Ihre originären Bedürfnisse und Interessen nach Zugehörigkeit, Beteiligt-Sein, Unterstützung, Akzeptanz und Anerkennung realisiert Meike hauptsächlich im familialen Kontext. Die Familie wird für sie dabei zum wesentlichen Bezugspunkt. Aus dem gnostischen Verhältnis zu der Prämisse ‚Familie' resultiert für Meike die Handlungsnotwendigkeit, sich für den Aufbau und den Erhalt dieser innerfamilialen Beziehungen und Bezügen zu engagieren und diese mit zu gestalten. So investiert sie einen großen Teil ihrer freien Zeit, um diese Beziehungen zu pflegen. Sie betrachtet vor allem regelmäßige Gespräche als dafür wichtig und unterstützend.

Ja, das sind so für mich so Ereignisse, wie auch gemeinsam Mittagessen, find ich, muss auch mal sein, oder gemeinsam frühstücken. Ich finde, eine Familie braucht irgend so einen Zeitpunkt, wo man alle zusammen ist, meinetwegen Telefon abstellen oder Fernseher ausmachen oder so. Ich finde, das braucht man einfach, wenn man mit irgend jemand zusammen lebt, dass man auch wirklich mal kommuniziert mit einem. Intensiv.

Oder an einer anderen Stelle im Interview:
Ja, man muss miteinander klarkommen und da find ich dann so Gespräche schon auch wichtig. Oder auch schon bloß zum Planen, jetzt nächste Woche steht das und das an und wer macht das und wer macht das oder wie regeln wir das oder so.

Zur Pflege dieser intensiven Beziehungen und Bezüge sieht Meike auch die Notwendigkeit, sich regelmäßig zu treffen. Dadurch entstehen für sie enge Beziehungsmuster.
Mittwochs und freitags, gibt es immer reihum bei meinen Schwestern Kaffeetrinken. Da kommen alle Schwestern. Der, der Zeit hat, der kommt. Irgendeiner bringt den Kaffee, halt je nachdem, wer da ist. Irgend jemand bringt noch ein paar Brezeln mit. Springen immer ein Haufen Kinder rum. Die haben wir ja genug. Das ist immer so. Jeden Mittwoch und Freitag.

Scheu: Und da treffen sich alle, und die nehmen sich da die Zeit dafür?
Ja, meine ganze Schwestern, die ganzen Frauen, die sind alles bloß Hausfrauen. Die sind ja alle nicht berufstätig. Das ist natürlich typische Familie.

Meike verfügt über sehr enge und intensive familiale Beziehungen und Bezüge zu ihren Eltern und ihren sieben Geschwistern, die alle in demselben Dorf leben. Diese Beziehungen und Bezüge gewähren ihr vorbehaltlos Unterstützung, auf die Meike gerne zurückgreift.
Ist auch schön. Man hat auch für alles, was man, was weiß ich, was man gemacht haben muss, hat man auch irgend jemand, der das kann. Einen Friseur haben wir, und wir haben eine auf dem Finanzamt und einen Kfz-Mechaniker und alles wichtige. Elektriker. Alles dabei. Das ist praktisch.

Die einzelnen Familienmitglieder unterstützen sich gegenseitig. Jede/r kann auf die Fähigkeiten der Anderen zurückgreifen. Die Familie ist damit weniger auf außerfamiliale (professionelle) Hilfe angewiesen, sie ist im weitesten Sinne eine Art Selbstversorger. Für Meike fungieren die engen familialen Beziehungen und Bezüge nicht nur in diesem funktionalen Sinne, sondern diese decken darüber hinaus auch ihre emotionalen Bedürfnisse und Interessen ab. Sie schätzt an den engen familialen Beziehungen und Bezügen die Sicherheit und Geborgenheit, die diese ihr vermitteln. Aufgrund der räumlichen Nähe kann sie jederzeit auf diese zurückgreifen.
So Austausch und auch so ein Rückhalt hat. Das ist bei uns schon ziemlich heftig.

Meike deckt mit ihren engen familialen Beziehungen und Bezügen auch ihr Bedürfnis nach Kommunikation und Zusammensein ab. Diesen Aspekt hebt sie deutlich hervor.
Ich find halt so Gespräche vor allem auch wichtig zwischen denen, die zusammen wohnen in dem Haushalt. (...) Man muss miteinander klarkommen und da find ich dann so Gespräche schon auch wichtig.

Meike verfügt über keine weiteren verwandtschaftlichen Kontakte beispielsweise zu Großeltern, Onkel, Tanten, Cousins oder Cousinen. Aufgrund ihrer recht großen Herkunftsfamilie, mit 7 Geschwistern, die alle verheiratet sind und selbst Kinder haben, ist die Pflege dieser Kontakte für Meike nicht nötig beziehungsweise unmöglich. So trifft sich zu Familienfesten lediglich die Herkunftsfamilie.

Wenn die Familie schon allein mit den ganzen Geschwistern so groß ist, dann hat es halt für Onkel und Tanten nicht mehr arg viel Platz, auch wegen Geburtstag oder so.
Scheu: Dann trefft ihr die eigentlich weniger.
Also wirklich Geschwister, mit denen ihren Kindern. Geschwister und dann Nichten und Neffen.
Scheu: Dann ist ja der Kontakt nicht so.
Dafür ist er zu dieser Hauptfamilie dann ziemlich eng.

Intergenerative Kontakte zu ihrer Großmutter, die in Norddeutschland lebt, pflegt Meike nicht. Als Grund nennt sie den vor 16 Jahren stattgefundenen Streit zwischen ihrer Mutter und ihrer Großmutter. Seit dieser Zeit sind jegliche intergenerativen Kontakte abgebrochen. Meike bedauert dies zwar, aber sieht für sich auch keine Notwendigkeit, diesen Kontakt von sich aus wieder aufzunehmen. Meike bezeichnet ihre Großmutter als herrsch- und streitsüchtig. So gewähren ihr diese Kontakte und Beziehungen wohl auch nicht die emotionale Abgesichertheit und Geborgenheit, die sie im Übrigen recht ausgiebig durch ihre familiale Eingebundenheit absichert. Die Großmutter fungiert für Meike auch nicht als finanzieller Ressourcenmarkt. Nur ausnahmsweise überweist ihr ihre Großmutter einen kleinen Betrag auf ihr Konto.

Die Eltern von meiner Mutter haben auch eine Zeitlang in Ö. gewohnt, aber nachdem die sich so in den Köpfen gehabt haben, sind die wieder ab. Die wohnen jetzt in D. . Dann telefoniert man vielleicht einmal, aber wenn man keine Beziehung hat und (...) Wenn ich mal zufällig in der Ecke bin, dann guck ich auch mal vorbei, aber ich kann mit denen auch nicht so viel anfangen dann.

Meike verfügt über sehr enge und intensive Beziehungen und Bezüge zu ihrer Herkunftsfamilie, von denen sie profitiert. Über diese innerfamilialen Beziehungen und Bezüge realisiert Meike ihre Bedürfnisse und Interessen nach Zugehörigkeit, Geborgenheit und Sicherheit, aber auch nach unbedingter Unterstützung und Hilfestellung. Vor allem der Aspekt, von der Herkunftsfamilie unterstützt zu werden und auf allgegenwärtige Hilfe zurückgreifen zu können, scheint für Meike von großer Bedeutung zu sein. Die Möglichkeiten, die ihr ihre Familie bietet, überwiegen bei Weitem die Einschränkungen und Behinderungen, die einer Familie ebenso inhärent sind. Meike verlässt sich ganz und gar auf ihre Herkunftsfamilie. In ihrer Herkunftsfamilie versucht sie, ihre Interessen und Bedürfnisse zu realisieren. Sie vernachlässigt damit andere Realisierungsmöglichkeiten und bindet sich dadurch eng an ihre Familie. Dies erschwert nicht nur einen entwicklungsnotwendigen Ablöseprozess, sondern macht eventuell ein Selbst- und Eigenständigwerden unmöglich. So kann die Pflege enger familialer Beziehungen und Bezüge zur Herkunftsfamilie durchaus auch einen selbstfeindschaftlichen Charakter annehmen. Sie bleibt ihrer Herkunftsfamilie verhaftet, die ihr zwar Geborgenheit und vor allem Unterstützung gewährt, gleichzeitig aber auch Abhängigkeiten und Anpassungsnotwendigkeiten mit sich bringt. Die fast alleinige familiale Bedürfnis- und Interessenrealisierung macht auch ein Abwandern unmöglich und damit ein Bleiben unumgänglich.

So formuliert auch Meike einen eindeutigen Bleibe-Wunsch. Sie möchte auf alle Fälle in ihrem Heimatdorf wohnen bleiben. Spekulativ könnte sie sich für kurze Zeit, solange sie noch keine eigene Familie hat, einen Wohnortwechsel in eine mittelgroße Stadt vorstellen, dann aber wieder in ihr Heimatdorf zurückkehren.

Solange ich jung bin, was weiß ich, die nächsten 5 Jahre oder so, da könnte ich mir das echt vorstellen, irgendwo in T-

Innenstadt so eine Dachwohnung oder so. Richtig schön im Kern drin, aber später mal mit Kindern nicht.

Aufgrund ihrer finanziell angespannten Situation (Gehalt als Auszubildende) kommt allerdings ein Auszug aus dem elterlichen Haus und Haushalt für sie im Moment nicht in Frage. Ob sie diese Absicht dann als ausgebildete Tanzlehrerin realisieren wird, bleibt offen. Meike begründet ihren Bleibe-Wunsch mit der klaren Absicht, zusammen mit ihrer Herkunftsfamilie zu leben, die ihr die notwendige Geborgenheit, Sicherheit und Dazugehörigkeit, aber auch Unterstützung gewährt. An mehreren Stellen des Interviews weist Meike auf die Unterstützungsleistungen hin. In Notfällen immer jemand zur Seite zu haben, vermittelt Meike dieses Gefühl der Sicherheit. Auf familiale Unterstützungsleistungen zurückgreifen zu können, bedeutet gleichzeitig auch, zu diesem familialen System dazuzugehören: Nur wer dazugehört, kann sich dieser Unterstützungsleistungen sicher sein, kann auf diese zurückgreifen.

Man hat auch für alles, was man, was weiß ich, was man gemacht haben muss, hat man auch irgend jemand, der das kann.

Oder an einer anderen Stelle im Interview:
Die wohnen bei mir auch alle in Ö. drin, die ganze viele Geschwister. Es ist halt so geschickt, wenn man am Kochen ist und es gehen einem die Eier aus, braucht man bloß übern Zaun hopsen. Und bei der Schwester welche holen. Das ist praktisch.

Möchte Meike nun auf diese Unterstützungsleistungen, Sicherheiten nicht verzichten, scheint es für sie durchaus vernünftig zu sein, in ihrem Heimatdorf zu bleiben und enge Familienbeziehungen und -bezüge zu pflegen.
Ich sag ja, dann hauptsächlich deshalb, weil da die ganze Familie wohnt. Da ist ja bei mir keiner, der außerhalb vom Dorf wohnt. Die sind ja alle irgendwo in der Nähe. (...) Ja. Das finde ich dann schon wichtig.

Weder in der Region, noch in ihrem Freundeskreis scheint ihr die Realisierung der Interessen und Bedürfnisse nach Zugehörigkeit, Geborgenheit, Sicherheit möglich. Damit macht sie sich allerdings auch von ihrer Herkunftsfamilie abhängig. Fast schon zwanghaft muss sie sich an ihr ausrichten und sich mit ihr arrangieren, weil sie für sich keine weiteren – außerfamilialen und außerdörflichen – Realisierungsmöglichkeiten und -chancen sieht. Allerdings ist die Pflege der familialen Beziehungen und Bezüge für Meike zeitlich recht eingeschränkt. Ihre ungewöhnlichen Arbeitszeiten lassen diese kaum zu. Dies bemängelt und bedauert Meike.

Also bis ich die Ausbildung angefangen habe, war es (die Familienkontakte, BS) ziemlich eng eigentlich. Ich habe eine große Familie und jetzt seit ich die Ausbildung habe, ist es natürlich schwierig, wenn die irgendwo Geburtstag feiern oder Kaffee trinken oder so, dann muss ich leider arbeiten. (...) Im Moment ist es schwierig.

Ihren eindeutigen Bleibe-Wunsch begründet Meike aber auch mit der landtypischen Lebensqualität, wie Naturnähe, Ruhe und Übersichtlichkeit. Meike schätzt das Landleben vor allem wegen der dort zu findenden Ruhe. Ruhe ist dabei wörtlich gemeint, im Sinne von Lautlosigkeit, ohne Lärm. Dies versteht Meike dann unter Lebensqualität.

Dass man wirklich auch seine Ruhe hat (...) und auch auf den Balkon sitzen, ohne dass da dauernd ein Laster vorbeifährt. Das finde ich schon.

Diese Lebensqualität will Meike vor allem auch ihren künftigen Kindern vermitteln. Es scheint ihr überaus wichtig zu sein, dass diese die Natur erleben können. Sie beabsichtigt damit ihre eigenen Erfahrungen an ihre künftigen Kinder weiter zu geben.

Meine Kinder sollen auch mal selber wissen, wie ein Bach aussieht und nicht bloß von Bilder. (...) Das finde ich schon wichtig. Das habe ich früher auch gehabt. Im Sommer jeden Tag bloß draußen. Scheißegal wo und auch wie dreckig man wieder heimgekommen ist.

Neben der landtypischen Lebensqualität begründet Meike ihren Bleibe-Wunsch auch mit der Übersichtlichkeit der dörflichen Strukturen. Zum Landleben dazu gehört das gegenseitige Sich-Kennen und übereinander Bescheid-Wissen. Meike bewertet dies als eine für sie positive Eigenschaft ländlichen Lebens. Man kennt sich gegenseitig, die Nachbarn sind einem bekannt und man weiß, wem man vertrauen kann und wem nicht.

Fazit

Trotz der eingeschränkten Freizeitmöglichkeiten, ihrer wenigen dörflichen Kontakte, des schlecht ausgebauten ÖPNV und der einschränkenden dörflichen sozialen Kontrolle, plant Meike ein Leben in ihrem Heimatdorf, vor allem aber mit ihrer Herkunftsfamilie. Sie wählt also zur Bewältigung ihrer Handlungsnotwendigkeiten und zur Realisierung ihrer Bedürfnisse und Interessen das tradierte Handlungsmuster der ‚Familienorientierung'. Für sie überwiegen eindeutig die familialen Möglichkeiten, mit denen sie ihre Interessen und Bedürfnisse realisieren kann. Sie beschränkt sich zur Realisierung ihrer Bedürfnisse und Interessen nach Dazugehörigkeit, Integration, Geborgenheit, Sicherheit und Übersichtlichkeit auf ihre Herkunftsfamilie. Sie ist es, die Meike Chancen zur Realisierung zulässt. Weitere Realisierungsmöglichkeiten zieht sie für sich nicht in Betracht. Die enge Familienbindung, die Meike praktiziert und auch favorisiert, gewährt ihr zwar die Realisierung ihrer Bedürfnisse und Interessen, aber doch in einer recht eingeschränkten Weise. Sich dazu lediglich auf die Familie zu beziehen und weitere Realisierungsoptionen unberücksichtigt zu lassen, schränkt den Handlungsrahmen vehement ein. Damit einhergeht, dass sich Verhaltens- und Handlungsmuster innerfamilial weitertradieren und eine Weiterentwicklung beziehungsweise Neuentfaltung nur eingeschränkt möglich ist.

Außerdem verlangt die überwiegend familiale Bedürfnis- und Interessenrealisierung Anpassungs- und Unterordnungsleistungen an die familialen Strukturen beziehungsweise ein

Sich-Einrichten und -Arrangieren mit den zur Verfügung stehenden Lebensbedingungen. Meike sieht im dörflichen Lebenskontext und in der Region für sich keine Möglichkeiten, ihre Bedürfnisse und Interessen realisieren zu können, weil ihr diese keine adäquaten Angebote zur Verfügung stellen. Sie bewertet diesen Zustand als Benachteiligung beziehungsweise als Bevorzugung jener Jugendlichen, die sich mit der dörflichen Angebotsstruktur arrangieren und diese für sich nutzen. Nicht in Erwägung zieht Meike dabei, die für sie einschränkenden Bedingungen zu hinterfragen oder gar zu verändern. Sie richtet sich stattdessen in der Nische ‚Familie' ein. Übrig bleibt dabei aber trotzdem ihre Bewertung, benachteiligt und nicht-integriert zu sein. Dieses Denk- und Bewertungsmuster macht sie für Ausgrenzung und Rassismus anfällig, denn ausgrenzend-rassistische Denk- und Handlungsmuster basieren gerade darauf, dieser scheinbaren Benachteiligung entgegen zu wirken, indem ‚Anderen' die Teilhabe an gesellschaftlichen Prozessen abgesprochen wird.

Insgesamt bewältigt Meike die sich aus dem gnostischen Verhältnis zu ihrer objektiven Prämissenlage ergebenden Handlungsnotwendigkeiten – so wie es scheint – problemlos. Das defizitäre dörfliche Freizeitangebot und das eingeschränkte Arbeitsplatzpotenzial bewältigt sie durch das Auspendeln in die Region. Die hierfür notwendige Mobilität realisiert sie durch ein eigenes Auto (beziehungsweise das ihrer Mutter) und die finanzielle elterliche Unterstützung. Die Regionalorientierung ist für Meike (im Gegensatz zu Paul) eine rein pragmatische Lösung. In der Region kann sie das dörfliche defizitäre Freizeitangebot und die eingeschränkten Arbeitsmöglichkeiten überwinden. Meike nutzt die Region aber weniger, um ihre subjektiven und individuellen Interessen zu realisieren, hierzu ‚nutzt' sie eindeutig und ausschließlich ihre Herkunftsfamilie. Zur Realisierung der Interessen und Bedürfnisse nach Anerkennung, Geborgenheit, Zugehörigkeit und sozio-emotionaler Sicherheit zieht Meike ausschließlich ihre Herkunftsfamilie heran. Und da alle Familienmitglieder in ihrem Heimatdorf wohnen und ein intensiver Kontakt zu ihnen für Meike unumgänglich ist, bedeutet dies für sie, dass sie um ihrer Interessenrealisierung willen ihren Bleibe-Wunsch vehement vertreten und durchsetzen muss. Erst mit der Durchsetzung des Bleibe-Wunsches kann Meike ihre subjektive Bedürfnis- und Interessenlage realisieren. Sie muss sich also klar für ein ‚Leben auf dem Land' und für ein ‚Leben mit ihrer Herkunftsfamilie' entscheiden. Die Familie wird dadurch zum alleinigen Ort der Interessen- und Bedürf-nisrealisierung. Für Meike bedeutet dies, dass sie sich in die – für ihre Herkunftsfamilie typischen – Familienstrukturen einpassen und einordnen muss; ein Ausbrechen aus diesen Strukturen wird dadurch fast unmöglich. Die einzelnen Fami-lienmitglieder – und Meike gehört dazu – müssen strengstens darauf achten, dass die Gruppe ‚Familie' zusammengehalten wird, dass niemand von außen kommend diese Einheit stört. Am ehesten kann diese Einheit aufrechterhalten werden, wenn intensive Inklusionsprozesse, und damit einhergehend auch Exklusionsprozesse, vollzogen werden. Es entsteht ein ‚Wir' und die ‚Anderen'[210]. Meike realisiert ihre Interessen und Bedürfnisse nach Anerkennung, Wertschätzung, sozio-emotionaler Sicherheit, Geborgenheit und Zugehörigkeit über intensive und enge Familienbeziehungen und -bezüge. Sie übersieht beziehungsweise ignoriert dabei andere Realisie-rungsoptionen. So fungieren im Falle von Meike die engen und intensiven familialen Beziehungen und Bezüge als Krite-rium, wer dazugehören kann und wer nicht. Gleichzeitig be-deutet dies dann aber auch, dass nur der- oder diejenige da-zugehören kann, der/die sich den vorzufindenden Strukturen unterordnet, sich diesen anpasst, sie keinesfalls aber in Frage stellt. Das heißt dann aber auch, dass Anpassung und Unter-ordnung als funktionales und probates Orientierungsmuster bewertet und betrachtet wird, anhand dessen ein subjektives Wohlbefinden hergestellt werden kann. Das von Meike favo-risierte Orientierungsmuster der familialen Anpassung besitzt da zu hin aber auch eine Nähe zu Ausgrenzung und Rassis-mus. Die selbst erbrachten Anpassungs- und Unterordnungs-

---

[210] Vgl. dazu Elias/Scotson 1990

leistungen werden auch von anderen Menschen erwartet/gefordert und werden diese Anpassungs- und Unterordnungsleistungen nicht erbracht beziehungsweise können nicht erbracht werden, dann wirken diese gleichzeitig als Ausgrenzungsmedium. Die Formel heißt dann, nur wer sich den vorgegebenen Strukturen unterordnet und sich diesen anpasst, kann dazugehören.

Meike übernimmt mit ihrer intensiven und engen Familienbindung auch ein tradiertes, aus dem bäuerlichen Leben der vorindustriellen Zeit stammendes, Familienideal. Die Familie fungierte in dieser Zeit sowohl als Konsum- als auch als Produktionsgemeinschaft. Ähnliche Funktionen weist Meike – im übertragenen Sinn – auch ihrer Herkunftsfamilie zu. Die einzelnen Familienmitglieder stellen zwar die überlebensnotwendigen Güter nicht mehr selbst her, wie für eine Subsistenzwirtschaft üblich, dafür stellen sie aber ihre jeweiligen handwerklichen und praktischen Kompetenzen und Fähigkeiten zur Verfügung, auf die dann bei Bedarf zurückgegriffen werden kann. Auch Meike nutzt diese familialen Ressourcen und macht sich damit – scheinbar – von außerfamilialer Hilfe und Unterstützung unabhängig. Für Meike fungiert ihre Herkunftsfamilie als stabile Gruppe, die sich deutlich von anderen Gruppen (Clique, etc.) dadurch unterscheidet, dass sie eine für Meike optimale Bedürfnis- und Interessenrealisierung zulässt. Eine so gestaltete enge und eindeutige Familienbindung macht Differenzierungsabsichten und -prozesse notwendig, das zeigen die unterschiedlichen sozialpsychologischen Forschungen[211]. Die über die Differenzierungsprozesse geschaffenen Eindeutigkeiten der eigenen Gruppe fungieren dann als Merkmale beziehungsweise als Segmentierungslinien, die zur Stabilisierung vorher geschaffener Unterschiedlichkeiten beitragen. Die danach festgestellten Unterschiedlichkeiten zwischen den einzelnen Gruppen – im Falle von Meike ist das die eigene Gruppe der Familie und die andere Gruppe der Außenstehenden – begründen dementspre-

---

[211] Vgl. dazu bspw. Tajfel (1982) oder Sherif (1966)

chende Ex- und Inklusionsprozesse. Das heißt, Meikes enge und intensive Familienbindung setzt Differenzierungs- und Vergleichsprozesse voraus. Der eigenen Gruppe resp. Familie muss Meike klare und einzigartige Merkmale, wie zum Beispiel Omnipotenz, zuschreiben, die sich ebenso klar von der anderen Gruppe unterscheiden. Erst über diese Vergleichsprozesse stabilisiert sich die eigene Gruppe. Tajfel bezeichnet diesen Prozess auch als „Herstellung positiver Distinktheit"[212], der dann letztlich die ideologische Begründung für Ausgrenzung liefert.

Die zur Stabilisierung der eigenen Gruppe resp. Familie notwendigen Vergleichsprozesse und vor allem auch die Herstellung einer positiven Distinktheit liefern die Basis für die Ausformung von Meikes ideologischen Grundgedanken. Sie entwickelt ein Denkmuster, in dem die Herstellung von positiver Distinktheit eine große Bedeutung erlangt. Es handelt sich dabei also um ein Denkmuster, das der eigenen Gruppe positivere Merkmale und Eigenschaften zuschreibt beziehungsweise das die eigene Gruppe als ‚besser' einschätzt, womit dann gleichzeitig klare Abwertungsprozesse verbunden sind. Damit wird eine Ungleichwertigkeit zwischen Menschen und Gruppen festgelegt. So konstituieren sich Meikes Denk- und Handlungsmuster deutlich aus Ungleichheits- und Ungleichwertigkeitsvorstellungen, die dann die Basis und Begründung für Ausgrenzung liefern können.

Am ‚Fall Meike' konnte also gezeigt werden, dass der jeweilige Sozialraum bei der Entstehung ausgrenzend-rassistischer Denk- und Handlungsmuster eine wichtige Dimension hat. Allerdings, und dies konnte auch an diesem Fall wieder gezeigt werden, fungieren die sozialräumlichen Bedingungen an sich nicht als Entstehungsdeterminanten, dennoch sind sie wesentlich. Der Entstehungsprozess ausgrenzend-rassistischer Denk- und Handlungsmuster gestaltet sich viel komplexer aus dem Verhältnis der Landjugendlichen zu ihren sozialräumlichen Prämissen. So fungiert für Meike die Familie

---

[212] Tajfel 1978

als typische Prämisse, zu der sich ein für sie typisches Verhältnis aufbaut. Aus diesem Verhältnis heraus ergeben sich wie oben gezeigt die unterschiedlichsten Handlungsnotwendigkeiten, so zum Beispiel familiales Engagement, die besondere Hervorhebung der eigenen Familie und das Herstellen einer positiven Distinktheit. Eine solche enge und intensive Familienbindung, so wie sie von Meike favorisiert und praktiziert wird, stabilisiert sich über Intergruppen-, Vergleichs- und Kategorisierungsprozesse, die deutliche Elemente von Ausgrenzung und Abwertung beinhalten beziehungsweise ohne die eine solche Stabilisierung zumindest erschwert wäre.

Fallstudie 3
Paul: Leistung
Paul ist 21 Jahre alt und besucht die 13. Gymnasialklasse in der etwa 10km entfernten mittelgroßen Stadt. Neben der Schule arbeitet er in einer Tanzschule (Vortänzer, Bardienst, etc.), wobei das Tanzen auch zu seinem favorisierten Hobby gehört. Um die Bundeswehrzeit zu umgehen, hat sich Paul bei der freiwilligen Feuerwehr in seinem Heimatdorf verpflichtet. Er wohnt in einem etwas größeren Dorf in Süddeutschland zusammen mit seiner Schwester im elterlichen Haushalt. Im elterlichen Haushalt verfügt Paul über ein eigenes Zimmer, etliche, ihn zufrieden stellende Konsumartikel (Computer, Stereoanlage, etc.) und ein eigenes Auto, zusätzlich besitzt er zusammen mit seiner Schwester ein weiteres Auto. Er bekommt regelmäßig Taschengeld, das er aber über Zuverdienst und großelterliche Unterstützung vermehrt.

Er schätzt sich selbst als einen recht agilen Menschen ein, der Langeweile empfindet, sobald er eine kürzere Zeit zu Hause verbringen muss.
Also ich kann maximal eine halbe Stunde daheim rum sitzen, dann wird es mir langweilig. Das ist auch was. Gut, wenn ich jetzt mal irgend einen Tag habe, wo ich meine Ruhe will oder sonstwas, dann kann ich schon mal daheim sitzen und ein Buch lesen oder sonst irgendwas. Aber dass ich mal wirklich

lang daheim bin, oder wirklich längere Zeit daheim bin, so einen ganzen Tag oder so, wenn ich jetzt Ferien hab, das gibt es eigentlich bei mir nicht. Ich bin spätestens mittags, bin ich aus dem Haus.

Paul wechselte nach der Grundschule, die er im eigenen Dorf besuchte, auf das Gymnasium. Wie für viele andere Dörfer gilt auch hier, dass es in Pauls Heimatdorf keine weiterführenden Schulen gibt. Aus dieser objektiven Prämisse leitet Paul für sich die Notwendigkeit zum Schulpendeln ab. Er bewältigt diese Notwendigkeit durch ein hohes Maß an Mobilität.

Mobil-Sein ist für Paul eine Selbstverständlichkeit, die er unhinterfragt so akzeptiert und zum Mittelpunkt seiner typisch dörflich-ländlichen Lebenspraxis macht. Seine eigenständige Mobilität plante er schon recht früh. Die Geldgeschenke, die er als 14jähriger zu seiner Konfirmation bekam, sparte er an, um sich als 18jähriger ein Auto kaufen zu können. So bestand für ihn kein Zweifel, zu seinem 18. Geburtstag sowohl den Führerschein zu besitzen als auch über ein eigenes Auto zu verfügen.

Klar, durch das, dass ich hab mein Konfirmationsgeld gespart hab und dann hab ich eigentlich relativ viel Geld gehabt. Also das hab ich mir das schon leisten können.

So nutzt Paul seit seinem 18. Geburtstag keine öffentlichen Verkehrsmittel mehr, auf die er vor seinem 18. Geburtstag noch wegen des Schulpendelns angewiesen war. Das Schulpendeln mit öffentlichen Verkehrsmitteln gestaltete sich für Paul wenig belastend, weil in der Fahrplangestaltung im Wesentlichen der übliche Stundenplan berücksichtigt ist.

Also in die Schule, also E. hat einen Vorteil, es fahren ziemlich viele Busse.

Allerdings erschwert sich das Schulpendeln mit dem Besuch von Oberstufenklassen. Die Reform der Oberstufe bewirkte, dass sich der Stundenplan entzerrt und Hohlstunden sowie

Nachmittagsunterricht notwendig macht. Diese Schulsituation ist dann weniger mit öffentlichen Verkehrsmitteln zu bewältigen. Auch Paul empfand diese Situation als belastend, weil dadurch seine freie Zeit sehr beeinträchtigt wurde.

Um so später der Nachmittag, um so weniger Busse fahren und wenn ich dann halt mal 4 Stunden Nachmittagschule habe, dann ist es meistens so, dass ich dann eineinhalb Stunden auf den nächsten Bus warten muss.

Mit dem Beginn der eigenständigen Mobilität konnte Paul auch diese Belastung bewältigen. Den Aspekt, dass die Nutzung öffentlicher Verkehrsmittel viel freie Zeit absorbiert, betont er im Interview auch noch an einer anderen Stelle, wo er herausstellt, dass er über seine eigenständige Mobilität morgens erst viel später aufstehen und so keine unnütze Zeit mit Warten zubringen muss.

Also wenn ich jetzt zum Beispiel in die Schule gehe, ich muss um ½ 8 Uhr in der Schule sein, da reicht's mir, wenn ich mit dem Auto fahr, wenn ich um ½ 7 Uhr aufstehe. Spätestens. Also damit ich um ½ 8 Uhr in der Schule bin, ich brauch mit dem Auto 20 Minuten in die Schule. Wenn ich mit dem Bus fahr, dann muss ich viertel nach sechs (viertel vor sechs, BS), spätestens, aufstehen, damit ich überhaupt noch auf den Bus komme. Der fährt nämlich 20, ja der fährt 6.20 Uhr fährt der Bus. Und dann bin ich auch, dann bin ich, der fährt eine dreiviertel Stunde, oder halt maximal eine halbe Stunde runter, und dann steh ich da noch, ja, eine dreiviertel Stunde vor der Schule rum und kann nichts tun.

Die eigenständige Mobilität betrachtet Paul durchaus auch zeitökonomisch. Mit dem eigenen Auto spart er viel Zeit, die er dann eher zusammen mit FreundInnen verbringen kann. So verspricht ihm das eigenständige Mobil-Sein, über seine freie Zeit selbstständig und vor allem auch eigenständig verfügen zu können. Sich von Fahrplänen abhängig zu machen oder dass diese gar seine freie Zeit organisieren und bestimmen, versucht Paul durch sein eigenständiges Mobil-Sein zu umgehen.

Paul hat sich eine für den ländlichen Lebenskontext unübliche Freizeitbeschäftigung, das Tanzen, gewählt. In seinem Heimatdorf stehen den Jugendlichen zwar unterschiedliche Freizeitangebote (Narrenzunft, freiwillige Feuerwehr, diverse Musik- und Sportvereine) zur Verfügung, keines aber, das Paul zur Realisierung seiner Freizeitinteressen in Anspruch nehmen möchte und kann. Pauls objektive Prämissenlage zeichnet sich also durch ein defizitäres dörfliches Freizeitangebot aus, woraus sich für ihn dann die Notwendigkeit zum Freizeitpendeln und zur Regionalorientierung ergibt. Auch diese Handlungsnotwendigkeit löst er über eine ausgeprägte Mobilität.

Über sonstige dörfliche Freizeitaktivitäten verfügt Paul nicht. Er betrachtet die dörflichen Freizeitangebote als äußerst spärlich, die keinesfalls seinen Freizeitvorstellungen und -vorlieben entsprechen.

In E. selber kann man nicht viel machen, also muss man irgendwohin gehen. Entweder man geht auf, entweder man geht tiefer auf die Alb rein, also Richtung oder ja raufwärts, Z., E. und so, oder man geht runter ins Tal.

In seinem Heimatdorf kann Paul seine Freizeitvorstellungen also nicht realisieren, dazu muss er das Dorf verlassen und in die Region pendeln. Dies ist nachvollziehbar, wenn man das Hobby von Paul kennt: Sein Hobby ist Tanzen. Er tanzt auf hohem Niveau, sodass er neben der Schule auch als Vortänzer arbeitet. Das heißt, zusammen mit einer Tanzlehrerin unterrichtet er in Tanzkursen und Tanzkreisen. Mit dem eigenständigen Mobil-Sein kann er die dörflichen Einschränkungen – zumindest im Freizeitsektor – überwinden. Er muss sich den dörflichen Angeboten nicht unterordnen, sondern kann sich die Freizeit nach eigenen Vorstellungen und Vorlieben gestalten. Pauls dorfuntypisches Hobby trägt aber auch dazu bei, dass sein Kontakt zu Altersgleichen im Dorf nur wenig ausgeprägt ist, er diesen allerdings auch nicht fördert und damit wohl seine Integration ins Dorf gefährdet. Insgesamt verfügt Paul über recht wenige dörfliche Kontakte.

Also mit den E.ern, so von dem her komme ich nicht so arg zurecht. Da ist das irgendwie... Wenn man da sagen tät: Komm wir tanzen eine Runde. Die sind nicht auf meiner Wellenlänge.

Scheu: Das ist bei den Jugendlichen nicht so, dass man tanzt?

Nein, in E. zum Beispiel überhaupt nicht.

So trägt Pauls Hobby nicht nur dazu bei, weniger integriert zu sein, sondern fungiert ebenso auch als Ausgrenzungsmedium. Paul wird aufgrund seines dorfunüblichen (extravaganten) Hobbys zum Außenseiter, weil es seine Freizeit anders gestaltet als seine Altersgleichen in seinem Heimatdorf. So bleibt ihm fast nichts anders übrig, als Freizeit außerdörflich, in der Region zu verbringen. In der Region trifft er nicht nur Alters-, sondern vor allem auch Gleichgesinnte, mit denen er seine Vorlieben teilen kann. So spielt der Ort, wo Paul sich mit Gleichgesinnten treffen kann, nur eine untergeordnete Rolle, er müsste nicht unbedingt außerhalb des eigenen Heimatdorfes sein. Ausschlaggebend ist lediglich, dass sich dort Gleichgesinnte treffen.

Scheu: Wenn es so eine Tanzschule in E. geben würde, würdest du da hingehen?

Paul: Wenn das der gleiche Kreis wäre, der da verkehrt, dann auf jeden Fall denk ich mal. Also gehen wir jetzt mal von dem Prinzip aus, also Tanzschule W. würde da noch mal eine Filiale aufmachen, dann denke ich schon, dass wir da auch wären.

Paul verfügt in seinem Heimatdorf über keine verwandtschaftlichen Beziehungen und Bezüge. Auf die Frage nach seinen verwandtschaftlichen Beziehungen und Bezügen berichtet Paul ausschließlich über die Verwandtschaft mütterlicherseits; zur Verwandtschaft väterlicherseits scheint es keine Kontakte zu geben. Aus dieser objektiven Prämisse ergibt sich für Paul die Notwendigkeit, seine Integrationswünsche und -absichten auf andere Weise zu realisieren. So versucht Paul mit seiner stark ausgeprägten Regionalorientierung seine dörflichen Integrationsdefizite zu überwinden. Er sucht bei Gleichgesinnten die Anerkennung, die ihm erforderlich erscheint. Er selbst weiß um die Existenz dieser Defizite, so dass er sich zwar für ein Bleiben in einer dörflich-ländlichen Region, nicht aber in seinem Heimatdorf, später, wenn er eine Familie gründet, vorstellen kann.

Also in die Großstadt unbedingt möchte ich nicht. (...) Ich würde eigentlich schon ganz gern irgendwo so ein bisschen abgeschieden wohnen. Ich hab dann halt irgendwo was, wo ich meine Ruhe hab und da hin kann und sagen kann, jetzt bin ich weg.

Paul kann aufgrund seines Integrationsdefizites sein Interesse nach Sicherheit und Geborgenheit nicht im dörflichen Lebenskontext realisieren. Lediglich seine regionale Freizeitorientierung, das Zusammensein mit Gleichgesinnten und wohl auch sein Nebenjob in der Tanzschule können zur Realisierung dieses Interesses teilweise beitragen. Paul betont im Interview an mehreren Stellen, dass er sich vor allem bei seinen Großeltern, die nicht in demselben Dorf leben, sehr geborgen und emotional abgesichert fühlt. So bleiben allein die großelterlichen Beziehungen, über die Paul sein Interesse und Bedürfnis nach Geborgenheit realisieren kann.

Und meine Oma, das ist halt einfach schön. Und wenn man zur Oma kommt und da wird man ringsum umsorgt, so umsorgt wird man daheim nicht. Da stehst du morgens auf, dann wirst du gefragt, was willst du heute Mittag zum Essen.

Über die großelterlichen Beziehungen und Bezüge kann Paul auch sein Interesse, ernst genommen zu werden, realisieren. Dass er von seinen Großeltern ernst genommen wird, führt Paul auf seine handwerklichen Unterstützungsleistungen zurück. Er kann/darf dort recht eigenständig und selbstständig bestimmte wichtige und auch gefährlichere Arbeiten leisten, die früher, als er noch jünger war, ausschließlich sein Großvater ausführte. Das heißt, sein Großvater traut ihm auch zu, dass er zu solchen Leistungen fähig ist. So vermittelt ihm die erbrachte Leistung Anerkennung und Wertschätzung.

Gut, und wenn ich bei der Oma was schaff und so, das ist eigentlich auch eine bisschen lockerere Arbeit. Gut, und vor allem Arbeit, die mehr Spaß macht. Weil mein Opa sagt halt irgendwann, er kann jetzt halt nicht mehr so arg viel und die Arbeiten, die Spaß machen, hat er normal gemacht und mir den Rest gelassen. Jetzt ist es anders, jetzt mach ich die Arbeit, die Spaß macht und so ein bisschen noch den Rest, so Handlanger. Er steigt auch nicht mehr aufs Dach rauf. Jetzt hab ich das Dach gerichtet, da hat der Lothar ein paar Dachplatten runter genommen, letztes Jahr noch und da haben wir jetzt bloß provisorisch ausgebessert gehabt und das haben wir jetzt halt gerichtet und dann war ich auf dem Dach droben. Dann hat er mir halt aufs Dach das Werkzeug rauf gegeben oder so was...

Mit dem tradierten Handlungsmuster ‚Leistung' sieht sich Paul in der Lage, seine Handlungsnotwendigkeiten zu bewältigen als auch seine Interessen und Bedürfnisse zu realisieren. So weist Paul in dem Interview an unterschiedlichen Stellen auf seine im familialen Kontext erbrachten Unterstützungsleistungen vorwiegend im handwerklichen Bereich hin, die ihm Anerkennung, Beachtung und Wertschätzung bringen. Seine handwerklichen Kompetenzen kann er in seine Herkunftsfamilie gut einbringen: Sie werden dort auch wohlwollend in Anspruch genommen und vor allem von seinem Vater wohl auch erwartet.

Weil mein Vater will halt, dass ich auch was im Geschäft arbeite oder am Wochenende auf jeden Fall, schaffen wir irgendwas ums Haus rum, richten oder ich richte das Auto und mein Vater richtet irgendwo nebenher irgendwas anderes oder schafft halt auch mit mir oder wir gehen irgendwo auf einen Bau vom Onkel und schaffen da irgendwas. Also das war jetzt auch in letzter Zeit relativ viel, dass wir da jetzt denen das Haus umgebaut haben und renoviert haben. Und dann halt, sobald mein Opa anruft und sagt, er braucht jetzt unbedingt Leute zum Birnen auflesen, Äpfel auflesen, Bienenstand irgendwas, oder irgendwas im Haus richten.

Fazit

Die von Paul erbrachten familialen Unterstützungsleistungen vermitteln ihm den Eindruck, von seinen Eltern und Großeltern gebraucht und damit auch ernst genommen zu werden. Er wird damit in die Welt der Erwachsenen aufgenommen, weil er genauso wie die Erwachsenen ‚etwas leistet'. Er sichert sich seine familiale Integration und Partizipation über seine handwerklichen Unterstützungsleistungen. Das heißt, der Leistungsaspekt steht im Mittelpunkt seiner familialen Integrations- und Partizipationsbemühungen. Dies entspricht durchaus ländlich-dörflicher Lebenspraxis[213], steht aber einem tatsächlichen Integriert-Sein im Sinne einer emotionalen Abgesichertheit im Wege. Partizipations- und Integrationsbemühungen, die vorwiegend auf zu erbringende Leistungen angelegt sind, tragen zwar zur Integration und Partizipation bei, ihnen sind aber immer auch Exklusionen inhärent. Dann gehören nur diejenigen dazu, die dem Leistungsprinzip entsprechen können/möchten und die ‚Anderen' sind davon ausgeschlossen. So ist jenen Familienmitgliedern die Integration sicher, die ihre Lebensgestaltung an dem Leistungsprinzip ausrichten. Familienmitglieder, die dieses Leistungsprinzip nicht übernehmen möchten/können, ist die Integration zumindest erschwert. Zugespitzt kann eine so angelegte Familienpraxis auf den Punkt gebracht werden: Nur diejenigen gehören dazu, die ‚etwas leisten'. So versucht Paul sein Interesse nach Integration und Partizipation über Unterstützungs*leistungen* im familialen Kontext zu realisieren. Er beschränkt sich damit auf einen sehr eingeschränkten und recht engen Raum, seine Familie. Weitere Integrations- und Partizipationsabsichten verfolgt Paul nicht, vor allem die Möglichkeiten zu einer gesellschaftlichen Integration und Partizipation strebt er nicht an. Paul wählt zu seiner Interessenrealisierung das tradierte Leistungsprinzip, das an mindestens

---

[213] Siehe dazu Kap. 5

zwei Punkten problematisiert werden muss: Sich bei der Realisierung des Interesses nach Integration, Partizipation, Dazugehörigkeit und Ernstgenommenwerden ausschließlich auf Leistung zu beschränken und damit andere Integrations- und Partizipationsmöglichkeiten und -chancen außer Acht zu lassen, führt deutlich zur Lebensraumeinschränkung und Einschränkung der Handlungsmöglichkeiten. Das heißt, Paul wählt zu dieser Interessenrealisierung ein Handlungsmuster, mit dem er sich selbst einschränkt und letztlich selbst schadet. An einem weiteren Punkt zeigt sich dieses Handlungsmuster problematisch. Paul vollzieht seine Interessenrealisierung auf der Basis des Leistungsprinzips, das dem Motto folgt, dass nur diejenigen dazu gehören können, die auch ‚etwas' leisten beziehungsweise zum Erbringen von Leistung bereit sind. Eine solche Denkweise liefert die ideologische Begründung für ausgrenzend-rassistische Denk- und Handlungsmuster. Wenn schon im familialen Kontext nach dem Leistungsprinzip gehandelt wird, dann muss dies erst recht im gesellschaftlichen Kontext funktionieren. So werden die Erfahrungen, die in der Familie gemacht werden, durchaus auch auf andere Lebensbereiche übertragen. Und so erstaunt es nicht, dass Paul das Leistungsprinzip auch in seine Freizeitgestaltung integriert. Sein favorisiertes Hobby, das Tanzen, beinhaltet durchaus in einem beträchtlichen Teil dieses Prinzip. Als Vortänzer hat Paul eine wichtige Funktion inne, die ihm auch in seiner Clique, die sich auch aus tanzbegeisterten Altersgleichen zusammensetzt, Anerkennung und Beachtung vermittelt. Diese Anerkennung bekommt Paul vor allem, weil er sich bis zum Vortänzer in fortgeschrittenen Kursen und Kreisen vorgearbeitet hat. Auch hier fungiert für Paul das Leistungsprinzip als Medium, das ihm Anerkennung – diesmal in die Clique – vermittelt.

Pauls Denk- und Handlungsmuster basiert vor allem auf der Leistungsorientierung und analog dieses Prinzips versucht er, Klarheiten herzustellen. Leistung gilt für ihn als klares Prinzip, um Anerkennung und Wertschätzung zu erhalten, aber auch um Dazugehörigkeit zu demonstrieren. So scheint für ihn völlig klar zu sein, dass denjenigen, die ‚etwas' leisten, Anerkennung und Wertschätzung zu zollen ist, und dass diejenigen, die sich diesem Leistungsprinzip entziehen, nicht ‚dazugehören' können. Dieses Orientierungsmuster basiert und speist sich aus der Ideologie der Ungleichheit und Ungleichwertigkeit: Menschen, die ungleich sind – die also nicht in vollem Maße die Leistungsorientierung übernehmen wie er selbst –, die aus seiner Sicht weniger leisten, können sich auch nicht zu denjenigen rechnen, die am Konsum partizipieren können.

Paul verhält sich damit entsprechend der für den ländlichen Lebenskontext typischen Regeln und Traditionen. In besonders ausgeprägter Weise übernimmt er das tradierte Muster der Leistungsorientierung[214]. Diese Tradition war in ihrer ursprünglichen Bedeutung an das Überleben gebunden. Im bäuerlichen Lebenskontext sicherte eine erbrachte Leistung, also ‚etwas-schaffen' die Existenz. Wer also in der bäuerlichen Gesellschaft überleben wollte, wer zur Erhaltung seiner Existenz beitragen wollte, musste ‚etwas-schaffen' und wer selbst seine Existenz sichern konnte, also nicht auf Almosen angewiesen war, dem war eine gewisse Anerkennung und Wertschätzung sicher. Dieses Denkmuster und Orientierungsmuster tradierte sich bis in die moderne Zeit, auch wenn es seine Bedeutung völlig verloren hat. Paul hat diese Tradition übernommen. Sie fungiert für ihn – wie vielleicht schon für seinen Urgroßvater – als Orientierungsmuster. Damit bekommt diese Tradition für ihn die Funktion eines Ideologems, auf das zur Bewältigung von spezifischen Handlungsnotwendigkeiten und Herausforderung und/oder zur Realisierung individueller Interessen und Bedürfnisse zurückgegriffen werden kann. Für Paul ergibt sich aus der Übernahme dieses tradierten Orientierungsmusters gleichzeitig aber auch die Notwendigkeit, Segmentierungsprozesse vorzunehmen, das heißt Trennungslinien zwischen den Leistungsbereiten und den Nichtbereiten einzuziehen. Solche Segmentierungs-

---

[214] Die historische Herleitung dieses Orientierungsmusters und seine Funktionalität wurden im Kap. 5 ausführlich beschrieben.

prozesse machen klare Aus- und Eingrenzungsmechanismen notwendig. Paul übernimmt damit das Denkmuster, dass Anerkennung, Wertschätzung und Geborgenheit, vor allem aber auch Zugehörigkeit über ‚Leistung durch Abgrenzung' erreicht werden kann. Sich von anderen Menschen anhand der Kategorie ‚Leistung' zu unterscheiden, wird für Paul zum orientierungsgebenden Ideologem. Pauls Gleichsetzung von Leistung mit Anerkennung, Wertschätzung und Zugehörigkeit macht zum einen ständige Vergleichsprozesse und zum anderen aber auch Ausgrenzungsprozesse notwendig. Um seine Leistung in besonderer Weise hervorheben zu können, muss er diese ständig hervorheben, gleichzeitig aber auch darauf hinweisen, dass ‚Andere' zu dieser Leistung nicht bereit sind, ihnen somit auch weniger Anerkennung, Wertschätzung und Zugehörigkeit zu zollen ist. Dabei bleibt die Frage, ob *diese Anderen* auch tatsächlich weniger leisten, unbeantwortet und unbedeutend. Pauls Denk- und Begründungsmuster ruhen auf der ideologischen Basis der Ungleichwertigkeit: Auch kann am Fallbeispiel Paul gezeigt werden, dass sich in dem tradierten Orientierungsmuster ‚Leistung' deutliche ausgrenzende Elemente finden. Allein die Übernahme dieser Tradition macht Paul für Ausgrenzung und Rassismus anfällig, sie legt ihm ausgrenzend-rassistisches Denken nahe.

Fallstudie 4
Anne: Konfliktvermeidung
Anne ist 24 Jahre alt und studiert an der Fachhochschule im ersten Semester Soziale Arbeit. Sie besuchte in der etwas weiter entfernteren mittelgroßen Stadt das Gymnasium und lebte bis zum Beginn ihrer Ausbildung zur Erzieherin in einem kleinen Dorf in Süddeutschland. Zur Zeit wohnt sie in der Nähe einer mittelgroßen Stadt. Anne pendelt am Wochenende nach Hause. Ihre Eltern besitzen ein eigenes Haus, in dem Anne nach wie vor ‚ihr' Zimmer hat. In unmittelbarer Nachbarschaft wohnen ihre Großeltern. Anne wuchs nach eigenen Angaben sehr behütet auf. Anne hat keine weiteren Geschwister und ist auch das einzige Enkelkind ihrer im Dorf

lebenden Großeltern. Anne wuchs ohne Geschwister auf. Ihre Eltern sind beide berufstätig. So übernahmen die Großeltern, die gleich nebenan wohnen, die Versorgung von Anne im Kindesalter.

Meine Großeltern, die wohnen also direkt gegenüber von uns und das war so in der Kinderzeit eigentlich immer sehr praktisch, weil die Oma immer da war und auch für die Eltern, denke ich, war das recht geschickt.

Die für den ländlichen Raum typische Schulsituation (Grundschule im Dorf, weiterführende Schulen in der Region bzw. Stadt) ergab auch für Anne die Notwendigkeit zum Schulpendeln. Anne musste, um die Realschule und dann später das Gymnasium zu besuchen, in die nahe gelegene Stadt auspendeln. Bis zur gymnasialen Oberstufe gestaltete sich für Anne das Schulpendeln wenig problematisch, weil die Busverbindungen sich an den Unterrichtszeiten ausrichteten.

Also ich sag mal so, in der 11. Klasse war das noch weniger das Problem, weil einfach der Stundenplan ja dann auch noch geschickt gelegen ist, aber als dann diese Leistungskurse dazugekommen sind, da war es recht schwierig. Weil dann einfach auch mal, ja, zwei Stunden nichts war, und dann mittags wieder. Also das war recht schwierig.

Erst ab der 12. Klasse, in der reformierten Oberstufe, empfand Anne das Schulpendeln als Belastung. So machte sie so bald als möglich den Führerschein. Sie verfügte zwar über kein eigenes Fahrzeug, konnte aber für das Schulpendeln jederzeit auf das Auto ihrer Mutter zurückgreifen.

Aufgrund der dörflichen Freizeitangebote verbrachte Anne bis zum frühen Jugendalter ihre freie Zeit überwiegend im Dorf. Sie nutzte ausführlich die dörflichen Sportangebote (Skifahren, Tennis, Schwimmen). Erst im Alter ab ungefähr 17 Jahren entsprachen diese Angebote nicht mehr ihren Vorstellungen. Vor allem für die abendliche Freizeitgestaltung standen ihr keine für sie adäquaten Angebote zur Verfügung. Sie wollte ihre Freizeit nicht länger nur im eigenen Dorf verbringen, sondern zusammen mit ihrer Clique außerhalb des Dorfes, in der Region.

Aber so dann, ja, später, so mit 17, 18, wo man halt dann vielleicht auch mal noch abends weg will, da war am Ort selber eigentlich nichts. Also da waren wir dann darauf angewiesen, nach A. zu kommen oder ja, B. oder so, in die Richtung.

Anne betrachtet die regionale Freizeitgestaltung als alterstypische Erscheinung. Ab einem gewissen Alter wurden für sie die dörflichen Angebote uninteressant und genauso wie ihre Clique wollte sie außerhalb des Dorfes Neues kennen lernen. Dabei steht für Anne nicht das Kennenlernen von Neuem im Vordergrund, sondern vielmehr, dass sie mit ihrer Clique zusammen ‚etwas' unternehmen kann.

Aber ab so einem gewissen Alter ist das eher ein bisschen uninteressant geworden. Und ja, also ich glaub, warum es einen da so in die Stadt zieht, das hat irgendwie in dem Alter glaub ich auch mit der Gruppe zu tun, in der man ist. Dass das einfach da, ja so ein bisschen Trend gerade ist und da möchte man ja auch dann mit und dabeisein und ja, es bietet natürlich schon auch Neues. Also ich glaube, es ist auch ein bisschen der Reiz, das Neue dann kennen zu lernen. Also eine neue Kneipe, oder ein größeres Kino, oder in der Richtung. Oder auch einfach neue Leute kennen zu lernen.

Die regionale Freizeitgestaltung ist für Anne von großer Bedeutung, weil sie dadurch der dörflichen sozialen Kontrolle entgehen kann und unbeobachtet auch Neues und somit Dorfunübliches ausprobieren kann.

Also ich denke, so in dem Ort, wo ich aufgewachsen bin, da kennt jeder jeden. Und da kann man dann auch erfahren, aha, jetzt hat wieder die Freundin von der Oma einen da gesehen oder so. Also ich denke, das ist schon auch mit ein Grund in dem Alter. Dass man da ein bisschen ausbrechen will. (...) Auch zum Beispiel mit Kleidung, das ist ja in dem Alter auch wichtig. Das ist auch im Dorf so ein bisschen, denkt man, ach, wie sieht jetzt die aus oder was macht jetzt die jetzt. Und das ist in der Stadt, denke ich, ja, da schwimmt man so ein bisschen in der Masse mit.

Anne nutzt die regionale Freizeitgestaltung lediglich für kommunikative und integrative Bedürfnisse und Interessen. Weitere Interessen und Bedürfnisse, wie zum Beispiel Partizipation, Eigenständigkeit werden von ihr damit nicht realisiert. Es kann festgehalten werden, dass Anne mit der regionalen Freizeitgestaltung versucht, zum einen der dörflichen Kontrolle zu entgehen und zum anderen ihr Bedürfnis und Interesse nach Dazugehörigkeit und Integriert-Sein zu/r Altersgleichen/Clique zu realisieren. Der Aspekt, dass die regionale Freizeitgestaltung die Möglichkeit bietet, Neues und Dorfunbekanntes, aber auch neue Menschen kennen zu lernen, nimmt bei Anne eine nachgeordnete Stelle ein.

Also ich war da auch nicht so versessen, da jetzt jemand kennen zu lernen. Also ich bin eher so ein bisschen unter den Bekannten geschwommen. Das war mir persönlich jetzt also nicht so wichtig.

Aufgrund der elterlichen Berufstätigkeit entwickelte Anne recht früh Eigenständigkeit und Selbstständigkeit. Ihr wurden schon bald hauswirtschaftliche Pflichten übertragen. Dies vermittelte ihr ein außerordentliches Gefühl der Dazugehörigkeit. Sie gehörte zu ihrer Familie als eigenständiges Familienmitglied, das genauso Aufgaben und Pflichten zu übernehmen hatte, wie ihre Eltern.

Ja, also früher waren das halt dann so Sachen wie Spülmaschine ausräumen oder, wir haben dann auch noch Tiere gehabt, Hasen und eine Katze, die auch versorgen und ja, solche Sachen. Abwaschen mal oder so. Und später war es dann auch eher mal mit Wäsche waschen oder ja, solche Sachen.

Auf ihre Eigenständigkeit und Selbstständigkeit, die sich ihrer Meinung nach aus der frühen Mitverantwortung im elterlichen Haushalt ergab, weist Anne an einer weiteren Stelle im Interview hin.

Ja, also meine Eltern sind auch beide berufstätig und ich hab keine Geschwister. Also ja, ich war schon auch manchmal auf mich selber dann auch angewiesen. Und es war auch abgesprochen, was ich jetzt zu machen habe oder so, bis die Eltern auch heimkommen und wer was übernimmt so im Haushalt.

Anne pflegt insgesamt eine enge familiale Bindung. Trotz ihrer eigenen Wohnung in der Nähe ihres Studienortes pendelt sie jedes Wochenende und auch in der vorlesungsfreien Zeit nach Hause. Nach wie vor trifft sie sich dann mit ihren FreundInnen und verbringt mit ihnen außerdörflich, in der Region ihre Freizeit. Vor allem aber genießt sie während des Wochenendes die Übersichtlichkeit und Sicherheit in ihrem Heimatdorf, die sich in dem gegenseitigen Sich-Kennen ausdrückt. Nicht zu vernachlässigen ist dabei aber auch, dass sie sich dort geborgen, aufgehoben und emotional abgesichert fühlt. Das alles vermisst sie an ihrem momentanen Wohnort und veranlasst sie daher zum Wochenendpendeln.

Also für mich macht es schon ein bisschen was aus, weil also ich bin ja auch weggezogen aus W. und man merkt dann schon, wenn man da wo hin zieht, wo man so gar niemand kennt und wo man auch nicht schnell über die Straße zur Oma kann oder so, das ist schon überhaupt zu wissen, man hat die Möglichkeit nicht, das finde ich, macht schon was aus.

Anne berichtet über enge und harmonische familiale Beziehungen. Diese Darstellung scheint allerdings eher einer Idealisierung geschuldet zu sein. Anne berichtet an einigen Stellen im Interview auch von der überwachenden und neugierigen Großmutter. Anne empfindet dies als sehr belastend und einschränkend, vor allem auch wegen der damit verbundenen Rechtfertigungspflicht beziehungsweise -notwendigkeit. Dazuhin scheint vor allem die Großmutter Anne beträchtlich zu bevormunden. Nicht nur, dass sie über alles Bescheid weiß und auch wissen möchte, sondern dass sie auch in die konkrete Lebensgestaltung von Anne eingreift. Diese Erfahrungen veranlassen Anne zu der Absicht, „später" nicht in der Nähe von Verwandten wohnen und leben zu wollen. Wobei Anne dieses „später" im Interview nicht weiter definiert.

Meine Großeltern, die wohnen also direkt gegenüber von uns und das war so in der Kinderzeit eigentlich immer sehr praktisch, weil die Oma immer da war und auch für die Eltern, denke ich, war das recht geschickt. Aber später, also gerade so im jugendlichen Alter, da hab ich mich dann schon sehr beobachtet gefühlt, also weil sie genau gesehen hat, um 12 Uhr ist dann das Licht noch mal angegangen oder solche Sachen.

Scheu: Hat das dann eine Auswirkung gehabt, Konsequenzen?

Also ich weiß nicht, ich hab eine Zeitlang gesagt, ich guck mal später, dass so Verwandte nicht so näh neben mir wohnen. Aber ich glaube, man muss das auch vom Mensch abhängig machen. Also ich denke, nicht jede Oma wird da jetzt am Fenster hängen und da die ganze Zeit beobachten. Aber ich glaube, man wird schon vorsichtig oder ja, möchte das auch nicht unbedingt, diese Beobachtung ständig. (...) Aber auch immer dieses Abmelden, also wo gehst du jetzt hin oder wann kommst du wieder. Oder wenn du kommst, dann stellst du das Auto daher und dieses vorher schon abklären, was ist dann später oder so.

Ein weiterer Aspekt trübt die Darstellung einer harmonischen familialen Atmosphäre. Anne berichtete über ein inniges und konfliktfreies Verhältnis zu ihrem Vater, der ihre Lebensgestaltung akzeptiert und ihr auch den notwendigen Freiraum lässt sowie ihr Streben nach Selbstständigkeit unterstützt. Etwas gespaltener ist das Verhältnis zu ihrer Mutter. Aufgrund deren Dominanz fühlt sich Anne sehr bevormundet. Nach wie vor scheint Annes Mutter recht großen Einfluss auf die Lebensführung von Anne haben zu wollen.

Also bei mir ist es eigentlich so, dass ich mit meinem Vater eigentlich nie irgendwie Meinungsverschiedenheiten oder ganz selten hab. Und mit der Mutter eher. Also sie ist sehr dominant und will dann auch mal sagen und bestimmen.

Scheu: Auch Ausgehzeiten oder Kleiderfrage oder um was ging es da?

Ja, also Ausgehzeiten eigentlich weniger. Aber vielleicht auch gerade mal mit dem Auto, wann ich das dann mal wieder kriegen kann oder wann sie es dringend braucht. Und ja dann später auch in der Ausbildung mit Wohnung oder wie das ablaufen soll, wo da gewohnt werden soll und solche Sachen.

Anne versucht zwar, sich dieser Bevormundung zu widersetzen, ob ihr dies aber immer gelingt, bleibt unbeantwortet. Die Vermutung, dass ihr diese Absicht des Öfteren misslingt, ergibt sich aus ihrer Selbsteinschätzung. Sie selbst schätzt sich nämlich als sehr ruhigen Typ ein, der Konflikten und Auseinandersetzungen eher aus dem Wege geht.

Und ja, ich bin eigentlich eher so der ruhigere Typ und früher hab ich da dann auch gern mal nachgegeben und so. Ja, halt im jugendlichen Alter dann eigentlich weniger. Und da hat es dann schon ab und zu mal.

An einer anderen Stelle beschreibt sich Anne so:

...also ich wäre nicht so der Typ gewesen, der dann bis morgens 4 Uhr wegbleibt oder so.

Trotz dieser für Anne einschränkenden familialen Prämissen/Bedingungen fährt sie jedes Wochenende und in der vorlesungsfreien Zeit nach Hause. Regelmäßig besucht sie dann auch ihre Großeltern. Diese Besuche sind recht intensiv. Nicht nur wegen des zeitlichen Umfangs, sondern auch wegen der umfangreichen und durchaus auf die Person von Anne bezogenen Gespräche.

Scheu: Wieviel Zeit verbringen Sie denn mit ihren Großeltern?

Also durch das, dass ich jetzt nicht mehr daheim bin, halt am Wochenende mal zwei Stunden oder so. Ja. Früher war das schon häufiger, also als ich da auch noch gewohnt habe und dort zur Schule bin. Da war das schon.

Scheu: Wenn Sie jetzt ihre Großeltern besuchen, was schwätzen sie da? Also oder helfen sie da, arbeiten sie da mit?
Also sie wollen eigentlich halt wissen, ja, wie es einem geht, wie das jetzt ist bei dem Studium. Wie es da mit dem Autofahren klappt. Ja, so.

Anne sieht sich mit der Wahl des tradierten Handlungsmusters ‚Konfliktvermeidung' in der Lage, sowohl ihre landtypischen Handlungsnotwendigkeiten zu bewältigen als auch ihre Interessen und Bedürfnisse zu realisieren. Sie versucht die Realisierung ihrer Bedürfnisse und Interessen nach Geborgenheit, Sicherheit und vor allem Zugehörigkeit in ihrer vertikal erweiterten Herkunftsfamilie durchzusetzen. Nach wie vor scheint sie für Anne der Garant dafür zu sein. Die familialen Einschränkungen muss sie in Folge dessen ertragen. In diesem Zusammenhang vertröstet sie sich auf „später", dann nämlich möchte sie endgültig ihr Heimatdorf verlassen. Mit der Option „später" kann sie also die familialen Einschränkungen in gewissem Maße in den Griff zu bekommen, keinesfalls aber produktiv bewältigen. Ihren Ausführungen ist zu entnehmen, dass sie auch aufgrund einer gewissen Verantwortlichkeit diesen engen familialen Bezug pflegt. Als Einzelkind kann sie ihre Eltern nicht so einfach allein lassen und auch ihren Großeltern gegenüber fühlt sie sich verpflichtet.

Anne äußert eine temporäre Abwanderungsabsicht, die sie im Interview mit den mangelnden beruflichen Möglichkeiten begründet, verbunden mit einer Rückkehroption.
Also ich denke, das war für mich halt schon immer klar, also auch in der Schulzeit, dass ich in dem Ort nicht bleiben kann, weil es für mich da keine Möglichkeit gibt.
Scheu: Beruflich jetzt?
Beruflich. Ja. Und ich komme am Wochenende immer zurück und ich freue mich da drauf und ich bin da auch gern dort, aber ich weiß halt, dass es eigentlich keine Perspektive bietet das Ganze.

Anne betont dabei, dass ihre Absicht abzuwandern, ausschließlich beruflich bedingt ist; ihr die Berufswahl anscheinend keine andere Wahl lässt. Die Möglichkeit, in die nächstgelegenen mittelgroßen Städte auszupendeln, die durchaus Arbeitsplätze für SozialpädagogInnen böten, lehnt Anne mit der Begründung der mangelnden Auswahlmöglichkeiten ab.

Scheu: Also könnten sie sich auch nicht vorstellen, dort zu leben und nach B. auszupendeln, zum Arbeiten?

Aber ich denke, das ist schwierig. Also da gibt es vielleicht zwei, drei Stellen und ja, wo da also meinem Interesse entsprechen würden.

Als Vermutung muss stehen bleiben, dass Annes Abwanderungsabsicht wohl auch mit der ausgeprägten Dominanz ihrer Mutter und Großmutter zusammenhängt. Es scheint, als ob beide (Mutter und Großmutter) immer noch versuchen, zu bevormunden und regen Einfluss auf die Lebensführung von Anne zu nehmen. Hier befindet sich Anne in einem nur schwerlich auflösbaren Dilemma: Sie möchte der Dominanz der Mutter und Großmutter entgehen, was eine Ablösung und auch eine mögliche Distanz erfordern würde, aber aufgrund ihres Verantwortungsgefühls (als einziges Kind und einzige Enkeltochter) ihr zur Zeit unmöglich erscheint. Der Wunsch und das Bedürfnis nach Eigenständigkeit und Selbstständigkeit scheint als Begründung nicht auszureichen, um sich emotional von der Herkunftsfamilie zu lösen.

Fazit

Der Wunsch abzuwandern, ist bei Anne stark ausgeprägt. Sie fasste diesen Entschluss schon während der Schulzeit und er ist wohl auf ihre familiale Prämissenlage zurückzuführen. Sowohl ihre Mutter als auch ihre Großmutter geben Anne wenig Freiraum zu einer eigenständigen Lebensführung. Beide bevormunden Anne darin sehr stark. Dieser familialen Kontrolle und Bevormundung möchte Anne entgehen, findet dazu aber weder den richtigen Zeitpunkt noch eine von der vertikal erweiterten Herkunftsfamilie akzeptierte Begründung. So verschiebt sie diesen endgültigen Schritt immer wieder auf „später". Im Interview begründet Anne ihre Absicht abzuwandern zwar mit den mangelnden interessanten Arbeitsmöglichkeiten in der Region, sie relativiert diese Begründung aber an einer anderen Stelle. Sie betont, dass sie diesen Entschluss schon während der Schulzeit gefasst hat. Damals strebte sie den Beruf Erzieherin an, den sie auch abgeschlossen hat. Arbeitsmöglichkeiten für Erzieherinnen gibt und gab es in der Region genügend. Anne gibt im Interview keine Auskünfte darüber, weshalb sie diesen Beruf nicht ausüben wollte und sich zum daran anschließenden Studium der Sozialen Arbeit entschloss. Aber diese Entscheidung könnte durchaus auch im Zusammenhang mit ihrer Absicht abzuwandern stehen. Würde sie den Beruf der Erzieherin ausüben, wozu die Region genügend Möglichkeiten bietet, dann fehlte ihr eine funktionale und nachvollziehbare Begründung, die Herkunftsfamilie und ihr Heimatdorf verlassen zu wollen. Anne versucht somit schon seit einem längeren Zeitraum, der mütterlichen und großmütterlichen Bevormundung und Einschränkung zu entgehen. Aber auch dies gelang ihr bisher nicht, sie verschiebt die Realisierung dieses Entschlusses immer wieder auf „später". Damit vernachlässigt Anne eindeutig eine produktive Bewältigung dieser innerfamilialen Problematik. Sie wählt dagegen eine restriktive Bewältigungsstrategie, indem sie versucht, Problemen und Konflikten ‚aus dem Weg zu gehen'. Diese Strategie wandte Anne auch schon während ihrer Jugendzeit an. So versuchte sie der dörflichen Kontrolle, die Dorfunübliches negativ bewertet und wohl auch sanktioniert, durch eine außerdörfliche, regionale Freizeitgestaltung, zu entgehen. Auch über ihre vielleicht dorfunüblichen Vorlieben führte sie keine Auseinandersetzung, sie orientierte sich dagegen in der Region, allerdings nicht, um Neues und Dorfunübliches kennen zu lernen und auszuprobieren, oder neue Leute kennen zu lernen, sondern um dörflichen Problemsituationen und Konflikten aus dem Weg zu gehen. Damit wählt Anne nicht nur eine landtypische, sondern ebenso auch eine typisch weibliche Bewältigungsstrategie. Am ‚Fall Anne' spezifiziert sich ein landtypisches Geschlechterrollenverständnis[215], so dass auf dieses hier besondere Aufmerksamkeit gelegt wird. Anne hat die für den ländlichen Raum typischen und weiblichen Verhaltensmuster des Sich-Bescheidens und Unterordnens unter die familialen Belange übernommen[216]. Der ‚Lohn' für diese Leistungen ist dann die emotionale und ökonomische Absicherung. Diese „Anbindung an die Eltern (bedeutet, BS) (...) vor allem auch Unterwerfung unter die geschlechtsspezifisch ausgerichtete soziale und dörfliche Kontrolle..."[217], die im Falle von Anne hauptsächlich über die Mutter und Großmutter repräsentiert wird. Böhnisch/Funk (1989) betonen, dass erst mit der Überwindung dieser elterlichen Anbindung Selbstständigkeit und Eigenständigkeit erreicht werden können. So ist im Falle von Anne die Abwanderungsabsicht weder auf das dörfliche, noch auf das regionale Arbeitsplatzangebot zurückzuführen, sondern viel eher auf ihren Wunsch und ihr Bedürfnis nach Eigenständigkeit und Selbstständigkeit und im weitesten Sinne auch nach familialer Unabhängigkeit: Diese Interessen und Bedürfnisse kann Anne anscheinend nur über Abwanderung realisieren. Um aber eine Abwanderung auch gegenüber der Herkunftsfamilie durchsetzen zu können, hebt Anne eine scheinbar zwingende berufliche Notwendigkeit hervor. Über den Beruf kann sie dann eine Abwanderung durchsetzen und damit letztlich auch ihre Interessen und Bedürfnisse nach Eigenständigkeit, Selbstständigkeit und Unabhängigkeit realisieren. So ist für Anne der Beruf „eine zentrale Voraussetzung für die soziokulturelle Eigenständigkeit (...): Das betrifft sowohl die Dimension der Eigenständigkeit von der Herkunftsfamilie, als auch im Blick auf die Frage einer zukünftigen eigenen Familie des Mädchens. (...) Die Idee der Eigenständigkeit ist für viele Mädchen daher als Metapher für nicht aussprechbare Abhän-

---

[215] Siehe dazu: Böhnisch/Funk 1989

[216] Die Entwicklung solcher Verhaltensmuster hat Cornelia Schweppe (2000) nachgezeichnet. In verschiedenen Fallinterpretationen hat sie den biografischen Entwicklungsverlauf solcher Muster herausgearbeitet.

[217] Böhnisch/Funk 1989, S. 230f.

gigkeiten und Veränderungswünsche zu werten"[218]. In der Weiterführung ist dieser Gedankengang auch auf die Lebenssituation von Anne übertragbar. Anne versucht mit ihrem beruflich begründeten Abwanderungswunsch ihre Abhängigkeit von ihrer Mutter und Großmutter zu überwinden, der dörflichen Kontrolle zu entgehen und ihr Streben nach Eigenständigkeit und Selbstständigkeit durch zu setzen, ohne die jeweiligen, sie einengenden, Beziehungsstrukturen zu verändern. Sie bedient sich dabei eines typisch-ländlichen Bewältigungsmusters, nämlich Konflikte und Widersprüche zu harmonisieren beziehungsweise ganz zu vermeiden[219].

Annes Bedürfnis und Interesse nach Harmonie und Konfliktlosigkeit erschwert oder verhindert gar eine klare Interessenrealisierung. Ihre momentane Lebenssituation zeigt sich als recht ambivalent: Sie kann ihr Interesse nach Eigenständig- und Selbstständigkeit, nach Akzeptanz und Dazugehörigkeit nicht mit ihrem Interesse nach Harmonie und Konfliktfreiheit in Einklang bringen. Ein Teil ihrer Interessen bleibt dann immer unrealisierbar und damit die Ambivalenz erhalten. Mit der Option ‚später' versucht Anne zurzeit diese

---

[218] Böhnisch/Funk 1989, S. 244

[219] Brüggemann/Riehle (1986) weisen auf dieses dörfliche Regelwerk hin. Danach hat das harmonisierende Vorgehen die Funktion, eventuell auftretende Konflikte und Problemkonstellationen schon im Vorfeld zu vermeiden, aus der Befürchtung heraus, keine adäquate Lösung parat zu haben. Brüggemann/Riehle zeigen ein solches konfliktvermeidendes Vorgehen von DorfbewohnerInnen am Beispiel des Waldsterbens: „Zunächst versuchten die Walddorfer, das Waldsterben aus ihrer Primärerfahrung heraus zu erklären, und machten die ihre Gegend überdurchschnittlich häufig im Tiefflug überfliegenden Militärmaschinen verantwortlich. Die offiziell verbreitete Erklärung, Schuld seien die Immissionen aus hohen (Kraftwerk- und Industrie-)Schornsteinen sowie die Autoabgase, zogen sie in Zweifel, weil sie quer zu ihrer eigenen Erfahrung stand. Und plötzlich verbreitete sich in Walddorf eine dritte Lösung, daß es nämlich das Waldsterben immer schon gegeben habe, es tauche etwa alle 70 bis 100 Jahre auf: Die häufigste Reaktion jedoch ist, die Augen zu verschließen – es wird uns schon nicht treffen, entsprechend dem Motto: ‚Heilige Sankt Agatha, behüt unser Haus, zünd andere an'" (Brüggemann/Riehle 1986, S. 222). Auf ähnliche typisch-ländliche Konfliktvermeidungsstrategien weisen auch Lenz (1990) und Gängler (1990) hin.

Ambivalenz auszuhalten. Aber auch trotz dieser Option bindet die ambivalente Lebenssituation Ressourcen. Anne kann zusätzlich zu dieser erlebten Ambivalenz keine weiteren widersprüchlichen und konfliktuösen Lebenssituationen mehr ertragen. So ist sie permanent bemüht, Konflikten aus dem Weg zu gehen oder aber solche Lebenssituationen aufzusuchen oder solche Denkmuster anzueignen, die keinerlei Widersprüchlichkeiten in sich bergen. Analog dieses Denk- und Verhaltensmuster läuft Anne aber große Gefahr, einfach strukturierten und Eindeutigkeit vermittelnden Denkmustern zu verfallen. Bei der Suche nach Erklärungen für beispielsweise gesellschaftliche, soziale oder kulturelle Problemlagen könnten ihr dann jene funktional erscheinen, die gerade auf dieser Einfachheit und Eindeutigkeit basieren. Unbenommen gehören dazu auch ausgrenzend-rassistische Denk- und Handlungsmuster.

Anne verhält sich in einer je-spezifischen Form zu ihrer objektiven Prämissenlage, im besonderen zu der landtypischen Prämisse ‚Soziale Kontrolle‘, sie setzt sich damit auseinander und versucht, entsprechende Handlungsmuster zu entwickeln, um damit *umgehen* zu können. Zwar bewertet sie diese Prämissen als für sie einschränkend und behindernd, sie sieht sich aber nicht in der Lage, diese auf eine adäquate Weise zu verändern. Damit verzichtet sie auf das für Menschen typische Lebens- und Handlungsziel der Umweltkontrolle und Bedingungsverfügung und begibt sich in den Bereich der restriktiven Handlungsfähigkeit. Sie versucht, sich mit den für sie einschränkenden und behindernden Bedingungen zu arrangieren und übernimmt damit ein für den ländlich-dörflichen Raum durchaus gängiges Handlungsmuster der Konfliktvermeidung, nämlich sich mit den typisch-ländlichen Bedingungen zu arrangieren, das Beste daraus machen, ohne diese zu verändern, so behindernd und einschränkend sie auch sein mögen. Unterstützt wird eine solche Unterwerfung durch die landtypische Prämisse der Sozialen Kontrolle. Landtypische soziale Kontrollmechanismen haben die Funktion, die für den ländlich-dörflichen Raum geltenden Regeln zu erhalten und durch zu setzen. (Ungeklärt bleibt und nicht hinterfragt wird dabei, wer diese Regeln vorgibt und wer Träger der sozialen Kontrolle ist). Anne hat für sich die land- und geschlechtstypische Regel, sich um der Harmonie willen zu arrangieren und sich unauffällig zu zeigen, übernommen: Sie arrangiert sich mit der für sie einschränkenden und behindernden – überwiegend familialen – Bedingung der mütterlichen und großmütterlichen Dominanz, indem sie die Option ‚später' entwickelt. Sich gegen diese Dominanz auf zu lehnen, sich produktiv mit ihr auseinander zu setzen, würde das dörfliche Regelwerk sprengen. Nach wie vor gilt vor allem für die weiblichen Dorfbewohnerinnen die ländlich-dörfliche Regel, sich zu bescheiden, nicht auf zu fallen. Die sozialen – typisch-dörflichen – Kontrollmechanismen unterstützen die Einhaltung dieser Regel. Und so entwickelt Anne ein je-spezifisches und wohl auch land- und geschlechtstypisches Denkmuster, das folgende Elemente enthält: a) nicht auffallen, b) Konflikte und Probleme harmonisieren und eventuell über Umweg- und Ausweichstrategien, aber immer im Einklang mit den vorherrschenden Regeln und Meinungen, zu lösen. Dieses Denkmuster liefert die ideologische Basis für Annes weitere Lebenspraxis; mit diesem Denkmuster versucht sie, anstehende Konflikte und Probleme zu lösen beziehungsweise zu bewältigen. Anne zeigt eine hohe Sensibilität, einschränkende und behindernde Bedingungen zu erkennen und zu analysieren, aber sie entwickelt zur Bewältigung dieser Bedingungen ein Handlungsmuster, das eine produktive Bewältigung nicht zulässt. Anne orientiert sich bei der Entwicklung von Bewältigungs- und Handlungsmustern stark am Mainstream, am dörflichen Regelwerk und meint damit auf der sicheren Seite zu stehen, denn das was alle anderen auch machen, kann nicht falsch sein.

Anne macht sich damit in großem Maße von der dörflich-öffentlichen Meinung abhängig. Um nicht aufzufallen, übernimmt sie das dörfliche Regelwerk und richtet ihr Handeln danach aus. Daraus entstehende Konflikte und Probleme versucht sie, über – unauffällige – Ausweich- und Umwegstrategien zu lösen. Dieses land- und geschlechtstypische Denkmuster macht Anne auch für Ausgrenzung und Rassismus anfällig. Der dörfliche Lebenskontext ist nicht frei von ausgrenzend-rassistischen Ideologemen und Alltagsrassismen. Im Interview distanziert sich Anne zwar von Ausgrenzung und Rassismus, meint damit aber eher rechtsextreme und weniger alltagsrassistische Tendenzen.

Entsprechend ihres entwickelten und für sie durchaus funktionalen Denkmusters kann sich Anne der dörflichen Alltagsrassismen kaum erwehren. Sollte sie mit solchen konfrontiert sein, dann wird sie auch hier auf ihre probates Denk- und Handlungsmuster zurückgreifen. Sie wird dieses Phänomen zwar wahrnehmen und eventuell auch als problematisch bewerten, aber sie wird dieses Phänomen wohl nicht dorf-untypisch, also mit dorfunüblichen Strategien bewältigen. Sie wird sich dabei wohl wesentlich auf die dörflichen Möglichkeiten verlassen und dem Phänomen ausweichen.

Fallstudie 5
Tanja: Leben in und zwischen zwei Welten
Tanja ist 21 Jahre alt und studiert im ersten Semester Soziale Arbeit. Sie lebt zusammen mit zwei weiteren Geschwistern und ihrer Mutter in einem eigenen Haus, in dem sie auch über ein eigenes Zimmer verfügt, in einem kleinen Dorf in Süddeutschland. Tanja besitzt ein eigenes Auto und diverse moderne Kommunikationsmittel (Handy, Computer).

Im Heimatort von Tanja steht den SchülerInnen eine Grund- und Hauptschule zur Verfügung, sonstige weiterführende Schulen (Realschule, Gymnasium, etc.) gibt es dort nicht. Tanja besuchte die örtliche Grundschule und wechselte danach ins Gymnasium in der nahe gelegenen Stadt. Dieser Schulwechsel machte ein tägliches Aus- und Einpendeln notwendig. So gehört das Pendeln zu Tanjas biografischem Lebenskontext. Das etwa 15minütige Schulpendeln in die nahe gelegene Stadt absolvierte Tanja bis zur 13. Klasse mit öffentlichen Verkehrsmitteln, was für sie keine besondere

Belastung bedeutete, weil der Schulbus sich an den Unterrichtsstunden ausrichtete.

Das war okay, also da hat es extra so Busverbindungen für die ganzen Schulen, die fahren dann nach K., G. und noch ein Stück weiter und also das ist auf die Schulzeiten eingerichtet gewesen.

Der unregelmäßige Unterricht im Rahmen der reformierten Oberstufe in der 13. Gymnasialklasse machte das Schulpendeln mit öffentlichen Verkehrsmitteln doch etwas umständlich, sodass Tanja im letzten Schuljahr auf das eigene, aber von der Mutter und über Nebentätigkeiten finanzierte, Auto zurückgriff. Die Pendel-Notwendigkeit hat Tanja in ihren alltäglichen Lebenskontext integriert, sodass sie auch zurzeit auf diese Möglichkeit zurückgreift, um an ihren Studienort zu gelangen. Zum Studium pendelt sie ca. 60 km, wozu sie ungefähr 1 ½ Stunden (einfache Strecke) unterwegs ist. Sie nutzt dazu das eigene Fahrzeug, um von öffentlichen Verkehrsmitteln unabhängig zu sein und eventuell auch Zeit zu sparen. Das Pendeln nimmt zwar viel Zeit und auch Energie in Anspruch, wird von Tanja aber nicht als unzumutbare Belastung bewertet, denn sie kann ihr Studium so organisieren, dass sie nur an drei Tagen in der Woche ihren Studienort besuchen muss.

Bis jetzt muss ich ja bloß drei Tage hierher kommen. Und das geht eigentlich ganz gut.

Tanja begründet ihr recht ausgeprägtes Pendeln mit ihrer im Moment noch ungeklärten finanziellen Situation. Es ist noch nicht klar, ob sie sich eine eigene Wohnung am Studienort überhaupt leisten kann. Dagegen scheint ihr, in der elterlichen Wohnung[220] zu leben, auf alle Fälle günstiger zu sein.

Also ganz einfach auch wegen dem Geld jetzt am Anfang erstmal. Ich hab mein Bafög (Bundesausbildungsförderung) noch nicht, und ja, also ich weiß jetzt, ich muss mir erst ir-

---

[220] Nach der Scheidung der Eltern hat der Vater die gemeinsame Wohnung verlassen und der Frau und den Kindern diese überlassen, sodass hier durchaus noch von der elterlichen Wohnung gesprochen werden kann.

gendwie ausrechnen, wie es, ob es sich dann lohnt oder ob es
für mich nicht ganz so teuer wird und ich habe mir es jetzt
halt so überlegt, dass ich es mal versuche jetzt am Anfang.

Die Absicht, bei finanziell sicherer Lage, am Studienort zu
wohnen, relativiert Tanja. Ihr wäre die erste Option, nämlich
zu pendeln, eigentlich lieber. Nur wenn es notwendig ist,
wenn das Pendeln zur Belastung wird, erwägt sie umzuzie-
hen. Ansonsten möchte sie auch während des Studiums in ihrem Heimatort und vor allem in der elterlichen Wohnung
blciben. Die ländliche Lebensqualität und wohl auch der
Komfort, den der elterliche Haushalt bietet, verstärken diesen
Wunsch.

Also ganz weg könnte ich es mir ehrlich gesagt auch nicht
vorstellen. Weil mir gefällt es eigentlich schon da, wo ich
wohne. Es ist eigentlich schon ein schöner Ort. (...) Ja, es ist
einfach auch ruhig. Also es wäre jetzt was anderes, wenn ich
jetzt direkt an der B 10 wohnen würde oder so. Aber bei uns,
wir wohnen dann schon ein bisschen weiter weg, da ist es ei-
gentlich ziemlich ruhig und es ist eigentlich schön. Es ist so
im Filstal drin, also da hat es Berge außenrum und so.
Scheu: Die Landschaft, macht das (...) aus?
Also bei mir schon. Bei mir macht es viel aus. Muss ich ganz
ehrlich sagen.

Das für Tanja defizitäre dörfliche Freizeitangebot veranlasste
sie zum Freizeitpendeln. So gestaltete sie ihre Freizeit schon
im frühen Jugendalter vorwiegend außerhalb ihres Heimatdorfes, in der Region, weil es für sie in ihrem Heimatdorf
wenige Freizeitmöglichkeiten gab. Die typischen Vereinsangebote entsprachen weniger Tanjas Interessen.

Also ich war eine Zeitlang halt beim Turnverein praktisch.
Ja, aber das ist dann auch einfach so mit 15, 16, hat sich das
dann auch verlaufen. Irgendwie. Also, nicht mehr so richtig
Lust gehabt und ja, das war dann einfach, ich weiß auch
nicht.

Dabei gaben die inhaltlichen Ausrichtungen der Vereinsangebote weniger den Anlass für Tanja, sich dort nicht zu organisieren, sondern vielmehr, dass sich in den Vereinen immer die gleichen Leute treffen und sie somit dann immer mit denselben Leuten zusammen sein muss. So kann man in einem Sportverein nicht nur Sport treiben, sondern muss darüber hinaus auch das obligatorische ‚Nachher‘ zusammen verbringen. Aufgrund dessen hat sich Tanja in keinem Verein mehr organisiert.

Also man ist schon ziemlich eingeschränkt. Also bei, wenn man jetzt in dem Verein drin ist, dann ist es halt, man in seinem Vereinshäusle und da trifft man sich dann halt nach dem Sport oder irgendwie so was. Und man hat halt die, da sind halt lauter gleiche Leute um einen rum und die sieht man dann praktisch jede Woche nach dem Sport oder so. Und ja, das ist halt einfach, viel mehr ist dann da nicht.

Tanja schätzt das Freizeitangebote für Jugendliche und junge Erwachsene in ihrem Heimatdorf insgesamt als recht eingeschränkt ein. Neben den traditionellen Vereinsangeboten existieren in ihrem Heimatdorf mehrere Kneipen, die aber überwiegend von den alteingesessenen DorfbewohnerInnen und den an Traditionen orientierten Altersgleichen besucht werden. Vor allem ihre kulturellen Vorlieben konnte Tanja dort nicht realisieren. Eine solche Realisierung war allerdings in der Region möglich. Dort existierten etliche Discos und Kneipen, die eher ihren kulturellen Vorlieben entsprachen.

Bei uns im Dorf hat es so eigentlich nichts Größeres, also hat es zwei, drei Kneipen, die sind aber so, ja, da sitzen halt so eingesessene K.ner drin. Und da hat so meine Clique, wir haben da so nie richtig dazugehört. Und wir sind dann schon immer nach G. gegangen. (...) Also in G. hat es ein paar Kneipen gehabt immer. Die waren eigentlich so recht gut. Da waren wir eigentlich so jedes Wochenende drin. Ins Kino ab und zu mal.

Tanjas dorfunübliche Freizeitvorlieben, die sie dann überwiegend auch außerdörflich, in der Region realisierte, haben

kaum zu ihrer dörflichen Integration beitragen können; im Gegenteil, es fanden deshalb sogar Ausgrenzungsprozesse statt.
Und da hat so meine Clique, wir haben da so nie richtig dazugehört.

Tanja verfügt kaum über Kontakte zu Altersgleichen in ihrem Dorf, nicht nur weil sie ihre freie Zeit nicht zusammen mit ihnen im Dorf beziehungsweise im Verein verbrachte und verbringt, sondern weil sie sich eher mit Altersgleichen, die zusammen mit ihr das Gymnasium besuchten, traf. Mit ihnen konnte sie ihre Freizeitinteressen eher teilen.
Es waren ziemlich viele aus meiner alten Klasse, wo ich auf dem Gymnasium noch war. Ja, und dann halt so noch Freundinnen, aber das war eigentlich, also wir waren schon so eine Schulclique eigentlich.

Der dünn ausgebaute öffentliche Personennahverkehr im ländlichen Raum machte auch Tanjas Freizeitgestaltung und -organisation kompliziert. Typisch für den ländlichen Raum ist, dass öffentliche Verkehrsmittel überwiegend tagsüber, zu den Schul- und Arbeitszeiten (durchschnittlich ca. von 6 – 20h), vorhanden sind, in den Abendstunden und am Wochenende, also in der freien Zeit, aber kaum verkehren. Dies macht ein Freizeitpendeln vor allem für noch nicht motorisierte Landjugendliche schwierig[221]. So war auch die von Tanja favorisierte regionale Freizeitgestaltung für sie nicht immer problemlos. Ohne Führerschein, also unter 18jährig, war sie auf öffentliche Verkehrsmittel angewiesen, mit denen zwar das Schulpendeln, nicht aber das Freizeitpendeln gut zu organisieren war und so war sie auf Mitfahrmöglichkeiten angewiesen. Um eine gewisse Unabhängigkeit zu zeigen und Freiheiten zu genießen, wollte Tanja – und auch ihre weiteren Cliquenmitglieder – nur im äußersten Notfall elterliche/mütterliche Fahrdienste in Anspruch nehmen. Konnte sie

---

[221] Zu dem Phänomen des Freizeitpendelns von Landjugendlichen, den Möglichkeiten und Problemen, die daraus entstehen, siehe Scheu (1989) und Böhnisch/Funk (1989).

und ihre Clique auf keine Mitfahrmöglichkeiten zurückgreifen, benutzten sie auch mal ein Taxi.

Also hingefahren sind wir immer mit dem Bus. Und zurück haben wir halt immer irgendwie gucken müssen, wie wir das hinkriegen. (...) Ja, ab und zu mal haben wir uns von irgendwelchen Eltern abholen lassen, aber das war halt auch jetzt am Wochenende, wenn wir irgendwo unterwegs waren, und dann nachts um 1 Uhr oder um 2 Uhr, daheim anrufen, Mama, kannst du mich mal abholen, das hat eigentlich auch keiner von uns gemacht.

Mitfahrmöglichkeiten waren für Tanja keine Selbstverständlichkeit, sie mussten erst in einem langwierigen Prozess organisiert werden.

Also bei uns war es so, dass also mit dem Bus ging es am Wochenende, also Samstag, Sonntag, ganz schlecht, weil da samstags Busse nur jede Stunde gefahren sind und sonntags glaub sogar bloß jede zwei Stunden. Und wir haben uns dann halt so tagsüber abgesprochen, miteinander telefoniert, wo gehen wir hin, weil ab und zu, wenn wir dann mal in die Disco gegangen sind, das war dann auch schon wieder in G., also das ist dann noch mal ein Stück weg. Und dann haben wir halt erst einmal besprochen, was machen wir überhaupt, wo gehen wir hin. Und dann hinfahren. Das geht dann vielleicht noch mit dem Bus. Oder kommt irgend jemand mit, der vielleicht schon ein Auto hat oder ausleihen kann. Und wieviel braucht man dann überhaupt. Passen wir alle ins Auto rein.

Diese umfangreiche und umständliche Organisation des Mobil-Seins änderte sich schlagartig mit der Möglichkeit, über die Fahrerlaubnis und ein eigenes Fahrzeug zu verfügen. Dies war Tanja ab ihrem 18. Geburtstag möglich.

Also ich muss sagen, damals wo wir einfach noch alle so Jugendliche waren, da hat es uns dann ab und zu schon genervt, dass wir alle aus K. kommen und dass es immer einfach ein Theater ist, bis man irgendwo hinkommt. Man muss halt alles besprechen dann immer vorher, dass es dann auch wirklich klappt. Das hat uns eigentlich schon oft genervt.

Aber so, jetzt eigentlich auch nicht mehr. Also das hat sich dann auch irgendwie gegeben, wo dann, als irgend jemand ein Auto gehabt hat, dann hat man eher mal gesagt, ja gut, jetzt ist es nicht mehr so stressig.

Danach war auch der Besuch weiter entfernter Freizeitstätten möglich, worauf Tanja besonders hinweist.

...oder wenn wir mal gesagt haben, ja, gehen wir mal bisschen weiter weg, gehen wir mal nach G. oder gehen wir mal nach U. vielleicht sogar.

Außerdörfliche, regionale Freizeitgestaltung bedeutet für Tanja auch, neue Leute kennen zu lernen beziehungsweise zu treffen. Auf neue Leute zu treffen, ist im dörflichen Lebenskontext kaum möglich, dort kennt jede/r jeden, fast alle wissen übereinander Bescheid. Die Region bietet dagegen viel bisher Unbekanntes und damit Neues. So hat die recht intensive Regionalorientierung die Funktion, in der Region neue Leute beziehungsweise Altersgleichen und Gleichgesinnte kennen zu. Allerdings muss der Aspekt ‚neue Leute kennen lernen' näher beleuchtet werden. Mit dieser Formulierung ist nicht immer der Anspruch verbunden, ‚andere' Leute zu treffen, beispielsweise mit andersartigen Freizeitvorlieben oder andersdenkende und -aussehende Menschen kennen zu lernen, sich mit deren Vorlieben, Eigenschaften und Wünschen auseinanderzusetzen. Nein, gerade das Gegenteil ist der Fall: Tanja nutzt ihre intensive Regionalorientierung, um ‚Gleiche' zu treffen und kennen zu lernen. An dieser Stelle stellt sich die Frage, weshalb Tanja den Aufwand zum Freizeitpendeln auf sich nimmt, um dann in der Region Gleichgesinnte zu treffen oder sich in Kneipen zu treffen? Tanja gibt dazu in dem Interview Auskunft. Die Regionalorientierung erfüllt für Tanja die Funktion, sich mit ‚Anderen', aber dennoch Gleichgesinnten, über ihre Erfahrungen, über ihre Erlebnisse, über ihre Wünsche und über ihre Probleme, also über schon Bekanntes und Bewährtes auszutauschen, jemandem darüber berichten zu können. Tanja benötigt dazu die in der Region neu kennen gelernten Menschen, denn sowohl ihrer Familie als auch ihrer Clique ist dieses Erzählenswerte schon bekannt.

Also wenn man jetzt irgendwo jemand Neues kennen lernt, und dann kommt man so ins Gespräch und dann fragt man sich auch, ja wie alt bist du, und wo kommst her und was machst immer so am Wochenende, das brauche ich ja meinen Freunden nicht erzählen. Die wissen ja, was man am Wochenende gemacht hat.

Es kann festgehalten werden, dass die Regionalorientierung für Tanja die Funktion übernimmt, aus der Enge des Dorfes auszubrechen. Sie kennt ihr Dorf und die Menschen, die dort leben, aber auch die DorfbewohnerInnen kennen Tanja. Die Region bietet ihr die Möglichkeit, neue, aber dennoch gleichgesinnte und gleichaltrige Leute kennen lernen zu können, mit denen sie sich dann über Bewährtes und Bekanntes austauschen kann. Nicht die Tatsache, dass im eigenen Dorf Alles bekannt ist und unbedingt Neues erlebt werden möchte, macht eine Regionalorientierung notwendig, sondern, dass die eigenen Erlebnisse, Vorstellungen, Perspektiven und Wünsche etc. jemandem mitgeteilt werden können. Den Cliquenmitgliedern ist dies alles bekannt, sodass keine Auseinandersetzung mehr darüber stattfindet. Mit der Erzählung von schon Bekanntem oder sogar gemeinsam Erlebten kann Tanja ihr Interesse, ernst genommen zu werden, in der Clique nicht realisieren. Wohl aber, wenn sie sich darüber mit bisher fremden Menschen auseinandersetzt.

Tanja verfügt aufgrund der räumlichen Nähe zu ihrer Herkunftsfamilie zwangsläufig über vielfältige familiale Kontakte. Sie lebt zusammen mit ihrer Mutter und ihren zwei jüngeren Geschwistern, die sie vorwiegend zum gemeinsamen Abendessen trifft. Wegen der elterlichen Berufstätigkeit musste Tanja schon recht früh hauswirtschaftliche Pflichten übernehmen und damit die Mutter entlasten. Mit der Übernahme hauswirtschaftlicher Pflichten erreichte Tanja im familialen Kontext einen bedeutsamen Status: Die Familie war auf ihr Mithilfe und Unterstützung angewiesen, wodurch Tanja sich dann ernst und wichtig genommen fühlte.

Also bei uns war es immer so, dass eigentlich jeder immer mitgeholfen hat. Also ich habe zwei Geschwister, die sind jünger als ich. Und damals hat mein Vater noch bei uns gewohnt, der hat ganztags geschafft. Und meine Mutter arbeitet auch ganztags. Und ja, und wenn wir halt von der Schule heimgekommen sind, haben wir uns was zum Essen gemacht und dann hat halt ja, so dass halt einigermaßen sauber ist, also wir haben daheim schon ziemlich viel selber gemacht. (...) Und Abwasch und so. Und einen großen Garten haben wir auch, da hat man dann auch immer und am Wochenende halt auch. Mal mähen oder so.

Tanja bezeichnet ihre familialen Beziehungen als harmonisch und ausgewogen. Konflikte und Meinungsverschiedenheiten scheint es nicht zu geben. Tanja berichtet lediglich über alterstypische Auseinandersetzungen mit ihrem Vater, der aber inzwischen nicht mehr mit der Familie zusammenlebt. Sie kennzeichnet ihren Vater als streng, der vor allem ihre Ausgehzeiten einschränken wollte. In dieser Konfliktsituation solidarisierte sich ihre Mutter mit ihr.

Also bei mir ist es so, meine Eltern sind geschieden. Und, aber erst, seit ich 18 bin. Und da war es schon immer so, also mein Vater war da immer ein bisschen strenger so mit dem Weggehen und dann war eigentlich immer meine Mutter so ein bisschen, ja, jetzt lass sie halt auch mal und so. Also da hab ich schon viel Streit gehabt mit meinem Vater da über das Thema.

Tanja verfügt über keine intergenerativen Kontakte. Ihre Großeltern sind schon verstorben. Sie pflegt auch keine weiteren Kontakte zu dieser Generationsgruppe. Allerdings berichtet Tanja über enge und versorgende Beziehungen zu ihrer Großmutter im Kindesalter. Die Großmutter, die im selben Haus wohnte, unterstützte die Familie und übernahm die Aufsicht der Kinder, wodurch sich enge Beziehungen ergaben.

Also bei uns war es so, dass meine Oma bei uns im Haus ge-
wohnt hat. Aber die ist jetzt schon gestorben. Und mein Opa
ist aber schon vor ihr gestorben gewesen. Und früher war es
dann halt auch praktisch, wenn wir von der Schule heimge-
kommen sind, dann war die Oma da. Dann konnten wir zu
der hochgehen, da waren dann meine Geschwister auch noch
kleiner. Und dann war es dann halt, da konnte meine Mutter
dann schon wieder halbtags schaffen gehen und es war ein-
fach, da waren wir wirklich viel bei meiner Oma. Und dann
später eigentlich auch, also man hat immer hochgeguckt und
hat also Kaffee getrunken hat man dann immer zusammen
eigentlich. Ja. Also wir waren schon viel bei meiner Oma.

Über großelterliche Kontakte väterlicherseits gibt Tanja keine Auskunft. Der Eindruck, dass sich intergenerative verwandtschaftliche Beziehungen und Bezüge vorwiegend über
die mütterliche Verwandtschaftslinie ergeben beziehungsweise gepflegt werden, scheint sich zu verdichten[222].

Tanja äußert einen klaren Bleibe-Wunsch, den sie vorab mit
der ländlichen Lebensqualität (Natur) begründet. Sie möchte
auch später, wenn sie ihr Studium beendet hat, in ihrem Heimatdorf wohnen bleiben. Die damit verbundene Notwendigkeit zum Arbeitspendeln ist ihr dabei kein Problem. Pendeln
gehört schon seit der Schulzeit zu Tanjas Lebensgestaltung.
Vor allem aber das Freizeitpendeln im Jugendalter hat ihr –
aus ihrer Sicht – nur Vorteile gebracht. Um nun aber bleiben
zu können, ist eine unabhängige Mobilität unumgänglich. Allein auf öffentliche Verkehrsmittel oder Co-Mobilität angewiesen zu sein, kann schon belastend sein.
Also ganz weg könnte ich es mir ehrlich gesagt auch nicht
vorstellen. Weil mir gefällt es eigentlich schon da, wo ich
wohne.

---

[222] Dieses Phänomen findet sich in fast allen Fallstudien. Da aber dies nicht
Thema der hier vorliegenden Arbeit ist, wird an dieser Stelle nicht weiter
darauf eingegangen.

Tanja kalkuliert auch mit ein, dass sie eventuell in ihrem Heimatdorf beziehungsweise der näheren Umgebung/Region keinen passenden Arbeitsplatz finden könnte. Dann könnte sie sich ein Abwandern vorstellen. Keinesfalls möchte sie in einer größeren Stadt wohnen, dann lieber am Stadtrand, weil sie keinesfalls auf die Ruhe, Idylle und Übersichtlichkeit, die der ländliche Raum auch bietet, verzichten möchte.

Also mir wäre dann vielleicht irgendwie ein Vorort oder so schon wieder lieber. Nein, so richtig im Getümmel tät ich nicht wohnen wollen.

Fazit

Typisch für Tanja ist, dass sie für sich eine landtypische Lebensform gewählt hat, nämlich das Leben ,zwischen zwei Welten'. Sie formuliert und praktiziert einen klaren Bleibe-Wunsch. Zusammen mit ihrer Mutter und ihren beiden jüngeren Geschwistern lebt sie in einem kleinen Dorf am Fuße der Schwäbischen Alb in Südwestdeutschland und dort möchte sie auch zukünftig wohnen bleiben. Sie begründet diesen eindeutigen Bleibe-Wunsch, den sie zurzeit und wohl auch zukünftig nur unter großem Aufwand realisieren kann, mit der dort zu findenden Lebensqualität. Lebensqualität besteht für Tanja in der Naturnähe, der Ruhe und der schönen Landschaft. Müsste sie ,später' einmal – berufsbedingt – von ihrem Heimatdorf wegziehen, muss der neue Wohnort auch diesen Kriterien entsprechen. Der von Tanja praktizierte und formulierte Bleibe-Wunsch speist sich aber auch aus finanziellen, damit pragmatischen Überlegungen. Das Leben im mütterlichen Haushalt ist allemal günstiger als ein eigener Haushalt am Studienort. Tanja muss keinen finanziellen Beitrag zum mütterlichen Haushalt beisteuern; im Gegenteil, sie wird von der Mutter zumindest so lange finanziell unterstützt, bis Tanjas Antrag auf Studienbeihilfe bewilligt wird. Tanja sieht für sich in dieser Situation nicht die Notwendigkeit, ihr Studium durch einen Zuverdienst mitzufinanzieren. So sind es wohl nicht nur finanzielle Gründe, die ein Bleiben begründen, sondern durchaus auch ein Grad an Bequemlichkeit und Komfort, den der mütterliche Haushalt bietet. Landjugenduntypisch zeigt sich Tanja in der Weise, dass sie ihren Bleibe-Wunsch nicht mit dem Interesse nach Dazugehörigkeit beziehungsweise Integration in den dörflichen Lebenskontext, nach Sicherheit und Übersichtlichkeit und Geborgenheit begründet. Auch auf dörfliche Kontakte verzichtet sie. Der dörfliche Lebenskontext erscheint ihr zu eng, aus diesem möchte sie auf alle Fälle ausbrechen. Auf diese stabilisierende Effekte, die das Dorfleben auch bietet, verzichtet Tanja gänzlich. Ihre Dorforientierung ergibt sich allein aus ihren konsumtiven Vorstellungen. Das Bleiben in ihrem Heimatdorf und ihrer Herkunftsfamilie gestattet ihr, auf die Bequemlichkeiten (finanzielle und emotionale Absicherung) im mütterlichen Haushalt und die ländliche Lebensqualität zurückgreifen zu können. Mit der Dorforientierung versucht Tanja, ihre Interessen nach Komfort und Lebensqualität zu realisieren. Parallel dazu lebt Tanja aber noch in einer zweiten Welt, der Region. Sie praktizierte schon während ihrer Jugendphase und praktiziert auch heute noch eine recht intensive Regionalorientierung. Ihre gesamte außerhäusliche Freizeit verbringt sie in der Region. Sämtliche außerfamilialen zwischenmenschlichen Beziehungen und Bezüge finden sich in der Region. Auch versucht sie, ihr Interesse und Bedürfnis nach Integration, Geborgenheit, Sicherheit und Partizipation in der Region zu realisieren. Dazu nimmt sie den – auch finanziellen – Aufwand des Pendelns in Kauf. Das heißt, erst mit der Regionalorientierung und dem damit verbundenen Pendeln kann Tanja ihren Interessen und Bedürfnissen nach Integration, Geborgenheit, Sicherheit und Partizipation gerecht werden. Ihr Heimatdorf selbst liefert ihr – aus ihrer Sicht – dazu kaum Möglichkeiten.

Tanja versucht, ihre Bedürfnisse und Interessen zweigeteilt zu realisieren: Die Realisierung ihres Bedürfnisses und Interesses nach Lebensqualität, Komfort und Bequemlichkeit findet im Dorf beziehungsweise in der Herkunftsfamilie statt; die Bedürfnisse und Interessen nach Partizipation und Integration realisiert sie dagegen in der Region. Damit begibt sich Tanja aber auf ein sehr glattes Parkett, denn diese Bewältigungs- beziehungsweise Realisierungsstrategie ist recht instabil und ambivalent. So birgt diese Strategie die neue Herausforderung und Anforderung, nämlich diese Ambivalenz auszuhalten oder zu bewältigen, in sich. Grundsätzlich auflösbar wäre diese Ambivalenz, wenn sich Tanja für ‚eine Welt' entscheiden würde. Allerdings, das konnte bisher gezeigt werden, wäre dieses Handlungsmuster für Tanja dysfunktional, weil ihre Bedürfnisse und Interessen auf den ersten Blick nicht realisierbar wären. An dieser Stelle muss aber angemerkt werden, dass sowohl die Region als auch das Dorf Realisierungsmöglichkeiten bieten und dass durchaus auch die Möglichkeit bestände, auf einschränkende und/oder behindernde Bedingungen gestaltend einzuwirken. Allerdings zieht Tanja solche Chancen nicht in Betracht und bleibt damit im Bereich des Restriktiven. Das heißt, sie findet sich mit vorgegebenen Bedingungen und Möglichkeiten ab und versucht, das jeweils Beste daraus zu machen. Tanja übernimmt also zur Bewältigung ihrer Handlungsnotwendigkeiten (ausgeprägtes Pendeln) und Realisierung ihrer Interessen und Bedürfnisse ein für Landjugendliche typisches Muster, nämlich das ‚Leben in und zwischen zwei Welten'. Sie teilt ihre Lebensbereiche interessen- und bedürfnisspezifisch auf, passt sich also den gegebenen und vorhandenen Bedingungen und Möglichkeiten an beziehungsweise arrangiert sich mit ihnen. Ihr Bemühen, Umweltkontrolle auszuüben, kann damit nicht umgesetzt werden. Tanja passt sich demnach den für den ländlichen Raum typischen Regeln und Traditionen und dem Zwang zur Anpassung und Unterordnung an, ohne sich darüber im Klaren zu sein. Sie übernimmt zur Lebensbewältigung und -gestaltung gerade solche dörflichen Muster wie Anpassung und Unterordnung, die sie über ihre ausgeprägte Regionalorientierung zu überwinden versucht. Damit steckt sie in einem fast unüberwindbaren, aus dörflichen Regeln und Traditionen gespeisten, Dilemma.

Das für Tanja handlungsleitende Denkmuster ist durch die Übernahme der typisch ländlichen Regeln und Traditionen, sich vorhandenen Bedingungen und Möglichkeiten anzupassen, ohne aufzufallen, ein Arrangement mit ihnen ein zu gehen, gekennzeichnet. Dieses handlungsleitende Muster basiert auf dem ideologischen Grundgedanken, dass das Arrangement mit vorhandenen Bedingungen und Möglichkeiten am ehesten zum Erfolg führt und bekommt dadurch für Tanja den Charakter des Funktionalen. Tanja vollzieht dieses Arrangement in einer für Landjugendliche typischen Weise. Sie lebt ein ‚Leben in und zwischen zwei Welten' (siehe oben). Sie könnte über engagiertes und partizipatives Handeln ihre Realisierungschancen im Dorf erhöhen beziehungsweise zumindest auf den Weg bringen oder aber sie sucht nach schon vorhandenen Realisierungsmöglichkeiten und nutzt diese dann auch. Tanja hat sich für die letztgenannte Möglichkeit entschieden. Damit begibt sie sich in den Bereich der restriktiven Handlungsfähigkeit. Die von Tanja entwickelten und aufgebauten „Welt- und Selbstbeziehungen"[223], die für sie den Charakter des Naheliegenden und Selbstverständlichen haben, erschweren beziehungsweise verhindern ein Infragestellen und/oder Überwinden lebensraumeinschränkender Bedingungen. Zu denken wäre hierbei zum Beispiel an eine Veränderung/Verbesserung der dörflichen Freizeitmöglichkeiten, als eine Möglichkeit, lebensraumeinschränkende Bedingungen zu überwinden. Das Überwinden lebensraumeinschränkender Bedingungen (=verallgemeinerte Handlungsfähigkeit) wäre „ein Anschwimmen gegen den Strom der aus der eigenen Kindheit als unreflektiert universeller Erfahrungshintergrund überkommenen Selbstverständlichkeiten unmittelbarkeitsverhafteter Lebens- und Bewältigungsweisen"[224]. Mit der Übernahme des Handlungsmusters ‚Leben in und zwischen zwei Welten' bleibt Tanja hinter einem wichtigen Entwicklungsziel stehen. Sie kann damit nur schwerlich das Ziel der Umweltkontrolle und Bedingungsverfügung erreichen, was sie ja selbst als angestrebtes Ziel formuliert, und das im Übrigen auch eine reife Persönlichkeit[225] ausmacht.

---

[223] Holzkamp 1985 (Studienausgabe), S. 502

[224] Holzkamp 1985 (Studienausgabe), S. 502

[225] So legt bspw. Hurrelmann seiner Sozialisationstheorie ein erkenntnisleitendes Modell zu Grunde, dass „das menschliche Subjekt die eigene Situa-

Diese ideologischen Grundgedanken legen die Übernahme auf Anpassung und Unterordnung gerichteter Denk- und Handlungsmuster nahe, wie sie sich in ausgrenzend-rassistischen Denk- und Handlungsmustern durchaus auch finden.

Das ideologische Denkmuster, das Tanjas Handlungsmuster begründet, legt eine Akzeptanz der vorgegebenen Lebensbedingungen zu Grunde. Tanja nimmt ihre Lebensbedingungen, so wie sie sich ihr zeigen, zur Kenntnis. Sie überprüft diese nach ihrer Nützlichkeit, das heißt, in wie weit diese Lebensbedingungen ihre Intcressen und Bedürfnisse realisierbar machen. Ist eine Realisierung möglich, dann nutzt Tanja diese; ergibt sich allerdings, dass diese Lebensbedingungen der Realisierung ihrer eigenen Interessen und Bedürfnisse entgegenstehen, dann sucht sie nach weiteren – schon vorhandenen – Realisierungsmöglichkeiten. Das heißt, Tanja gestaltet ihr Leben in verschiedenen Bereichen, die sich durchaus auch widersprechen können. Es kommt zu einer räumlichen und temporären Trennung der Interessen- und Bedürfnisrealisierung. Nun ist es bei Weitem nicht so, dass mit der räumlichen und temporären Trennung nur eine Interessen- und Bedürfnisrealisierung möglich ist, sondern die beiden unterschiedlichen Welten (Region vs. Dorf) stellen auch unterschiedliche Anforderungen und Aufgaben, die dann wiederum Bewältigungsprozesse notwendig machen. So gewinnt das Handlungsmuster ‚Leben in und zwischen zwei Welten' nicht nur den Charakter einer positiven Interessen- und Bedürfnisrealisierung, sondern ebenso auch den negativen Charakter einer erlebten Ambivalenz. Aus dieser erlebten Ambivalenz heraus entwickelt sich ein Zustand der Instabilität und Unsicherheit. Auch bei Tanja zeigt sich dieser instabile Zustand, und sie versucht ihn durch die Übernahme je-spezifisch geltenden Regeln zu bewältigen. So übernimmt sie die regionspezifi-

---

tion bewußt reflektieren (kann) und in die eigenen Handlungsabläufe einbezieht" (Hurrelmann 2001, S. 21f.). Auch Möller (2000) sieht als Ziel der Persönlichkeitsentwicklung die Ausübung von Umweltkontrolle und Bedingungsverfügung.

schen Regeln (Offenheit, Mobilität, etc.), im Rahmen ihrer regionalen Freizeitgestaltung und die dorfspezifischen Regeln (nicht auffallen, Harmonie, sich anpassen, etc.) im Rahmen ihres familialen Kontextes. Trotz dieses Bewältigungsversuchs bleiben deutliche Ambivalenzen und Widersprüchlichkeiten und gerade dies macht sie für sicherheitsversprechende und eindeutige Denkmuster anfällig, so wie sie sich in ausgrenzend-rassistischen Denk- und Handlungsmustern finden.

Fallstudie 6
Max: Bescheid-Wissen und Informiert-Sein
Max ist 17 Jahre alt und lebt zusammen mit seiner zweijährigen Schwester im elterlichen Haushalt in einem kleinen Dorf (500 EinwohnerInnen). Die Eltern besitzen ein eigenes Haus, in dem Max auch ein eigenes Zimmer zur Verfügung steht. Max ist gut mit modernen Medien ausgestattet. So besitzt er einen eigenen Fernsehapparat, einen CD-Player, ein Radio und ein Handy. Darüber hinaus besitzt er ein modernes Fahrrad. Max absolviert zur Zeit eine Ausbildung zur Fachkraft für Brief- und Frachtverkehr in der 10 km entfernt gelegenen Universitätsstadt. Max bekommt eine Ausbildungsvergütung, die ihm sein Auskommen sichert.

Max besuchte die dörfliche Grundschule und die Hauptschule in der benachbarten mittelgroßen Stadt. Die ausgelagerte Hauptschule machte ein Schulpendeln notwendig, das Max gut mit öffentlichen Verkehrsmitteln und mit dem Fahrrad bewältigen konnte. Der in dieser Region gut ausgebaute öffentliche Personennahverkehr (diverse Zug- und Buslinien) vereinfachte das Schulpendeln und vereinfacht das momentane Arbeitspendeln.
Ich mein, K. liegt zwischen R. und T. Und wir haben Bus- und Zugverbindungen und das ist wunderbar.

Max verbringt an Werkstagen einen großen Teil seiner freien Zeit im Dorf und dann vor allem in einem selbstverwalteten Jugendhaus. Er trifft sich dort fast allabendlich mit Altersgleichen und ist an der Gestaltung des offenen Bereichs beteiligt.

Da trifft man sich abends hier, so bis um neun halb zehn, schwätzt miteinander und geht dann wieder heim.

Seine Mitarbeit im Jugendhaus beschränkt sich auf Schlüssel- und Bardienste. Das heißt, er oder andere Jugendhausmitarbeiter[226] öffnen und schließen das Jugendhaus. Die Öffnungszeiten werden in Absprache mit der Stadtjugendpflege getroffen. Die Jugendlichen selbst übernehmen den Bardienst (Getränkeverkauf, Geschirrspülen), die finanziellen Angelegenheiten werden vom Vorstand geregelt, dem Max nicht angehört. Im Jugendhaus finden sonst keine weiteren Aktionen oder Veranstaltungen statt. Für die Jugendlichen hat es die ausschließliche Funktion eines überdachten Treffpunktes, wo sich die Jugendlichen am Abend treffen können.

Max nutzt diese abendliche Treffpunktmöglichkeit. Andere dörfliche Freizeitangebote (Vereine und Verbände) nutzt er nicht. Max bewertet dies keinesfalls als Mangel oder Defizit. Zur Gestaltung seiner Freizeit während der Woche reicht ihm das Jugendhaus völlig aus. So bewertet er seine dörflichen Freizeitmöglichkeiten als ausreichend und ist mit ihnen gänzlich zufrieden. Die freie Zeit zwischen Arbeit und Jugendhaus verbringt Max entweder mit Fernsehen oder mit häuslicher Mithilfe.

Also mein Ablauf jetzt vom Tag? Also bei mir ist es ganz unterschiedlich. Wenn ich also Austragen bin, Post austragen, dann muss ich um 5 Uhr aufstehen. Und fahr um 6 Uhr schon mit dem Zug zu meiner Arbeitsstelle. Und komme meistens so um 12 Uhr herum wieder heim. Ja, und dann ess' ich was, leg mich auch manchmal meistens noch ein bisschen hin, weil das halt schon 5 Uhr ein bisschen früh ist zum aufstehen. Ja, und dann helf' ich meistens meinem Opa was, der

---

[226] Schlüssel- und Bardienste werden ausschließlich von männlichen Jugendlichen wahrgenommen. Das Jugendhaus wird von ca. 10 bis 15 Jugendlichen regelmäßig besucht. Darunter sind nur wenige Mädchen. Die Mädchen kommen meist in Begleitung ihres Freundes.

wohnt gleich nebenan. Oder meinem Vater, gibt es da mal was zu tun. Oder guck auch mal einen Mittag lang Fernseher. Das kommt auch mal vor. Ja, und dann abends geht es halt auch wieder in den Jugendraum.

Am Wochenende verbringt Max seine Freizeit allerdings außerdörflich, in der Region. Vor allem samstagabends wird die Funktion des dörflichen Jugendhauses als Treffpunkt deutlich. Dann treffen sich die JugendhausbesucherInnen, um zu besprechen, wo der Samstagabend beziehungsweise die Samstagnacht verbracht werden kann. Unterschiedliche regionale Angebote (Kino, Kneipen, regionale Feste, regionale Musikveranstaltungen, etc.) stehen zur Verfügung. Eindeutig scheint zu sein, dass die samstagabendliche Freizeit außerhalb des eigenen Dorfes stattfindet, außer wenn im eigenen Dorf eine größere Veranstaltung (Musikfest, Dorffest) stattfindet. Die Organisation dieser regionalen Freizeitgestaltung ist für Max unproblematisch. Zusammen mit seinen Altersgleichen, die er regelmäßig im Jugendhaus trifft, teilt er seine Freizeitinteressen. Und so finden sich im Jugendhaus immer Gleichgesinnte, mit denen die regionale Freizeit gestaltet werden kann. Eine besondere Freizeitvorliebe von Max, seinen Freunden und seiner Clique ist, eine Kneipentour durch die nahe gelegene Universitätsstadt zu machen. Die urbanen kulturellen Angebote (Kino, Konzert, Ausstellungen, etc.) nehmen Max und seine Clique dagegen weniger in Anspruch. Eine Ausnahme bilden die urbanen jugendkulturellen Musikangebote (z.B. Sunshine-Disco in der Mensa). Diese werden von Max und seiner Clique gerne besucht. Deutlich hebt Max hervor, dass die regionale Freizeitgestaltung immer im Cliquenverbund stattfindet. Das Freizeitpendeln absolviert er ohne Probleme mit öffentlichen Verkehrsmitteln oder aber durch Co-Mobilität oder mit dem eigenen Fahrrad.

Ja, also entweder wir fahren mit dem Fahrrad, also R. mit dem Fahrrad ist ja kein Problem. Und nach T. fahren wir halt abends um 9 Uhr rum mit dem Zug hin. Und dann fährt ja noch der Nachtbus um halb drei. (...) Oder man ruft halt an (der Schwester, die mit dem eigenen Auto meistens auch noch unterwegs ist, aber nicht mehr im elterlichen Haushalt lebt, BS). Wir haben ja fast alle ein Handy und dann telefoniert man halt geschwind. Und wenn es geht, dann wird man abgeholt.

Max verbringt den größten Teil seiner freien Zeit in seinem Heimatdorf und muss sich deshalb auch mit typisch dörflichen Gewohnheiten und Regeln auseinandersetzen. So betont er im Interview, dass im Dorf *viel geschwätzt* wird und dass viele Gerüchte die Runde machen. Die Gerüchteküche betrifft unter anderem auch das Jugendhaus. So wird von der Dorföffentlichkeit immer wieder mal der Drogenkonsum im und am Jugendhaus problematisiert. Max behandelt diese Problematisierung als Klatsch und Tratsch, er setzt sich mit diesem Vorwurf nicht weiter auseinander, auch wenn auf dem Jugendhausparkplatz anscheinend Jointreste gefunden wurden. Ob es sich hierbei um dörflichen Klatsch und Tratsch handelt oder ob es der Tatsache entspricht, bleibt im Interview ungeklärt. Hervorzuheben ist dabei aber, dass Max Klatsch und Tratsch als etwas völlig Normales bewertet, das zum Dorfleben gehört. Max selbst beteiligt sich an solchen Gesprächen mit dem Ziel und der Absicht, informiert zu sein und Neues zu erfahren.

Da weiß jeder gleich alles. (...) Aber man erfährt auch selber viel Neues.

Max ist an dörflichen Neuigkeiten sehr interessiert. Er möchte darüber Bescheid wissen, was im Dorf passiert. Dabei handelt es sich bei weitem nicht um kommunalpolitische Informationen, sondern viel eher um Informationen über Persönliches[227]. Dazu zählen Informationen, wer was macht, wer verstorben ist, wer mit wem zerstritten ist und vieles andere mehr, also um typisch dörfliches Informationsmaterial. Für Max ist es wichtig, über diese Informationen zu verfügen. Dies vermittelt ihm das Gefühl, Bescheid zu wissen, also mitreden zu können, als Gesprächspartner wichtig genom-

---

[227] Ausführlicher i.d. Band

men zu werden, kurz: integriert zu sein. Max beteiligt sich aktiv an der Informationsbeschaffung. Eine wichtige Informationsquelle sind dazu seine Großeltern, zu denen Max regelmäßigen, täglichen Kontakt hat. So beinhalten die täglichen Gespräche vorwiegend den Austausch von Neuigkeiten. *Ja gut, bei mir ist es so. (Wir reden, BS) also über das Dorf, eigentlich über alles. Über die Verwandtschaft auch manchmal. Was es wieder Neues gibt überall. Das sind halt immer so Themen.*

Es zeigt sich, dass Max um seiner Integration willen sich recht stark an dorf- und erwachsenenübliche Regeln hält. Nicht nur, dass er sich entsprechend der typisch ländlich-dörflichen Regel des Über-Andere-Bescheid-Wissens verhält, sondern er versucht auch durch sein Engagement im Jugendhaus sich erwachsenengerecht zu zeigen. Während des Interviewzeitraums hat die Jugendhausclique an einer Tombola im Rahmen des Dorffestes ein schlachtreifes Schwein gewonnen. Und genauso wie es wohl die Erwachsenen machen würden, veranstaltet das Jugendhaus ein öffentliches Schlachtfest, mit Bier und Blasmusik, wozu es dann die Dorföffentlichkeit einlädt. Max – und auch seine Jugendhausclique – zeigt dabei deutlich erwachsenenzentriertes Handeln. Er – und seine Clique – verbindet damit die Absicht, als gleichwertige Dorfmitglieder anerkannt zu werden. Den Jugendstatus, der ihm diese Anerkennung und Integration in die Welt der Erwachsenen verwehrt, möchte er damit überwinden.

Max verfügt über zeitlich umfangreiche familiale Beziehungen und Bezüge. Aufgrund seiner Ausbildungssituation ist Max schon am frühen Nachmittag zu Hause. Sein Vater arbeitet im Nachtdienst und ist ebenfalls am frühen Nachmittag anwesend. Auch seine Mutter, die halbtags arbeitet, ist ab 16 Uhr zu Hause. So verbringen die einzelnen Familienmitglieder recht viel Zeit miteinander. In dieser Zeit beschäftigen sich die meisten Familienmitglieder mit der erst zweijährigen

Schwester von Max. Auch Max verbringt des Öfteren den freien Nachmittag mit ihr.

Ich mein, ich hab noch eine sehr kleine Schwester, die ist erst zwei Jahre alt. (...) Und da ist sowieso meistens die ganze Familie um die Kleine rum, machen ein Fest rum. Also immer mittags.

Die freie Zeit, zwischen Arbeit und Jugendhausbesuch, verbringt Max überwiegend im familialen Kontext. Er pflegt allerdings nicht nur intensive Beziehungen zu seinen Eltern und seiner kleinen Schwester, sondern ebenso auch zu seinen Großeltern. Max hilft vor allem seinem Opa im handwerklichen Bereich, was einen großen Raum seiner Freizeit einnimmt.

... Ja und dann helf ich meistens meinem Opa was...(...) Und gestern zum Beispiel, da war es den ganzen Tag. Da hab ich mit meinem Opa was gemacht. (...) Also so im Garten, (...) so Platten reingelegt.

Max betrachtet diese Unterstützungsleistungen als Selbstverständlichkeit und möchte deshalb auch nicht, dass seine Großeltern ihn dafür bezahlen.

Also früher hat mir mein Opa schon öfter mal was (Geldbetrag; BS) gegeben, aber mittlerweile hat sich das auch gelegt. Und ich denk, weil ich jetzt selber mein Geld verdien. Das ist auch gar kein Problem. Wenn mein Opa mir was geben will, sag ich halt, er soll es lassen. Und er lässt es dann auch meistens, weil ich es einfach nicht will.

Ebenso wie die Unterstützungsleistungen sind für Max die Kontakte zu seinen Großeltern selbstverständlich, wozu unbenommen auch die räumliche Nähe beiträgt. So müssen die großelterlichen Kontakte von Max nicht extra organisiert werden.

Eigentlich sieht man sich jeden Tag, auf jeden Fall im Garten. (...) Dann hockt man sich mit der Oma oder dem Opa zusammen und redet miteinander.

In dem Interview betont Max immer wieder das Zusammen-sitzen und miteinander reden mit seinen Großeltern. Es scheint, als ob die Großeltern für Max als auch Max für seine Großeltern gegenseitig wichtige Gesprächspartner sind. In dieser Gesprächssituation wird Max als gleichberechtigter Gesprächspartner ernst und wichtig genommen. Diese Situation vermittelt ihm das Gefühl, dazuzugehören und integriert zu sein. Allerdings scheinen diese intergenerativen Bezie-hungen und Bezüge auch einen funktionalen Charakter zu haben: Die Großeltern vermitteln das Gefühl der Geborgen-heit und des Integriert-Seins und der Enkel leistet notwendige handwerkliche Unterstützungsleistungen. Auch am ‚Fall Max‘ fällt auf, dass die Kontaktaufnahme meistens von den Enkeln ausgeht, die Großeltern dagegen eher ab- und erwar-ten, dass ihre Enkel zu ihnen kommen[228].

Max formuliert einen klaren Bleibe-Wunsch. Er schätzt das dörfliche Leben und möchte auch ‚später‘ sein Heimatdorf nicht verlassen. Die Ruhe und Naturnähe sind für Max wich-tige Kriterien, die für das Landleben sprechen.

Also ich finde das eigentlich gut, dass wenn man in der Stadt lebt ist halt doch, wenn man rausgeht, alles gleich voll, also wie soll man sagen, Autos, Häuser, alles gleich, Abgase. Und ich finde es halt schon gut in einem Dorf, da gehst du raus und dann ist wirklich manchmal niemand auf der Straße. Und dann kannst du auch manchmal einen schönen, ich find es halt gut, manchmal schön abends noch einen Spaziergang zu machen. Nebenher noch eine zum Rauchen. Ich find das einfach schön. Auch die Luft ist angenehmer, finde ich, also auf jeden Fall wie in der Stadt.

Aber nicht nur der Wunsch nach Idylle begründet Maxs Bleibe-Wunsch, sondern ebenso auch die übersichtlichen dörflichen Strukturen. Die DorfbewohnerInnen kennen sich, sie wissen über einander Bescheid und dies vermittelt Zuge-

---

[228] Dieses Phänomen zeigt sich in allen Interviews. Die Gestaltung interge-nerativer Beziehungen ist noch lange nicht geklärt. Allerdings kann dies im Rahmen dieser Arbeit auch nicht bewerkstelligt werden.

hörigkeit und Geborgenheit. Für Max scheint es von besonderer Bedeutung zu sein, dass die einzelnen DorfbewohnerInnen sich kennen und über einander Bescheid wissen. Auf diesen Aspekt hat er schon oben hingewiesen.

Man kennt sich vielleicht auch im Dorf besser, und grüßt auch jeden so, und das in der Stadt sicherlich nicht so ist.

Fazit

Max ist mit dem Dorfleben zufrieden. Dort kann er seine Interessen und Bedürfnisse nach Geborgenheit und Zugehörigkeit realisieren. Im dörflichen Jugendhaus kann er zusammen mit Gleichaltrigen und Gleichgesinnten seine abendliche Freizeit verbringen, ohne auf dörfliche Vereine und Verbände angewiesen zu sein. Seinen jugendkulturell ausgerichteten Freizeitinteressen kann er in der Region nachgehen.

Zusammengefasst kann festgehalten werden, dass sich für Max aufgrund seiner objektiven Prämissenlage (ÖPNV, Jugendhaus, etc.) eine dorftypische Lebensführung entspannt. Viele für Landjugendliche sonst so problematische und konfliktträchtige Lebensbedingungen gelten für Max so nicht.

Aus dem Verhältnis, das Max zu seinen landtypischen Lebensbedingungen aufbaut, resultierende Handlungsnotwendigkeiten bewältigt Max ohne große Anstrengung. Er entwickelt Handlungsmuster, die eine Interessen- und Bedürfnisrealisierung zulassen. Allerdings muss an dieser Stelle auch noch auf die den Handlungsmustern zu Grunde liegenden Ideologeme eingegangen werden. Es zeigte sich, dass Max sich entsprechend den landtypischen Regeln verhält. So orientiert er sich in großem Maße an der tradierten Regel des Informiert-Seins und Bescheidwissens. Die dadurch entstandenen ideologischen Grundgedanken beinhalten eine deutliche Ausrichtung an vorhandenen Regeln und Traditionen, ohne diese in Frage zu stellen. Gleichzeitig dazu entwickelt er Ausweichmanöver wie beispielsweise Regionalorientierung oder auch Jugendhausbesuch, die dann zum Zuge kommen, wenn der dörfliche Lebenskontext eine Realisierung der

Interessen und Bedürfnisse nicht zulässt. Es mag etwas verwundern, dass an dieser Stelle der Jugendhausbesuch als Ausweichmanöver gesehen wird. Dazu ist zu sagen, dass Max im Jugendhaus versucht, sein Interesse, sich mit Gleichaltrigen und Gleichgesinnten zu treffen, am ehesten realisieren kann. Max ist trotz der Übernahme des Schlüssel- und Bardienstes an der inhaltlichen Gestaltung des Jugendhauses weder beteiligt noch interessiert. Das Jugendhaus dient ihm klar zur Interessenrealisierung, er konsumiert die dortigen Angebote (billige Getränke, Treffpunkt), er versteht das Jugendhaus aber nicht als Möglichkeit zum partizipativen, gestaltenden und letztlich auch lebensraumverändernden Handeln. Auch dieser Aspekt formt die ideologischen Grundgedanken von Max. So geformte ideologische Grundgedanken begründen dann ein Handeln, das klar im restriktiven Bereich angesiedelt ist. Max macht sich damit in jeglicher Beziehung von anderen Menschen und Bedingungen abhängig. Er selbst betrachtet sich nicht als Gestalter seiner Umwelt. Und solange seine Prämissenlage eine Interessen- und Bedürfnisrealisierung zulässt, gerät Max in keine größeren Handlungszwänge. Aber sollte sich entweder seine Prämissenlage oder aber seine Interessen und Bedürfnisse ändern/entwickeln, dann ist Max in Gefahr, sich hegemoniale Vorstellungen anzueignen, wozu durchaus auch ausgrenzend-rassistische Denk- und Handlungsmuster gehören.

Fallstudie 7
Doris: Gleich-Sein
Doris ist 18 Jahre alt und wohnt zusammen mit ihren Eltern in einem kleinen, sehr ländlich und bäuerlich geprägten Dorf (700 EinwohnerInnen) in Süddeutschland. Die Kernstadt, in der sich auch alle weiterführenden Schulen und jugendkulturellen Freizeiteinrichtungen (Kino, Disco, Kneipen, etc.) befinden, ist ca. 7 km entfernt. Doris besuchte die örtliche Grundschule und wechselte danach in die Realschule. Anschließend an die Mittlere Reife begann sie eine Ausbildung zur Werkzeugmacherin, weil sie „etwas Handwerkliches" machen wollte. Zur Zeit der Interviews steht sie kurz vor

dem Beginn ihrer Ausbildung. Ihren eigentlichen Berufswunsch (Polizistin) musste sie wegen eines Augenleidens aufgeben. Doris betont, dass die Suche nach einem Ausbildungsplatz für sie keine großen Probleme bereitete. Die berufstätigen Eltern besitzen ein eigenes großes Haus mit großem Garten. Doris steht ein eigenes Zimmer mit Fernseher, Radio, CD-Player zur Verfügung. Seit ihrem 18. Geburtstag besitzt Doris die Fahrerlaubnis, verfügt aber zur Zeit noch über kein eigenes Fahrzeug, kann aber ohne Weiteres auf das Auto ihrer Mutter zurückgreifen. Doris engagiert sich ehrenamtlich in dem dörflichen Jugendhaus.

Um eine weiterführende Schule besuchen zu können, musste Doris nach dem Grundschulbesuch nicht nur einen Schulwechsel vornehmen, sondern auch in die nahe gelegene mittelgroße Stadt auspendeln. Das Schulpendeln bereitete Doris aufgrund des gut ausgebauten öffentlichen Personennahverkehrs keine weiteren Probleme. Die Busverbindungen orientierten sich größtenteils am Stundenplan, sodass keine unnötigen Wartezeiten entstanden sind. Der regelmäßige Unterricht in der Realschule, der keine Hohlstunden vorsah, trug ebenso dazu bei, dass das Schulpendeln von Doris problemlos bewältigt werden konnte.

Doris verbringt den größten Teil ihrer freien Zeit im Dorf. Dabei greift sich nicht auf die üblichen Freizeitangebote der dörflichen Vereine und Verbände wie Musikverein, Sportverein, Landjugend zurück, sondern verbringt ihre freie Zeit im dörflichen Jugendhaus[229], in dem sich Doris stark engagiert. Die Möglichkeit, die Freizeit im eigenen Dorf gestalten zu können, macht auch ein ausgeprägtes Freizeitpendeln unnötig. Auch die außerdörfliche Freizeitgestaltung vor allem am Wochenende kann Doris problemlos bewältigen. Im dörflichen Jugendhaus, das sie regelmäßig besucht und in dem sie sich auch engagiert, finden sich immer Jugendliche, die

---

[229] Hierbei handelt es sich nicht um die gleiche Einrichtung, wie sie im Fallbeispiel Max beschrieben wird.

schon im Besitz eines Führerscheins und damit Autos sind und die dann Doris' Co-Mobilität sichern.

Da (im Jugendhaus, BS) kommt man halt mit anderen zusammen und kann mit denen auch fortgehen (=ausgehen, BS). Die nehmen uns ja auch mit, die wo noch kein Auto haben. (...) und wenn man dann um ½ 12 (23.30h, BS) zugemacht hat, dass man dann gesagt hat, da und da ist ein Fest, da gehen wir hin. Und dann sind 5 Autos weggefahren. Das ist einfach spitze.

Doris besucht regelmäßig das dörfliche Jugendhaus, das an drei Abenden (Mittwoch, Freitag und Samstag, manchmal auch Sonntag) geöffnet ist. Doris trifft dort Gleichaltrige und Gleichgesinnte.

Man kommt halt mit andern zusammen und hat mit denen Spaß. (...) Und im Jugendhaus da können wir halt. Da ist es viel gemütlicher. Im Winter kann man ja nicht auf der Straße stehen. Ja und zum Beispiel Trinken, dass machen wir auch hier draußen (im Jugendhaus, BS).

Neben diesen wohl eher konsumorientierten Optionen nutzt Doris das dörfliche Jugendhaus aber auch als ein Ort, an dem sie mitgestalten kann. Regelmäßig übernimmt sie den Thekendienst, das bedeutet dann, dass sie an diesem Abend die volle Verantwortung für den offenen Betrieb im Jugendhaus übernimmt. Da zu hin organisiert sie zusammen mit zwei weiteren Freundinnen Veranstaltungen wie beispielsweise Discoabende, Hocketse[230], Zeltlager. Doris betrachtet ihr diesbezügliches Engagement als notwendig, weil die anderen dazu nicht bereit sind. Vor allem die männlichen Jugendhausbesucher rechnet sie zu den weniger Engagierten.

Alles Organisatorische, das liegt bei uns Mädle. Da haben die Kerle nichts mit am Hut. (...) Die Kerle, die sagen dann immer, ja das hat ja noch Zeit. Und dann, uh, das haben wir gar nicht mehr gewusst. Auf die kann man sich halt einfach nicht verlassen, auf jeden Fall auf die meisten. (...) Mitma-

---

[230] Dialektale Bezeichnung für eine kleine Freiluftveranstaltung.

chen tun sie dann schon immer. Es ist nicht so, dass sie sagen, nein, da kommen wir nicht. Bloß austüfteln, das tun wir.

Doris versucht, in dem dörflichen Jugendhaus ihre eigenen Freizeitvorlieben zu realisieren. Sie schafft sich damit einen Raum, der eine Realisierung ihrer Freizeitinteressen und -bedürfnisse zulässt, womit sie sich dann von den typisch-dörflichen Freizeitangeboten unabhängig macht. Ein für Doris wesentliches Interesse ist, mit Gleichaltrigen und Gleichgesinnten zusammen zu sein.

...und einfach nur schwätzen. Zeit haben, um sich zu treffen; Platz haben um sich zu treffen. Ja, das ist das wichtigste. (...) Einfach jemand treffen, der vielleicht gleich oder ähnlich denkt. Ja, oder der den gleichen Stress hat, wie du zu Hause.

Doris gibt in beiden Interviews, die mit ihr geführt wurden, keine klaren Auskünfte über ihre familialen Beziehungen und Bezüge. Sie lebt zwar im elterlichen Haushalt und kommt mit ihrer Mutter *„ganz gut aus"*, ihre Probleme und Konflikte bespricht sie allerdings eher mit ihren Freundinnen im Jugendhaus. Von ihnen erwartet sie auch eher einen adäquaten Ratschlag.

Doris formuliert einen klaren Bleibe-Wunsch. Sie schätzt das Landleben und sieht klar die Vorteile, die sich daraus für sie ergeben. Mit dem Landleben verbindet Doris Sicherheit und Übersichtlichkeit. Sie ist sich sicher, in Notfällen auf dörfliche Hilfeleistungen zurückgreifen zu können.

Ich mein, es ist schon gut, wenn man sich untereinander kennt. Dann kann man vielleicht auch mal Hilfe bekommen.

Doris schätzt an der dörflichen Lebensqualität die dortige Ruhe und Naturnähe, worin sich durchaus ihr Bedürfnis nach übersichtlichen und durchschaubaren Strukturen widerspiegelt.

Es ist auf dem Dorf viel ruhiger. Da sind nicht so viele Leute. Und auch die Natur. Also in R. muss man weiß ich wie weit fahren, um Wiesen zu sehen. Ich möcht auch nicht so eng aufeinander leben. Und ein Garten ist mir auch wichtig.

Mit dem Bleibe-Wunsch und der Bleibe-Absicht kann Doris ihr Interesse und Bedürfnis nach Übersichtlichkeit und Durchschaubarkeit realisieren. Allerdings macht sie im Interview auch darauf aufmerksam, dass das eigene Dorf die Erlebnismöglichkeiten doch einschränkt und dazu ein temporäres Ausweichen in eine städtische und/oder regionale Atmosphäre notwendig ist. Doris weist allerdings gerade auf diese für sie vorhandene Ausweichmöglichkeit hin.

Und wenn wir was erleben möchten, gehen wir hin (in die Stadt, BS) und wenn nicht, dann gehen wir halt wieder ins Dorf. Und die von der Stadt, die können ja nicht auf das Dorf zurück.

Im Jugendhaus kann Doris ihr Interesse und Bedürfnis, mit anderen Jugendlichen zusammen zu sein, realisieren. Dort trifft sie auf Gleichaltrige, die ähnliche Interessen haben und die ähnlich wie sie denken. Es ist ihr wichtig, im Jugendhaus auf Gleichgesinnte zu treffen und sich zur Jugendhaus-Clique zurechnen zu können. Damit realisiert sie ihr Interesse und Bedürfnis dazu zu gehören. Sich unter Gleichgesinnten aufzuhalten bedeutet auch, dass die eigenen Vorstellungen und Denkmuster nicht in Frage gestellt werden, dass man sich sicher sein kann, das Richtige zu tun und sich jeder Zeit auf einander verlassen kann. Die Jugendhaus-Clique steht für Doris auch als Option, die zur Realisierung ihres Interesses und Bedürfnisses nach Geborgenheit beiträgt.

Das ist eine Gruppe, die sich schon ewig kennt, die alles zusammen macht, fort geht und so. (...) Weil wir sind der harte Kern und uns alle kennen und voll zusammenhalten.

Um sich nun diese Realisierungsoption zu sichern, bemüht sich Doris, die eigene Clique zusammen zu halten, zur Kohäsion beizutragen. Dazu bedient sie sich klarer Abgrenzungskriterien. Sie grenzt ihre Jugendhaus-Clique von anderen ab, indem sie ein deutliches Unterscheidungsmerkmal postuliert:

Die zugezogenen Jugendlichen, die aus ihrer Sicht kein Interesse haben, sich mit den Altdörfler-Jugendlichen zu treffen. Doris macht dies an deren Arroganz fest:
Die sind eigenwillig. Das ist schwer, zu denen Kontakt zu kriegen. Die sind auch ein bissle eingebildet. Die haben die Nase echt weit am Himmel oben. (...) Aber auch schon vom äußeren Bild her. Wie die sich schon geben. (...) Und das weiß ich, die möchten mit uns nichts zu tun haben. Wieso soll ich mich dann um sie bemühen? (...) Die meinen halt einfach, wir sind die Bauern und sie sind was Besseres.

Jugendliche, die sich mit dem dörflichen Freizeitangebot (Vereine und Jugendhaus) nicht arrangieren möchten, die andere Freizeitinteressen wie zum Beispiel Skaten, Edeldisco, etc. äußern, gehören für Doris nicht dazu. Diese Jugendliche sind ‚anders' und können von daher in die Jugendhaus-Clique nicht integriert werden. Doris interpretiert dieses ‚Anders-Sein' als deutliche Abgrenzungsabsicht seitens der zugezogenen Jugendlichen. Die zugezogenen Jugendlichen erleben den dörflichen Lebenskontext als behindernd und einschränkend und sie äußern dies auch in vielerlei Hinsicht. Diesen Hinweis bewertet Doris als kränkend und vielleicht auch als Kritik an ihrer ländlich geprägten Lebensweise. Die zugezogenen Jugendlichen widersprechen den dörflichen Regeln, sie passen sich nicht an; im Gegenteil, sie favorisieren eine dorfunübliche Lebensweise und Freizeitgestaltung. Für Doris ist dies ein klarer Verstoß gegen die geltende Regel, dass nur der-/diejenige dazugehört und integriert werden kann, der/die sich den dörflich-ländlichen Vorgaben anpassen beziehungsweise sich mit ihnen arrangieren. Und so müssten sich, aus der Sicht von Doris, die zugezogenen Landjugendlichen um eine Integration bemühen oder wenigstens sich bemühen, mit den Altdörfler-Jugendlichen in Kontakt zu kommen.
Also wenn denen an uns was liegen tät, weil wir sind ja ganz offen...

Doris hat großes Interesse, sich im Jugendhaus mit Gleichgesinnten zu treffen, die ähnlich denken wie sie. Gleich-Sein ist für Doris das Synonym für Zugehörigkeit. Doris möchte zu der Jugendhaus-Clique gehören und dazu gehört dann auch, dass dort alle die gleichen beziehungsweise ähnlichen Interessen und Vorlieben haben. Erst dadurch ist eine Zugehörigkeit und Integration gewährleistet. In einer im Jugendhaus durchgeführten Gruppendiskussion äußerte allerdings eine Teilnehmerin, dass bei vielen männlichen Jugendhausbesuchern manifeste ausgrenzend-rassistische Denk- und Handlungsmuster festzustellen sind.

Und bei uns ist es so, da sind ziemlich viele, haben da sehr rechte Gedanken bei uns im Jugendraum und das ist ganz schlimm.

Im Einzelinterview darauf angesprochen, versuchte Doris, dies zu relativieren beziehungsweise zu verharmlosen.

Das sind nicht alle, die so schwätzen. (...) Die meinen das nicht so, das weiß ich ganz genau. Die schwätzen halt so daher.

Doris nimmt die Äußerungen der männlichen Jugendhausbesucher, die nicht zum engen Kreis ihrer Clique gehören, nicht ernst, auch wenn sie klar ausgrenzenden Charakter annehmen. Wiederum in der schon genannten Gruppendiskussion wurde beschrieben, dass Jugendliche aus Aussiedlerfamilien, die am Rande des Dorfes in „*Sozialwohnungen*" leben, das Jugendhaus nicht besuchen, dass zu diesen Jugendlichen seitens der Altdörfler-Jugendlichen keinerlei Kontakt besteht. Abwertend bezeichnen die männlichen Jugendhausbesucher diese Wohngegend als das „*Ghetto*".

Ja, das sagen unsere Kerle dazu immer Ghetto. Das sind Mehrfamilienhäuser. Und da sind auch Sozialwohnungen drin. Das sind halt alles Zugezogene, ziemlich viel, ich glaub Russen und so.

Doris bewertet diese ausgrenzenden Äußerungen als „*nicht ernst gemeint*". Damit versucht sie wiederum eine Gleichheit herzustellen. Keinesfalls möchte sie diese Denk- und Handlungsmuster der männlichen Jugendhausbesucher übernehmen, denn damit würde sie ihre Integration in ihre Jugendhaus- beziehungsweise Freundinnen-Clique gefährden. Damit steht Doris vor einem Dilemma: Einerseits möchte sie ihr Interesse und Bedürfnis nach Zugehörigkeit im Jugendhaus realisieren, andererseits kann und möchte sie die dortigen Denkmuster nicht übernehmen. Doris versucht nun dieses Dilemma zu lösen, indem sie die ausgrenzend-rassistischen Denk- und Handlungsmuster der männlichen Jugendhausbesucher verharmlost oder aber als gerechtfertigte Revanche betrachtet. Sie bewertet die ausgrenzend-rassistischen Denk- und Handlungsmuster dann als Notwehr.

Von der Seite muss man es auch sehen. Dass es nicht unbegründet ist. (...) Das ist halt auch, weil sie (die männlichen Jugendhausbesucher, BS) dumm angemacht worden sind. Im Freibad oder wenn man über den Marktplatz läuft. Da wirst du halt ziemlich oft angemacht. Und das sind dann halt meistens Ausländer. Das ist nun mal auffallend Albaner, Türken. Und so entsteht das halt auch. Und ein paar von uns sind schon ziemlich übel zugerichtet worden von denen. Und ich mein, in dem Fall ist es auch verständlich.

Doris rechtfertigt die ausgrenzend-rassistischen Denk- und Handlungsmuster der männlichen Jugendhausbesucher mit schon erfahrener Anmache und Gewalt, auf die zwangsläufig mit Gegengewalt beziehungsweise Ausgrenzung reagiert werden muss. Ob es sich bei den Schilderungen um tatsächlich erlebte Gewalt ging oder ob diese Darstellung nicht auch etwas Anekdotenhaftes hat, konnte im Interview nicht geklärt werden. Doris übernimmt diese Rechtfertigungsgedanken und überträgt sie in verallgemeinerter Weise auf alle Nicht-Deutschen. Die von den männlichen Jugendhausbesuchern erfahrene Gewalt ging laut Doris von Albanern und Türken aus; die ausgrenzend-rassistischen Denk- und Handlungsmuster betrifft aber vor allem die im Dorf lebenden Aussiedler-Jugendlichen.

Fazit

Für Doris scheint das ‚Landleben' unproblematisch zu sein. Die für Landjugendlichen typischen Handlungsnotwendigkeiten wie beispielsweise das Schul- und Freizeitpendeln können von ihr gut bewältigt werden. Sie greift dazu auf den öffentlichen Personennahverkehr und auf Mitfahrmöglichkeiten zurück. Sie nutzt das dörfliche Freizeitangebot, hier vor allem das dörfliche Jugendhaus, zu ihrer Freizeitgestaltung und sie nutzt den regionalen Arbeitsmarkt, um eine Ausbildung absolvieren zu können. Das heißt, im Großen und Ganzen bezieht sich Doris auf das dörflich vorhandene Handlungsangebot, um ihre Freizeit und ihr Leben zu bewältigen. So orientiert sich sowohl ihr Ausbildungswunsch an dem regionalen als auch ihre Freizeitvorlieben an dem dörflichen Angebot; außerdörfliche und außerregionale Angebote werden von Doris weniger in Betracht gezogen: Sie orientiert sich an Vorhandenem und passt sich diesem an. Ein solches Denk- und Handlungsmuster ist für den ländlichen Lebensbereich nichts Außergewöhnliches. Vielen ländlich-dörflichen Lebens- und Handlungsmustern liegt ein so gelagertes Denkmuster zu Grunde. Doris hat sich klar für das Landleben entschieden. Sie möchte auf keinen Fall in der „lauten" Stadt leben, sie schätzt die ländliche Ruhe und Übersichtlichkeit, vor allem aber auch die emotionale Sicherheit und Geborgenheit, die ihr der dörfliche Lebenskontext liefert. Die dazu notwendigen Anpassungsleistungen erbringt Doris, ohne die Nachteile und Einschränkungen, die damit zusammen hängen, zu berücksichtigen beziehungsweise zu thematisieren. Neben der Anpassung an die dörflichen Freizeit- und regionalen Arbeitsangebote erbringt Doris eine für die dörfliche Integration viel wesentlichere Anpassungsleistung: Sie bewertet die außerregionalen Arbeitsangebote als wenig attraktiv und die außerdörflichen Freizeitangebote (Edeldisko, Skaten, Basketball, etc.) als äußerst negativ, ja sogar dekadent oder als eine Freizeitbeschäftigung, der nur zugezogene – also nicht dazu gehörige – Jugendliche nachgehen. Jegliche, von außen kommende, Einflüsse, die ihre ‚heile Welt' angreifen oder in Frage stellen könnten, lehnt sie schon im

Vorfeld ab, ohne sich mit ihnen auseinandergesetzt zu haben. Doris hat sich eine eigene ‚heile' dörfliche Lebenswelt geschaffen, in der ihr eine Realisierung ihrer Interessen und Bedürfnisse möglich scheint. Ihr überaus starkes Interesse und Bedürfnis nach Zugehörigkeit und Integriert-Sein, aber auch nach Übersichtlichkeit versucht Doris vorwiegend in ihrer Freizeit im dörflichen Jugendhaus zu realisieren. Sie rechnet sich zu den StammbesucherInnen und zu den Jugendhaus-Macherinnen, die sowohl den organisatorischen als auch den inhaltlichen Ablauf im Jugendhaus organisieren. Wenn nun aber andere, zugezogene Jugendliche das Jugendhaus nicht besuchen, die dortigen Angebote ignorieren oder ablehnen, dann empfindet dies Doris als Affront, als persönlichen Angriff, den sie dann durch klare Ab- und Ausgrenzungsabsichten zu bewältigen versucht. Dazu entwickelt Doris Segmentierungslinien, die eindeutig festlegen, was gut und was schlecht ist, beziehungsweise, wer dazugehören kann und wer nicht. So werden die Freizeitvorlieben der Jugendlichen, die das Jugendhaus nicht besuchen, negativ bewertet und der Wunsch dieser Jugendlichen, dass auch sie ihre Freizeitvorlieben im Dorf ausüben möchten, als übertriebene Forderung und übermäßige Anspruchshaltung betrachtet. So entwickelt sich ein Denkmuster, dass vor allem zugezogene Jugendliche sich dem dörflichen Angebot anzupassen haben, dass ‚Fremde' kein Recht haben, durch die Formulierung von Wünschen und Forderungen an der eigenen Lebenspraxis Kritik zu üben. Mit der Entwicklung dieser Segmentierungslinie gewinnen dann die Ab- und Ausgrenzungstendenzen eine Begründungsgrundlage. Die eigene Lebensweise vor äußerer Kritik zu schützen, diese nicht in Frage stellen zu lassen, liefert dann die ideologische Basis für Ausgrenzungsprozesse. Am ‚Fall Doris' konnte gezeigt werden, dass so gelagerte Ausgrenzungsprozesse nicht ausschließlich nicht-deutschsprachige MitbewohnerInnen treffen können, sondern alle, die lediglich durch die Formulierung von eigenen Wünschen und Forderungen, die eigene Lebensweise in Frage stellen. Dieses ideologische Grundmuster liefert die Basis für ausgrenzend-rassistische Denk- und Handlungsmuster. Auch wenn Doris sich in den Interviews nie manifest ausgrenzend und/oder rassistisch äußert, legen ihr ihre typisch-dörfliche Prämissenlage solche Denk- und Handlungsmuster nahe. Die ideologische Basis für ausgrenzend-rassistische Denk- und Handlungsmuster ergibt sich für Doris aus der typisch dörflich-ländlichen Lebensweise.

Das überaus starke Bemühen von Doris, die eigene Gruppe zu stabilisieren und damit ihr Interesse und Bedürfnis nach Zugehörigkeit und Integration zu sichern, zeigt sich auch darin, dass Doris versucht, die unliebsamen Denkmuster der männlichen Jugendhausbesucher umzuinterpretieren beziehungsweise zu verharmlosen. Sie distanziert sich aufgrund ihres starken Interesses und Bedürfnisse nach Zugehörigkeit zu der Jugendhaus-Clique, in der solche Denk- und Handlungsmuster klar abgelehnt werden, von den manifest ausgrenzend-rassistischen Denk- und Handlungsmustern der männlichen Jugendhausbesucher, auch wenn sie selbst über solche ideologischen Grundgedanken verfügt. Doris kann diesen Widerspruch nicht produktiv bewältigen und bemüht sich so, die manifest ausgrenzend-rassistischen Denkmuster zu verharmlosen, die Jugendlichen, die diese vertreten, klein und kindlich zu machen, um diese nicht ernst nehmen zu müssen. Damit bedient sich Doris eines Denk- und Bewältigungsmusters, das alles, was problematisch erscheint, was die eigenen Denk- und Handlungsmuster kritisch reflektiert, entweder negativ bewertet oder aber verharmlost. Mit dieser Strategie kann Doris Widersprüche und Ambivalenzen in keiner Weise produktiv bewältigen. Ihr eigener Lebensentwurf scheint keinerlei Kritik Stand halten zu können. Dabei handelt es sich nicht um konkret ausgeübte Kritik, sondern es reicht schon, wenn Doris mit Andersartigem konfrontiert wird. Die hieraus entwickelte Bewältigungsstrategie nimmt zwar das ‚Andere', wie zum Beispiel die manifest ausgrenzend-rassistischen Denk- und Handlungsmuster der männliche Jugendhausbesucher, wahr, aber sie geht einer Auseinandersetzung aus dem Wege, indem sie die ausgrenzend-rassistischen Äußerungen verharmlost. Dies macht dann eine produktive Auseinandersetzung nicht mehr notwendig, denn wenn diese Äußerungen nicht ernst gemeint sind, dann braucht sich Doris nicht weiter mit ihnen auseinander zu setzen. Mit der Bewältigungsstrategie ‚Bewältigen durch Verharmlosen' bleibt Doris im restriktiven Bereich der Handlungsfähigkeit. Sie kann damit nur scheinbar ihre Umwelt kontrollieren und über ihre Bedingungen verfügen.

Fallstudie 8
Jo: Unabhängig und eigenständig
Die im nun Folgenden dargestellte Fallstudie weicht von den bisherigen ab. Der dargestellte Fall ‚Jo' widerspiegelt keinesfalls eine Landtypik. Aus dem Verhältnis, das Jo zu seiner jespezifischen objektiven Prämissenlage aufbaut, resultieren für ihn Handlungsnotwendigkeiten, die er aber landjugenduntypisch zu bewältigen versucht. Auch für die Realisierung seiner Interessen und Bedürfnisse wählt Jo landuntypische Handlungsmuster. Dennoch soll auf eine Darstellung dieses Falles nicht verzichtet werden, weil in der Darstellung des *Untypischen* das *Typische* deutlich wird.

Jo ist 22 Jahre alt, studiert im ersten Semester Soziale Arbeit. Er lebte bis zum Beginn des Studiums zusammen mit seinen Eltern und seinem Bruder in einem sehr kleinen Dorf am Rande des Südschwarzwaldes. Er ist ein sehr kritischer, aber auch politischer Mensch (politischer Punk). Heute lebt er in einer mittelgroßen Stadt in der Nähe seines Studienortes.

Jo besuchte in seinem Heimatdorf die Grundschule und die weiterführende Schule in einer mittelgroßen Stadt im südlichen Schwarzwald. Dort machte er auch das Abitur. Den Schulbesuch absolvierte Jo in der Sommerzeit mit dem Fahrrad und in der Winterzeit einen Teil zu Fuß und den Rest mit öffentlichen Verkehrsmitteln (Bus). Da das Schulpendeln recht viel Zeit in Anspruch nahm (ca. 30 Minuten) und mit Aufwand und auch körperlicher Anstrengung verbunden war, verbrachte Jo, immer wenn er Nachmittagsunterricht hatte, den ganzen Tag in der Stadt und kehrte erst am späten Nachmittag in sein Heimatdorf zurück.

Also im Sommer bin ich immer mit dem Fahrrad in die Schule gefahren. Das war so eine halbe Stunde hab ich ungefähr gebraucht. Ich bin allerdings auch viel und schnell gefahren. Und im Winter bin ich eben immer mit dem Bus gefahren. Bin ich so 10 Minuten zur Bushaltestelle gelaufen, dann eine viertel Stunde gefahren und von dort noch mal so 10 Minuten in die Schule gelaufen, aber auch recht schnellen Schrittes.

So verbrachte Jo den größten Teil seiner – auch freien – Zeit in der Region/der Stadt. Dadurch verlor er den Kontakt zu seinen AltersgenossInnen in seinem Heimatdorf, mit denen er im Grundschulalter viel Zeit verbrachte. Während dieser Zeit nahm Jo die dörflichen Freizeitangebote in Anspruch. Dies änderte sich schlagartig, als er – schulbedingt – morgens in die Region auspendelte und erst spät wieder zurückkam.

Also bei mir war das während der Grundschule, hab ich eben alles im Dorf gemacht, also Freunde, Hobbys, also Tennisspielen, Klavierunterricht und eben solche Sachen, war alles im Dorf. Und dann, als ich dann aufs Gymnasium gekommen bin, also in die Stadt musste, dann hat sich's schlagartig geändert eigentlich. Ich hatte dann (im Dorf, BS) keine Hobbys mehr eigentlich.

Jos ehemals intensive Dorforientierung im Grundschulalter wurde gänzlich durch eine Regionalorientierung ersetzt. So veränderte sich durch den regionalen Schulbesuch in der Stadt/Region gleichzeitig auch das soziale Umfeld von Jo. Sämtliche soziale Beziehungen fanden sich dort.

Ich hatte eigentlich auch meine ganzen Freunde und Hobbys, soziales Umfeld, war eigentlich alles in der Stadt, also auf dem Dorf war eigentlich nur ja Zuhause, Familie, Essen, Schlafen halt, und Lernen.

Die von Jo recht intensiv ausgelebte Regionalorientierung ist allerdings nicht ausschließlich auf den regionalen Schulbesuch zurück zu führen. Mit dem Schulwechsel änderten sich auch ganz allmählich Jos Freizeitinteressen. So fand er zum Beispiel Spaß und Interesse am DLRG-Rettungsschwimmen. Dies konnte Jo aber nur in der Stadt ausüben, weil sein Heimatdorf eben über kein Schwimmbad verfügte. Auch durch diese regionale Freizeitorientierung verlor Jo die Kontakte zu seinem Heimatdorf, worauf er an verschiedenen Stellen im Interview hinweist.

Also das Schwimmbad, das war dann in der Stadt. Das war dann auch zu der Zeit, wo ich auf dem Gymnasium war und ja, eben das Schwimmbad war halt in der Stadt, auf dem Dorf gab es das nicht. Und hab da dann auch Freunde gefunden und ja, die Sachen auf dem Dorf, ich hatte dann eben auch keine Freunde, keine Bindungen mehr eigentlich. Das hat sich alles recht schnell dann gelöst im Dorf und dazu hab ich dann da irgendwie auch keinen Kontakt mehr gehabt.

Jo verfügt über keine ausgiebigen und umfangreichen familialen Beziehungen und Bezüge. Aufgrund seiner intensiven Regionalorientierung verbrachte er recht wenig Zeit im familialen Kontext. Seine Eltern traf er nur unregelmäßig. Über familienspezifische Treffen, beispielsweise zum Abendessen, berichtet Jo nicht. Auch seine Mutter, die am Nachmittag immer zu Hause war, also zu einer Zeit, als auch Jo anwesend war, sah er nur sporadisch. Lediglich zu seinem jüngeren Bruder, mit dem er seine Interessen und auch seine politischen und kulturellen Vorlieben teilte, verfügt(e) er über engere Kontakte.

Ich hab halt meine Eltern morgens kurz gesehen, dann mittags hab ich meine Mutter gesehen, die hat meistens auch was vom Essen übrig behalten und dann immer warm gemacht. Ja, wenn ich mittags zu Hause war, hab ich eben meine Mutter ab und zu gesehen und abends hab ich meistens beide Eltern noch gesehen. Außer wenn ich abends eben lang und früh weggegangen bin, dann wahrscheinlich erst wieder am nächsten Morgen. Und mein Bruder hat eben auch, mit dem war ich teilweise in derselben Clique eine Zeitlang. Viel auch zusammen gemacht, aber dann jetzt gegen Ende auch nicht mehr so.

Jo musste keine familialen Unterstützungsleistungen erbringen, weder im Haushalt noch bei der Gartenarbeit. So konnten sich auch daraus keine weiteren Kontakte zu seinen Eltern ergeben.

Ja, also ich musste nicht so viel machen, halt so ab und zu mal abtrocknen oder Wäsche aufhängen oder so, aber Garten war überhaupt nichts. War so das Hobby von meinen Vater. Also da hat der sich auch nichts abnehmen lassen.

Jos familialen Kontakte sind auch durch die oft stattgefundenen Auseinandersetzungen mit seinem Vater getrübt. Er berichtet über Auseinandersetzungen, die dann auch in Streit ausgeartet sind. Den Grund für die Streitsituationen lieferten die unterschiedlichen Meinungen zwischen ihm und seinem Vater. Dabei handelte es sich nicht unbedingt um politische Meinungsunterschiede, sondern eher um Meinungsunterschiede über eher allgemeine und alltägliche Dinge. Die vorliegenden Meinungsunterschiede zwischen Jo und seinem Vater konnten nicht produktiv ausdiskutiert werden. Jo versuchte dann in der Folge den Streitsituationen mit seinem Vater aus dem Weg zu gehen, indem er einfach nicht mehr mit ihm diskutierte. Seine Mutter schätzt Jo eher als Diskussionspartnerin, weil sie sich auch von seinen Argumenten überzeugen lässt, sie ihre Meinung auch ändern kann.

Und mit meinen Eltern gab es schon starke Auseinandersetzungen, also vor allem mit meinem Vater. Ja, ich glaub schon. Starke Diskussionen und auch öfter Streit. Meine Mutter hat sich eher raus gehalten, vielleicht Vermittlerrolle gespielt und so. Sie hat auch eine politische Überzeugung, aber, ja nicht so eine starke oder so eine fast ideologische, also ist das nicht. Meine Mutter ist da eher flexibel. Sie bildet sich auch mal eine Meinung, aber so, ich hab auch so das Gefühl, mit meiner Mutter kann man eher diskutieren, und da bewegt sich noch was, kann man sich bewegen, aber bei meinem Vater war es überhaupt nicht so. Also ich meine, da gab es eigentlich regelmäßig Streit oder so. Später dann auch nicht mehr, weil wir einfach nicht mehr drüber diskutiert haben. (...) Ja, also, ab und zu noch ist eine Diskussion ange-

klungen, aber man hat dann ziemlich schnell gemerkt, es artet in Streit aus. Und dann haben wir es gelassen, weil die Standpunkte waren eigentlich fest.

Jos Beziehungen und Bezüge zu seiner vertikal oder horizontal erweiterten Herkunftsfamilie sind eher auf Funktionalität angelegt. Sie werden von Jo nicht weiter angestrebt und somit auch nicht gepflegt. Er berichtet über einen Onkel, bei dem er öfter übernachtet hat, wenn er eine Party besuchte und keine Heimfahrt mehr möglich war. Zu den noch lebenden Großmüttern hat Jo nur spärlichen Kontakt. Er sieht sie nur recht selten, so zum Beispiel an Weihnachten, am Geburtstag oder zu Familienfesten. Dabei handelt es sich also lediglich um die obligatorischen Feste, die Jo einen intergenerativen Kontakt ermöglichen. Er selbst gestaltet oder organisiert solche Kontakte kaum. Zwar wird er von seiner Großmutter mütterlicherseits sporadisch finanziell unterstützt, aber dies veranlasst ihn nicht zu einer intensiveren Kontaktpflege. Insgesamt scheinen Jo verwandtschaftliche Beziehungen und Bezüge von nachgeordneter Bedeutung zu sein. So berichtet er im Interview von einer Tante, die ihn regelmäßig zum Geburtstag und zu Weihnachten beschenkt, zu der er aber keinerlei Kontakt mehr hat. Diese Geschenke scheinen ihn nur wenig zu beeindrucken. Er ist sich überhaupt nicht sicher, ob ihn diese Tante noch beschenkt und welcher Art diese Geschenke sind.

...ich glaub, von einer Tante krieg ich immer was zum Geburtstag und zu Weihnachten, aber sonst überhaupt nichts (damit sind Beziehungen gemeint, BS).

Insgesamt verfügt Jo lediglich über funktionale Familienbindungen. Seine vertikal und horizontal erweiterte Herkunftsfamilie ist für seine Bedürfnis- und Interessenrealisierung kaum von Bedeutung. Die familialen Kontakte, die Jo noch pflegt, scheinen mehr dem Aspekt des Pflichtbewusstseins untergeordnet zu sein. Für Jo bildet die Region den wesentlichen Bereich zu seiner Bedürfnis- und Interessenrealisierung.

Jos regionale Freizeitgestaltung begründet sich aus der Suche nach Gleichgesinnten, mit denen er seine Freizeitinteressen teilen und pflegen kann. Vor allem aber seinem politischen Engagement, das sich eher im links-kritischen Bereich ansiedeln lässt, konnte Jo nur in der Region gerecht werden, sein Heimatdorf bot ihm dazu keinerlei Möglichkeiten, auch fand er dort keine Gleichgesinnten. Außerdem konnte Jo seine jugendkulturellen Vorstellungen und Vorlieben, die durchaus als für Landjugendliche untypisch bezeichnet werden können, in seinem Heimatdorf nicht realisieren. Auch hierfür bot ihm sein Heimatdorf keine Möglichkeiten an. So ist die intensive und recht ausgeprägte Regionalorientierung von Jo mit seinen spezifischen Freizeitinteressen begründet.

Jo sieht als klaren Vorteil seiner regionalen – und auch überregionalen – Freizeitgestaltung, dass diese ihm ermöglichte, neue Leute kennen zu lernen und auch neue Freunde und Gleichgesinnte zu finden.

Ja, also auch später bei mir, als ich dann auf Konzerte und Parties gegangen bin, und so, da war es meistens eben, ja, dass es in der Stadt eben im Jugendhaus oder so, das kam ab und zu mal vor, dass jemand, der auch auf dem Dorf gewohnt hat, bei sich zu Hause eine Party gemacht hat, aber das war dann eigentlich schon alles. Und später war ich dann auch in der politischen Jugend aktiv und bin dann oft auch eben mit dem Zug weggefahren übers Wochenende, also schon mit 14, 15 war ich oft zwei, drei Wochenenden im Monat unterwegs. Auch auf Konzerten, wo man eben hingefahren ist, und geschaut hat, wo man irgendwo übernachtet oder so. Und dann wieder zurückgekommen bist und auch Freunde dann überall dann gefunden, in ganz Deutschland praktisch. Und da war ich dann oft auch so unterwegs.

Jo ist weder emotional noch ökonomisch an sein Heimatdorf gebunden; er findet dort weder Geborgenheit und Sicherheit noch harmonisiert sich durch ein Verbleiben im elterlichen Haushalt seine finanziell nicht gerade rosige Situation. So ist Jos Abwanderung durchaus funktional und ebenso auch nachvollziehbar. Er sieht für sich in der Stadt/Region deutlich mehr Möglichkeiten, seine Interessen und Bedürfnisse auszuleben.

Also auf jeden Fall mal vom Angebot her, also grad in dem Großraum bis S., E. ist ja da ziemlich gut angebunden, viele Konzerte eben, größere Szene, also man muss nicht, wenn ich am Wochenende jetzt auf ein Konzert will, dann muss ich nicht Samstag morgen um 12 Uhr losfahren und komm erst Sonntag abends wieder zurück oder so, sondern kann das an einem Abend erledigen, wieder nach Hause fahren. Und sind einfach auch die Verbindungen, also Busverbindungen, S-Bahn-Verbindungen fährt bis spät in die Nacht und eben auch, man trifft mehr gleichgesinnte Leute in der größeren Stadt, logisch.

Neben der urbanen/regionalen Angebotsvielfalt, die auch eine Realisierung seiner dorfuntypischen politischen Interessen realisierbar macht, begründet sich seine Regionalorientierung aber auch damit, dass Jo in seinem Heimatdorf aufgrund seiner politischen Meinung und seines provokanten Aussehens kaum Anerkennung fand und findet, von andersdenkenden Gleichaltrigen sogar ausgegrenzt und diskriminiert wurde und wird. Jo berichtet an zwei Stellen im Interview, wie er von Altersgleichen wegen seiner politischen Meinung verfolgt wurde, was ihm doch recht Angst machte.

...mit meinem Bruder nachts eben, wir waren in der Stadt und sind dann eben, glaub ich, mit dem allerletzten Bus damals, da gab's noch einen, das war, da war ich vielleicht 15 oder so. Mein Bruder war 13. Wir sahen auch ein bisschen punkermäßig oder so aus. Damals noch mehr. Und wir sind dann nachts also durchs Dorf gejagt worden von denen, richtig. Wir mussten davonlaufen, haben dann überall geklingelt, überall ging das Licht aus, keiner hat aufgemacht und so. Also wurden praktisch bis zu Hause von denen gejagt und, ja, später, als ich dann aktiv war und bei denen sich auch so eine Gruppe gebildet hat, da hing anscheinend mein Bild aus der Zeitung mit einem Fadenkreuz über den Kopf gemalt bei denen an der Wand und ja, es gab dann eben öfter Auseinan-

dersetzungen eben, dass Veranstaltungen gestört wurden und solche Sachen eben.

Jo bemängelt, dass in seinem Heimatdorf die rechtsorientierten Jugendlichen deutlich mehr Anerkennung und Akzeptanz erfahren als er, dass diese dort eine gewisse Unterstützung erfahren.

Wir waren eben auch in der Stadt, da gab es eigentlich keine offene rechte Szene. Und auf den Dörfern, da war das eigentlich schon eigentlich in jedem Ort, gab es eine Garage, Treffpunkt, wo man Konzert machen konnte, Kneipen und so für die (die rechtsorientierten Jugendlichen, BS) eben. (...) Und ja, ich weiß nicht, ob mehr Rückhalt. Also es wurde auf jeden Fall geduldet, kaum dagegen vorgegangen, ja.

Jo organisierte seine intensive Regionalorientierung vorwiegend mit öffentlichen Verkehrsmitteln und, wenn dies nicht möglich war, was vor allem am Abend und am Wochenende der Fall ist, mit dem Fahrrad. Zwar ist dies sehr umständlich und mit vielerlei Belastungen und Anstrengungen verbunden, dennoch sieht er für sich keine Notwendigkeit, einen Führerschein zu besitzen oder gar über ein eigenes Fahrzeug zu verfügen. Bei der Organisation und Ausführung seiner Regionalorientierung möchte Jo keinesfalls von Anderen abhängig sein. So verfügt Jo auch nicht über die Möglichkeit der Co-Mobilität. Dies ist einerseits auf seine nicht vorhandene Integration ins dörfliche Geschehen, auf sein isoliertes dörfliches Dasein, zurückzuführen, das eine Co-Mobilität ausschließt. Andererseits verzichtet Jo auch darauf, weil er dann in seiner Freizeitgestaltung von Anderen abhängig wäre. Insbesondere betont er, dass er nur im äußersten Notfall auf elterliche Hilfe beziehungsweise Fahrdienste zurückgreifen würde. Auch darin zeigt sich Jos starkes Bedürfnis, eigenständig und unabhängig zu sein.

Ja, also bei mir war es so, die Busverbindung, die war eben nicht, eben ziemlich schlecht und ich kann mich noch erinnern, dass ich zum Teil im Winter bei 20 cm Schnee oder so, wenn ich abends eben, also Schule ging, aber wenn ich a-

bends in die Stadt wollte, musste ich eben mit dem Fahrrad fahren, egal, was für Wetter, bei Regen, Schnee. Ich hab das dann auch gemacht, also ich hab mich dann auch nicht groß, ja, meine Eltern gebeten oder so. Sie hätten es vielleicht schon gemacht, also teilweise ab und zu auch. Aber größtenteils hab ich eben alles mit dem Fahrrad gemacht.

Es kann konstatiert werden, dass Jo aus seiner Sicht seine Bedürfnisse und Interessen nach Integriert-Sein (Zugehörigkeit, Geborgenheit, Sicherheit) und Partizipation (Anerkennung, Akzeptanz, Engagement) ausschließlich in der Region realisieren konnte. Dazu nahm er einigen Aufwand und wohl auch Belastungen in Kauf. Eine dörfliche Interessenrealisierung schien ihm völlig ausgeschlossen.

Fazit
Jo formuliert deutlich, nicht in seinem Heimatdorf zu bleiben und auch nicht später dahin zurückkehren zu wollen. Er hat sich eindeutig für die Region/Stadt entschieden.
Also ich kann es mir überhaupt nicht vorstellen. (...) Reizt mich überhaupt nicht, also Dorf.

Jos klare Ablehnung des Bleibe-Wunsches erfolgt wesentlich aus seiner nicht vorhandenen Integration ins dörfliche Leben, seinen nur schwach ausgebildeten familialen Beziehungen und Bezügen, aber auch aus der Notwendigkeit, seine politischen und kulturellen Vorstellungen nur außerdörflich realisieren zu können. Seine Lebensgestaltung war auf eine regionale Lebensbewältigung ausgerichtet. Jo pflegte vorwiegend funktionale Familienbeziehungen. Er sieht für sich keine Möglichkeiten, seine Bedürfnisse und Interessen innerfamilial zu realisieren. Eine innerfamiliale Interessen- und Bedürfnisrealisierung lehnt Jo völlig ab, er möchte auf keinen Fall von seiner Herkunftsfamilie abhängig sein. Sein Ziel, eigenständig und selbstverantwortlich zu leben, kann er im innerfamilialen Kontext nicht erreichen. Jo zeichnet sich durch sehr spezielle kulturelle Freizeitinteressen und politische Vorstellungen (politischer Punk) aus, die er in seinem Heimatdorf nicht realisieren konnte und kann; es bietet ihm aus seiner Sicht dafür keinerlei Chancen und Möglichkeiten. Dagegen offeriert ihm die Region eine Angebotsvielfalt, die eine unabhängige und eigenständige Realisierung zulässt. Jo formuliert daher klar die Absicht, nicht mehr in sein Heimatdorf zurückkehren und auch nicht in einem Dorf wohnen oder gar leben zu wollen. Jo begründet diese eindeutige Absicht darüber hinaus mit den im ländlichen Leben vorherrschenden konservativen bis rechten Ideologismen, die kritische Vorstellungen nicht zulassen. Aus seiner Sicht kann er seine landuntypischen politischen Vorstellungen und kulturellen Interessen ausschließlich in der Region realisieren.

Ob das kritische Bewusstsein von Jo ihn vor der Aneignung von ausgrenzend-rassistischen Denk- und Handlungsmustern schützt, bleibt unbeantwortet. Er spricht sich zwar klar gegen Ausgrenzung und Rassismus aus und engagiert sich auch politisch dagegen, aber ob nicht auch er Exklusions- und Inklusionsprozesse anwendet, wenn es um ‚Andersdenkende‘ geht, bleibt unbeantwortet.

Ungeklärt bleibt an dieser Stelle auch, ob eine regional-spezifische oder urbane Prämissenlage nicht in ähnlicher Weise auf die Entwicklung und Entstehung ausgrenzend-rassistischer Denk- und Handlungsmuster einwirkt. Die Beantwortung dieser Fragestellung muss an anderer Stelle vorgenommen werden.

Teil 3: Zusammenfassung

Die dargestellten Fallstudien zeigen, das kann abschließend festgehalten werden, unterschiedliche, aber dennoch für Landjugendliche typische Lebenspraxen, in denen die Kategorien Mobil-Sein und Regionalorientierung, Familienbindung und Verwandtschaftsorientierung, Cliquenorientierung, Orientierung an Traditionen und Regeln und der Bleibe-Wunsch wesentlich sind und kategorial die je-spezifische Bedürfnis- und Interessenrealisierung und Bewältigung der Handlungsmöglichkeiten ermöglichen.

Die Landjugendlichen wählen zur Bewältigung ihrer Handlungsnotwendigkeiten und zur Realisierung ihrer Interessen und Bedürfnisse tradierte – unspektakuläre – Handlungsmuster. So versucht Paul, sein Interesse und Bedürfnis nach Anerkennung und Akzeptanz über eine recht ausgeprägte und intensive innerfamiliale und verwandtschaftliche Unterstützungsleistungen zu realisieren. Dieses Prinzip wendet er auch an, um im Cliquenkontext seine Bedürfnisse und Interessen beispielsweise nach Zugehörigkeit zur Realisierung gelangen zu lassen. Mit der Orientierung an Leistung und „Schaffen" bewältigt Paul auch seine landtypischen Handlungsnotwendigkeiten wie zum Beispiel das Schul- und Freizeitpendeln. Vor allem das Freizeitpendeln, ohne das die für ihn notwendige Regionalorientierung zur Überwindung des monostrukturellen dörflichen Freizeitangebots nicht möglich wäre, setzt Leistungsbereitschaft voraus. Ohne zusätzlichen Nebenverdienst als Vortänzer wäre die intensive Regionalorientierung für Paul nur eingeschränkt möglich. Um sich aber diese Einkommensquelle zu sichern, muss Paul immense Leistungen erbringen. So muss er dazu seine Tanzkompetenzen ständig erweitern, er muss sie als herausragend darstellen können. Ohne diese stark ausgeprägte Leistungserbringung in der Freizeit wäre Pauls Zuverdienst und damit Regionalorientierung gefährdet und die Bewältigung der Handlungsnotwendigkeiten (z.B. Pendeln) recht eingeschränkt.

Meike bemüht sich, ihre Bedürfnisse und Interessen ausschließlich innerfamilial, in der Herkunftsfamilie zu realisieren, sodass sie weder auf die Region noch auf ihre Clique angewiesen ist. So nutzt Meike ihre regionale Freizeitgestaltung lediglich zu konsumtiven und kommunikativen Zwecken. So bezieht sich Meike zur Realisierung ihrer Interessen und Bedürfnisse und Bewältigung ihrer Handlungsnotwendigkeiten auf das tradierte – und damit unauffällige – Handlungsmuster ‚Familienorientierung'. Das monostrukturelle Arbeits- und Ausbildungsangebot in ihrem Heimatdorf verlangt, dass sie – ausbildungsbedingt – in die Region auspendelt. Aufgrund ihrer ungewöhnlichen Arbeitszeiten kann sie ihre Freizeit nur sehr schwer mit Alters- und Gleichgesinnten verbringen: Meike hat dann frei, wenn ihre Freundinnen, die sie noch aus der Schulzeit kennt, arbeiten. So findet Meike nur schwerlich FreizeitpartnerInnen. Mit der Familienorientierung kann sie dieses Defizit überwinden. Sowohl ihre nicht mehr berufstätigen Eltern als auch ihre nicht erwerbstätigen Schwestern werden dadurch zu Meikes FreizeitpartnerInnen. Die intensive Familienorientierung hilft Meike auch, mit ihrer eingeschränkten finanziellen Situation besser zu Recht zu kommen. Das geringe Gehalt als Auszubildende wird durch die Familienorientierung (freie Kost und Logis) aufgebessert. Somit begründet sich Meikes intensive Familienorientierung zum einen aus ihrer subjektiven Prämissenlage und zum anderen aus ihrer objektiven Prämissenlage.

Anne wählt zur Realisierung ihrer Interessen und Bedürfnisse, trotz der mütterlichen und großmütterlichen Bevormundung, ihre Herkunftsfamilie, spricht sich aber gleichzeitig für ein ‚späteres' Abwandern aus. Langfristig gesehen bietet ihr aber ihre Herkunftsfamilie keine perspektivreichen Realisierungschancen; diese sieht Anne eher in der Region. Allerdings kann sie sich noch nicht entschließen, ihr Heimatdorf zu verlassen und in die Region abzuwandern, um dort ein eigen- und selbstständiges Leben führen zu können. Das von Anne gewählte tradierte Handlungsmuster der Konfliktvermeidung ist für den ländlichen Lebenskontext und für manche Geschlechterrollenverständnisse typisch. Aus dem gnostischen Verhältnis zu der landtypischen Prämisse ‚Soziale Kontrolle' ergibt sich für sie die Handlungsnotwendigkeit, sich von den Mechanismen der Sozialen Kontrolle zu lösen. Sich gegen diese Mechanismen zu stellen, würde für Anne bedeuten, dass sie sich bemühen müsste, ihre Eigenständigkeit und Selbstständigkeit – und damit ihre Eigenverantwortung – gegen den Widerstand der Mutter und Großmutter durchzusetzen, was zu Konflikten führen würde. Anne versucht nun aber, gerade solche Konflikte und Widersprüche zu vermeiden, diese nicht auszutragen beziehungsweise ihr Streben nach Eigenständigkeit und Selbstständigkeit auf ‚später' zu verschieben. So entwickelt Anne das tradierte und geschlechtstypische Handlungsmuster der Konfliktvermeidung, das die Realisierung ihrer Interessen und Bedürfnisse nach Geborgenheit, Sicherheit und Zugehörigkeit und die Bewältigung ihrer Handlungsnotwendigkeit, die sich aus der dörflichen Sozialen Kontrolle ergeben, ermöglicht.

Tanja zeichnet sich durch eine intensive Regional- und Dorforientierung aus. In der Region versucht sie, ihre Interessen und Bedürfnisse nach Partizipation und Anerkennung etc. zu realisieren. Allerdings kann Tanja in der Region nur einem Teil ihrer Interessen gerecht werden. Ihr Interesse, komfortabel und bequem zu leben, lässt sich für sie vorwiegend innerfamilial und dörflich realisieren, worin sich dann auch ihr Bleibe-Wunsch begründet. Tanja legt ihrer Lebensgestaltung das pragmatische Prinzip ‚immer das Beste draus machen' zu Grunde und entwickelt daraufhin das für Landjugendliche typische Handlungsmuster des ‚Lebens in und zwischen zwei Welten'. Dieses Handlungsmuster erlaubt ihr, ihre Interessen und Bedürfnisse zu realisieren und zugleich versucht sie damit, ihre je-spezifischen Handlungsnotwendigkeiten zu bewältigen. Aus dem gnostischen Verhältnis zu ihren objektiven Prämissen, insbesondere zur dörflichen Sozialwelt (Regeln, Traditionen etc.) ergibt sich für sie die Notwendigkeit zur Regionalorientierung. Mit dem von Tanja favorisierten Handlungsmuster kann diese Notwendigkeit – zumindest einigermaßen – bewältigt werden. ‚Das Leben in und zwischen zwei Welten', dem das Begründungsmuster ‚das Beste draus machen' zu Grunde liegt, ist für Tanja funktional.

Im Gegensatz zu Tanja versucht Georg seine Interessen und Bedürfnisse, ernstgenommen und akzeptiert zu werden, über ein Arrangement mit Vorhandenem zu realisieren. Georg bewältigt seine Handlungsnotwendigkeiten und realisiert seine Interessen und Bedürfnisse sehr traditionell, indem er sich mit Vorhandenem arrangiert. Die sich aus dem gnostischen Verhältnis zu der Prämisse ‚monostrukturelles, defizitäres dörfliches Freizeitangebot' ergebende Notwendigkeit einer etwaigen außerdörflichen, regionalen Freizeitgestaltung, bewältigt Georg durch eine konsequente familiale Einbindung, gleichzeitig kann er damit sein je-spezifisches Interesse und Bedürfnis nach Zugehörigkeit realisieren.

Doris versucht, ihr Interesse und Bedürfnis nach Zugehörigkeit und Integration in der Jugendhaus-Clique zu realisieren. Dort wird sie anerkannt und ernst genommen. Um diesen Zustand zu stabilisieren, bedient sie sich klarer Abwehrstrategien[231], in dem sie alles Dorfuntypische und Neue ablehnt und negativ bewertet oder, indem sie Unliebsames oder auch Bedrohliches verharmlost und damit für sie bewältigbar macht. Doris bewältigt die Handlungsnotwendigkeit (Pendeln, regionspezifische Ausbildungswahl) mit den ihr zur Verfügung stehenden, tradierten Möglichkeiten. Das Landleben erscheint ihr recht unproblematisch. Sie übernimmt für sich die dörflichen Regeln und Traditionen (Anpassung, Unterordnung etc.) und versucht, damit Herausforderungen zu bewältigen und Interessen und Bedürfnisse zu realisieren.

Für Jo bedeutet Landleben dagegen ausschließlich Einschränkung, es lässt ihm keine Möglichkeit, seine Interessen und Bedürfnisse zu realisieren. So zeichnet sich Jo durch eine

---

[231] Abwehr wird hier nicht psychoanalytisch als Abwehr ins Unbewusste verstanden.

klare Abgrenzung zum Landleben und eine intensive Regionalorientierung aus. Allein in der Region beziehungsweise im urbanen Bereich kann er seine Bedürfnisse und Interessen realisieren. Er verfügt nur sehr geringe enge innerfamiliale und intergenerative Beziehungen und Bezüge. Wenn überhaupt, dann gestaltet er diese eher funktional, auch weil sie kaum zur Realisierung seiner Bedürfnisse und Interessen beitragen, sie ihn sogar einschränken und behindern.

Es konnte weiterhin gezeigt werden, dass die von den hier dargestellten Landjugendlichen entwickelten Lebenspraxen und Handlungsmuster zwar unspektakulär sind und im ländlichen Lebenskontext keinesfalls auffallen, diesen aber Elemente der Ausgrenzung und des Rassismus inhärent sind und somit die ideologische Basis für ausgrenzend-rassistische Denk- und Handlungsmuster liefern: In den tradierten und damit unauffälligen und unspektakulären Handlungsmustern liegt die Grundlage für ausgrenzend-rassistische Denk- und Handlungsmuster bei Landjugendlichen; sie fungieren als Vor-Form, auf deren Basis ausgrenzend-rassistische Denk- und Handlungsmuster entstehen (können).

Im folgenden Abschnitt werden die tradierten Handlungsmuster und die ihnen inne wohnenden ausgrenzend-rassistischen Dimensionen extrahiert.

Anpassung

Georgs lebenspraktisches Prinzip, sich den vorgegebenen Bedingungen an zu passen, sich diesen unter zu ordnen und sich keinesfalls auffällig zu zeigen, vermittelt ihm ein sicheres Gefühl und sichert ihm eine Zugehörigkeit zu der Mehrheit der dörflichen Gesellschaft. Mit seinen Anpassungsleistungen grenzt er sich klar gegen jene Menschen ab, die eine solche Anpassung nicht erbringen können oder möchten. So entwickelt Georg analog dieses Denkmusters Aus- und Eingrenzungskriterien, denen eindeutige Ungleichheitsvorstellungen zu Grunde liegen. Damit ist bei Georg der Grundstein für die Entstehung ausgrenzend-rassistischer Denk- und

Handlungsmuster gelegt. Ähnliches gilt auch für Meike. Auch für sie gilt Unterordnung und Anpassung als probates und funktionales Denk- und Handlungsmuster. Ihre engen familialen Beziehungen und Bezüge machen Intergruppen-, Vergleichs- und Kategorisierungsprozesse notwendig und es sind dann gerade diese – eigentlich stabilisierenden – Prozesse, die deutliche ausgrenzende und abwertende Elemente beinhalten. Die zur Stabilisierung der eigenen Gruppe/Familie und zur Herstellung einer positiven Distinktheit angewandten Handlungsmuster sind für Meike zur Interessen- und Bedürfnisrealisierung zwar funktional, aber so angeeignete Denk- und Handlungsmuster tragen eindeutig einen ausgrenzenden und abwertenden Charakter. Wird nun dieses für Meike probate Denk- und Handlungsmuster zur Bewältigung weiterer Handlungsnotwendigkeiten beziehungsweise Herausforderungen herangezogen, dann basieren diese genau auf diesem ideologischen Grundgedanken.

Leistung

Die stark ausgeprägte Leistungsorientierung bei Paul, mit der er versucht, Anerkennung und Akzeptanz zu erreichen, liefert die ideologische Grundlage für ausgrenzend-rassistische Denk- und Handlungsmuster. Leistung fungiert für Paul als Exklusions- beziehungsweise Inklusionskriterium, nur diejenigen, die etwas leisten, können dazugehören.

Konflikte und Widersprüche vermeiden

Anne und Doris wählen für ihre Interessen- und Bedürfnisrealisierung das Handlungsmuster, Konflikte und Probleme zu harmonisieren beziehungsweise ihnen auszuweichen. Dieses lebenspraktische Prinzip trägt allerdings keinesfalls zu einer produktiven Bewältigung von Konflikten, Problemen und Widersprüchen bei. So bleiben für Anne und für Doris analog dieses Prinzips sowohl persönliche als auch gesellschaftliche Problemlagen unbewältigt. Der ‚Fall Doris‘ zeigt dies in aller Deutlichkeit: Auf der Basis dieses Prinzips werden Alltagsrassismen weder thematisiert noch bearbeitet, sondern im Gegenteil, sie werden sogar stabilisiert.

Das Leben in und zwischen zwei Welten

Das von Tanja entwickelte Handlungsmuster des ‚Lebens in und zwischen zwei Welten' lässt zwar eine optimale Interessen- und Bedürfnisrealisierung zu, versetzt Tanja gleichzeitig in eine durch Ambivalenz ausgezeichnete Lebenssituation. Die durch diese Ambivalenz verursachten Verunsicherungen versucht Tanja durch die Übernahme der geltenden Regeln und Traditionen zumindest teilweise zu überwinden. Aber auch mit der Übernahme ausgrenzend-rassistischer Denk- und Handlungsmuster, die sich im dörflichen Lebenskontext finden, kann eine solche Sicherheit hergestellt werden. So ergibt sich aus der Übernahme des für viele Landjugendlichen probaten Handlungsmusters des ‚Lebens in und zwischen zwei Welten' durchaus auch eine Affinität zu ausgrenzend-rassistischen Denk- und Handlungsmustern.

Das Beste daraus machen

Auch Max versucht, seine Interessen und Bedürfnisse dort zu realisieren, wo am wenigsten mit Anstrengungen zu rechnen ist. Max' Handeln liegt ein Denk- beziehungsweise Bewältigungsmuster zu Grunde, das davon ausgeht, dass unter den gegebenen regionalen und dörflichen Lebensbedingungen eine Interessen- und Bedürfnisrealisierung immer möglich ist. ‚Das Beste aus der Sache zu machen' scheint sein Lebensprinzip zu sein. Damit läuft Max die große Gefahr, sich hegemonialer Denkmuster zu bedienen, die durchaus auch ausgrenzend-rassistischen Charakter annehmen können.

Abschließend kann festgehalten werden, dass zwischen den ländlichen Prämissen und der Entstehung von ausgrenzend-rassistischen Denk- und Handlungsmustern ein Zusammenhang besteht. Dies ist ein wesentlicher Ertrag dieses explorativen Vorgehens, auf den im nächsten Kapitel ausführlicher eingegangen werden soll. Die aufgezeigten Zusammenhänge können allerdings nicht auf alle Jugendliche übertragen werden. Sie gelten nur für die Landjugendlichen, die unter ähnlichen oder vergleichbaren Prämissen leben.

8   Ertrag und Ausblick

Am Beginn der Arbeit stand die These, dass es einen Zusammenhang zwischen der ländlichen Lebens- und Sozialwelt und der Entstehung ausgrenzend-rassistischer Denk- und Handlungsmuster gäbe. Dieser Zusammenhang wurde in Kapitel vier theoretisch begründet und im siebten Kapitel empirisch nachgezeichnet. An dieser Stelle soll nun in einem abschließenden Kapitel der Ertrag dieser Arbeit vorgestellt werden.

Die Landjugendlichen leben nicht in einem ‚luftleeren‘ Raum. Sie leben auf dem Land beziehungsweise auf dem Dorf. Was zeichnet das Land-/Dorfleben nun aus, worin unterscheidet es sich vom urbanen Leben? In dem Kapitel ‚Das Landleben‘ konnte gezeigt werden, dass sich das ‚Land‘ zwar nicht mehr über seine Idylle (Dichotomie-Modell) und auch nicht mehr über Rückständigkeit (Defizit-Modell) von der ‚Stadt‘ unterscheidet, sondern dass sich das ‚Land‘ im Besonderen durch seine spezifische Sozialwelt auszeichnet. Möchte man nun die sozialräumliche Dimension bei der Entstehung ausgrenzend-rassistischer Denk- und Handlungsmuster eruieren, muss gerade dieser spezifischen Sozialwelt besondere Aufmerksamkeit geschenkt werden. Die Hervorhebung der sozialräumlichen Dimension bei der Entstehung ausgrenzend-rassistischer Denk- und Handlungsmuster ist nicht nur auf die pragmatische Bestimmung des ländlichen Lebens zurückzuführen, sondern ergibt sich aus dem theoretischen Zugang, der das menschliche Handeln als das Resultat eines aktiven Auseinandersetzungsprozesses mit den je-spezifischen Lebensbedingungen postuliert. Das heißt, der Mensch verhält sich zu seinen objektiven Lebensbedingungen. Aus diesem gnostischen Verhältnis ergeben sich für ihn bestimmte Handlungsnotwendigkeiten. Zur Bewältigung dieser Notwendigkeiten stehen dem Menschen prinzipiell immer mindestens zwei Handlungsalternativen zur Verfügung, wobei er sich am Maßstab seiner Interessen- und Bedürfnislage für eine Alternative, für ein Handlungsmuster entscheidet. So sind an der Entstehung menschlichen Handelns unterschiedliche Dimensionen beteiligt. Das ist zum einen die ländliche Lebens- und Sozialwelt oder besser: die objektive Prämissenlage und zum anderen die für Landjugendliche typischen Interessen und Bedürfnisse: die subjektive Prämissenlage.

Die Landjugendlichen verhalten sich zu ihrer, für den ländlichen Raum typischen, Lebens- und Sozialwelt. Die sich aus diesem Verhältnis ergebenden Handlungsnotwendigkeiten beabsichtigen die Landjugendlichen analog ihrer Interessen und Bedürfnisse zu bewältigen. Das heißt, sie entwickeln landjugend-typische Denk- und Handlungsmuster, die auf den ersten Blick nichts mit Ausgrenzung und Rassismus zu tun haben, sondern lediglich die ‚Normalität' der Landjugendlichen widerspiegeln. Unterzieht man diese Denk- und Handlungsmuster aber einer intensiveren Betrachtung, dann wird deutlich, dass diese sich aus Ausgrenzung und Rassismus konstituierenden Elementen zusammensetzen, sich aus der Ideologie der Ungleichheit und Ungleichwertigkeit speisen. Hier ist man an dem spannendsten Punkt der Arbeit angelangt: Ausgrenzende Elemente bilden die Basis und die ideologisch-subjektive Begründung für viele alltägliche Denk- und Handlungsmuster und sie stehen in einer Beziehung zu dem für die Landjugendlichen typischen Sozialraum.

Paradigmatisch kann festgehalten werden, dass aus dem gnostischen Verhältnis, das die Landjugendlichen zu ihren objektiven Lebensbedingungen und ihrer landtypischen Sozialwelt aufbauen, für sie landtypische Handlungsnotwendigkeiten[232] resultieren und zur Bewältigung anstehen. So ergibt sich für sie die Notwendigkeit zum Pendeln, zum Arrangement mit vorhandenen Arbeits- und Ausbildungsmöglichkeiten, zum Verbleiben und zur Anpassung, zur Integration, zur Regionalorientierung, zur Ex- und Inklusion oder zur Konfliktvermeidung, die die Landjugendlichen mit den ihnen zur

---

[232] Ausführlich sind diese im Kap. 5 dargestellt.

Verfügung stehenden tradierten Möglichkeiten recht gut bewältigen. Und so wird das Pendeln, das Arrangement, das Verbleiben, die Anpassung, die Integration etc. von den Landjugendlichen als notwendiges Handlungsmuster betrachtet, mit dem die ländliche Lebenssituation gut bewältigt werden kann. Damit kann als erstes Teilergebnis dieser Arbeit festgehalten werden, dass die landtypischen Lebensbedingungen nicht als ursächlich für die Entstehung und Entwicklung ausgrenzend-rassistischer Denk- und Handlungsmuster gesehen werden können; es besteht kein kausaler Zusammenhang zwischen ausgrenzend-rassistischen Denk- und Handlungsmustern und den ländlichen Lebensbedingungen.

Die Landjugendlichen schaffen/nutzen landtypische Möglichkeiten oder zumindest Optionen wie zum Beispiel Familienorientierung, Intergenerativität, Regionalorientierung, Bleibe-Wunsch, mit denen sowohl eine Interessen- und Bedürfnisrealisierung als auch eine Bewältigung der Handlungsnotwendigkeiten möglich ist. So organisieren und pflegen sie beispielsweise zur Realisierung ihrer Interessen und Bedürfnisse nach Geborgenheit und Sicherheit enge Familienbeziehungen und -bezüge. Die von den Landjugendlichen intensiv gepflegte Familienorientierung lässt gleichzeitig auch eine Realisierung ihrer Konsumbedürfnisse zu. Es kann konstatiert werden, dass sich das hier vorliegende empirische Material nicht mit den Ergebnissen anderer empirischer Studien deckt, die gerade die mangelhafte beziehungsweise defizitäre Interessen- und Bedürfnisrealisierung in den Mittelpunkt stellen und diese in einen Zusammenhang zu ausgrenzend-rassistischen Denk- und Handlungsmustern (resp. rechtsextremistische Orientierungen) stellen. An dieser Stelle muss das Defizit-Modell aufgegeben werden: Die Landjugendlichen zeichnen sich dadurch aus, dass sie ihre Interessen und Bedürfnisse nach Geborgenheit, Integration, Anerkennung, Partizipation, Transparenz und Übersichtlichkeit über landtypische tradierte Handlungsmuster zu realisieren in der Lage sind, sie aber dennoch nicht frei von Ausgrenzung und Rassismus sind. Ausgrenzende und rassistische Elemente finden sich gerade in den von Landjugendlichen favorisierten landtypischen tradierten Denk- und Handlungsmustern.

Die tradierten Handlungsmuster, die ländlichen Regeln – und damit die ländliche Sozialwelt – fungieren als ideologische Basis beziehungsweise als subjektive Begründungsmuster für die Entstehung ausgrenzend-rassistischer Denk- und Handlungsmuster. So liefert zum Beispiel das tradierte Handlungsmuster, sich entsprechend der ländlich-dörflichen Bedingungen zu verhalten, sich also dem typisch Ländlichen anzupassen und unterzuordnen (siehe dazu das Fallbeispiel Georg), die ideologische Basis beziehungsweise die subjektive Begründung für Ausgrenzung und Rassismus. Mit der Übernahme dieses tradierten Handlungsmusters wähnen sich die Landjugendlichen auf der ‚sicheren Seite des Lebens‘. Das zu tun, was alle anderen auch tun, kann zum einen nicht falsch sein und zum anderen kann man dadurch seine Zugehörigkeit zur hegemonialen Gesellschaft demonstrieren. Gleichzeitig werden damit aber auch Ex- und Inklusionsprozesse vollzogen. Diejenigen, die sich dieser Zugehörigkeit eventuell durch Nicht-Anpassung entziehen, können sich auch nicht der hegemonialen Gesellschaft zurechnen. Es entsteht eine ‚Wir-Gruppe‘ und eine ‚Gruppe der Anderen‘. Damit werden Inklusions- und Exklusionsprozesse zum lebenspraktischen Prinzip. In- und Exklusionsprozesse bekommen damit den Charakter von zur Lebensbewältigung und Interessenrealisierung beitragenden Handlungsmustern, denen sowohl Ungleichheits- als auch Ungleichwertigkeitsvorstellungen zu Grunde liegen.

In ähnlicher Weise wirkt das tradierte Handlungsmuster der engen und intensiven Familienbindung (siehe dazu das Fallbeispiel Meike). Mit der engen Familienbindung versuchen die Landjugendlichen unter anderem, ihr Interesse und Bedürfnis nach Sicherheit, Hilfe und Unterstützung in allen Notlagen zu realisieren. Die Familie fungiert dabei sowohl als emotionale als auch als finanzielle Ressource. Allerdings unterliegen auch diesem Handlungsmuster Differenzierungs-

und Segmentierungsabsichten und -notwendigkeiten. Eine familiale Interessen- und Bedürfnisrealisierung setzt voraus, dass sich die Familie als stabile und interessenrealisierende Gruppe versteht, die sich dann dadurch deutlich und klar von anderen Gruppen unterscheidbar macht. Voraussetzung dafür sind Differenzierungs- und Vergleichsprozesse, bei denen der eigenen Gruppe/Familie einzigartige Merkmale zugeschrieben werden, also eine positive Distinktheit hergestellt wird. Das Herstellen von positiver Distinktheit, durch die Etablierung von Segmentierungslinien, wird damit zur Voraussetzung für eine erfolgreiche (familiale) Interessen- und Bedürfnisrealisierung. Das so entwickelte Denkmuster beziehungsweise lebenspraktische Prinzip erlaubt zwar in vielen Fällen eine Interessen- und Bedürfnisrealisierung, setzt allerdings auch Segmentierungs- und Differenzierungsprozesse voraus. Die eigene Gruppe von anderen Gruppen durch das Herstellen einer positiven Distinktheit unterscheidbar zu machen, wird dabei zum lebenspraktischen Prinzip, das – weil doch recht erfolgreich – auf andere Lebensbereiche und Bewältigungsaufgaben und Herausforderungen übertragen wird. Das so angeeignete Bewältigungsverhalten und -handeln folgt damit klaren Ab- und Aufwertungsmechanismen, worauf sich dann ausgrenzend-rassistische Denk- und Handlungsmuster aufbauen können.

Mit der Übernahme des tradierten Handlungsmusters der Leistungsorientierung realisieren die Landjugendlichen ihr Interesse und Bedürfnis nach Zugehörigkeit/Integration und Wertschätzung/Anerkennung (siehe dazu das Fallbeispiel Paul). Leistung fungiert hier als integrations- und anerkennungssicherndes Medium. Dem Motto folgend, ‚nur wer etwas leistet, kann dazu gehören‘, werden Segmentierungs-, Ex- und Inklusionsprozesse notwendig. Dieses lebenspraktische Prinzip beziehungsweise dieses Begründungsmuster speist sich klar aus der Ideologie der Ungleichheit und Ungleichwertigkeit.

Ein für viele weibliche Landjugendliche gängiges Handlungsmuster, mit dem sie sowohl ihre landtypischen Handlungsnotwendigkeiten als auch ihre landjugendtypischen Interessen und Bedürfnisse realisieren können, ist das Harmonisieren beziehungsweise das Ignorieren und Vermeiden von Konflikten (siehe dazu das Fallbeispiel Anne). Um der Harmonie willen arrangieren sie sich mit Vorgaben und Regeln, womit dann gleichzeitig Konflikten und Problemen aus dem Weg gegangen wird. Sie verfolgen damit das Ziel, nicht aufzufallen und ihre Integration nicht zu gefährden. Mit diesem lebenspraktischen Prinzip machen sich die Landjugendlichen aber auch anfällig gegenüber Ausgrenzung und Rassismus, denn der ländliche Lebenskontext beziehungsweise der dörfliche Mainstream ist nicht frei von ausgrenzend-rassistischen Ideologemen, die dann fast schon zwangsläufig mit übernommen werden (müssen).

Ein von vielen Landjugendlichen favorisiertes Handlungsmuster zur Bewältigung der landtypischen Handlungsnotwendigkeiten und Realisierung der landjugendtypischen Interessen und Bedürfnisse ist das ‚Leben in und zwischen zwei Welten' (siehe dazu das Fallbeispiel Tanja). Diesem Handlungsmuster liegt die notwendige Akzeptanz der vorhandenen Lebensbedingungen und die Nutzung ausschließlich vorliegender Handlungsmöglichkeiten zu Grunde. Dabei werden die zur Verfügung stehenden Möglichkeiten auf ihre Nützlichkeit hin überprüft und, wenn sie von Nutzen sind, auch genutzt. Dies setzt allerdings eine räumliche und temporäre Trennung der Interessen- und Bedürfnisrealisierung voraus. Die temporäre Trennung bewirkt aber auch einen ambivalenten und widersprüchlichen Zustand, der sich durch Instabilität und Unsicherheit auszeichnet. Die Landjugendlichen versuchen nun mit der Übernahme der jeweils geltenden Regeln diese Instabilität zu überwinden und Widersprüche auszuräumen. Dieses lebenspraktische Prinzip macht die Landjugendlichen anfällig für ausgrenzend-rassistische Denk- und Handlungsmuster, die ja unbenommen klare und sicherheitsversprechende Regeln vorgeben.

Auch das von einem Teil der Landjugendlichen favorisierte Handlungsmuster des Bleibens verspricht die Möglichkeit zur Bewältigung der landtypischen Handlungsnotwendigkeiten und zur Realisierung der für Landjugendliche typischen Interessen und Bedürfnisse nach Zugehörigkeit/Integration und Wertschätzung und Anerkennung (siehe dazu das Fallbeispiel Doris). Mit dem Bleiben versuchen die Landjugendlichen, die Notwendigkeiten und Herausforderungen zu bewältigen und ihre Interessen und Bedürfnisse zu realisieren. Der von einem großen Teil der Landjugendlichen favorisierte Bleibe-Wunsch ist allerdings nur realisierbar, wenn die Landjugendlichen die typisch-ländlichen Regeln und Traditionen übernehmen. Da dies mit Anstrengung verbunden ist, reagieren die Landjugendlichen auf etwaige Andersartigkeiten mit Ablehnung und Diskriminierung. Damit wird ein Prozess initiiert, der alles Un-Dörfliche entweder völlig ablehnt oder aber zumindest negativ bewertet, entsprechend des Mottos, ‚was nicht sein kann, darf auch nicht sein‘. Diesem lebenspraktischen Prinzip liegt ein ideologisches Denkmodell zu Grunde, das alles Nicht-Dazugehörige, Dorf-Unübliche, Andersartige und Fremde einer negativen Zuschreibung unterzieht. So sind es letztlich die negativen Zuschreibungen, die die Ausgrenzung legitimieren. Das diesem Denk- und Handlungsmuster zu Grunde liegende Segmentierungsmedium speist sich aus der Ideologie der Ungleichheit und Ungleichwertigkeit und steht damit im engen Zusammenhang mit der Entstehung ausgrenzend-rassistischer Denk- und Handlungsmustern.

Vergleicht man nun diese Ergebnisse mit den bisher veröffentlichten, dann wird der Ertrag der vorliegenden Arbeit deutlich. In den gängigen (Land)Jugendstudien bilden überwiegend manifest auftretende ausgrenzend-rassistische Denk- und Handlungsmuster (resp. rechtsextremistische Orientierungen) den Forschungsgegenstand. Unauffällige und unspektakuläre Handlungsmuster beziehungsweise tradierte Handlungs- und Bewältigungsmuster finden dort keinen Niederschlag. Mit der vorliegenden Arbeit kann gezeigt werden, dass gerade diesen tradierten und damit unauffälligen und unspektakulären Handlungsmustern ausgrenzende und rassistische Elemente inhärent sind, die dann für die Landjugendlichen zum lebenspraktischen Prinzip werden und damit für die Entstehung ausgrenzend-rassistischer Denk- und Handlungsmuster wesentlich sind. Dieser Aspekt wird in den bislang vorliegenden empirischen (Land)Jugendstudien nicht hinreichend erfasst. Ein Vergleich mit den bisher veröffentlichten (Land)Jugendstudien zeigt, dass diese eher einem defizit-orientierten Denken verpflichtet sind. Im Gegensatz dazu zeigt das empirischen Material der vorliegenden Arbeit deutlich, dass ausgrenzend-rassistische Denk- und Handlungsmuster nicht aus Mangellagen heraus entstehen: Landjugendliche, deren tradierten Handlungs- und Bewältigungsmustern ausgrenzende und rassistische Elemente inne wohnen, sind im familialen und dörflichen Lebenskontext integriert, fühlen sich dort geborgen, anerkannt und sicher. Allerdings, das muss an dieser Stelle auch betont werden, sind die Landjugendlichen an der Realisierung dieser Interessen und Bedürfnisse aktiv beteiligt. Sie wählen Handlungsmuster – nämlich an Traditionen und Regeln orientierte -, die eine solche Realisierung möglich machen. Auch dieser Aspekt findet in den bisher vorliegenden empirischen Studien wenig Beachtung.

Mit der vorliegenden Arbeit konnte gezeigt werden, dass der Grundstock für die Entstehung ausgrenzend-rassistischer Denk- und Handlungsmuster bei Landjugendlichen schon in den tradierten Handlungsmustern angelegt ist, auf die die Landjugendlichen zur Bewältigung ihrer Handlungsnotwendigkeiten beziehungsweise An- und Herausforderungen und zur Realisierung ihrer Interessen und Bedürfnisse zurückgreifen. Die den tradierten Denk- und Handlungsmustern inne wohnenden ausgrenzenden und rassistischen Grundelemente werden damit für Landjugendliche zum lebenspraktischen Prinzip. Dieser Aspekt blieb in den bisherigen Forschungen zu den Themenkomplexen Rechtsextremismus, Ausgrenzung, Rassismus und Landjugend unberücksichtigt. Weder in den theoretischen Erklärungsangeboten noch in den empirischen Studien und auch nicht im öffentlichen Diskurs fand dieser Aspekt einen Niederschlag. Im Fokus öffentlichen Interesses scheinen ausschließlich manifest auftretende ausgrenzend-rassistische Denk- und Handlungsmuster beziehungsweise rechtsextremistische Orientierungen und Handlungen zu stehen. Auf der Grundlage eines solchen Interessenschwerpunktes und Forschungsansatzes kann allerdings der Entwicklung und Ausformung ausgrenzend-rassistischer Denk- und Handlungsmuster nur unzureichend mit sozialisations-orientierten Methoden und/oder politischen Mitteln Einhalt geboten werden, weil der Entstehungsdimension zu wenig Beachtung geschenkt wird. Dabei wird vergessen, dass Auffälliges erst entstehen muss, dass auch vor der Auffälligkeit ‚etwas' existieren muss. Erst mit der genauen Kenntnis der Entstehungsdimensionen für Auffälligkeit könnte diese verhindert werden beziehungsweise könnte deren Ausformung pädagogisch und/oder politisch kritisch intervenierend begleitet werden.

Auch die in der Fachlichkeit und Öffentlichkeit verbreitete Annahme, Auffälliges sei immer auf individuelle und/oder soziale Defizite und Mängel zurückzuführen, muss mit der hier vorliegenden Arbeit relativiert werden. Ein Erklärungsansatz, der an der Entstehung ausgrenzend-rassistischer Denk- und Handlungsmuster bei Landjugendlichen ansetzt, muss sich also von diesem, an Defiziten und Auffälligkeiten orientierten, Modell verabschieden und erstens ‚neue' Entstehungsparameter herausarbeiten und zweitens die Kategorie ‚Land' als soziale und nicht als strukturelle Kategorie verstehen.

Zusammenfassend kann festgehalten werden, dass die Entstehung ausgrenzend-rassistischer Denk- und Handlungsmuster keineswegs die Antwort auf als defizitär bewertete Integration oder auf erfahrene Vereinzelung oder auf Orientierungslosigkeit oder auf unzureichende emotionale Bindungen, also die Antwort auf erfahrene Defizite, ist.

Die Entstehung ausgrenzend-rassistischer Denk- und Handlungsmuster ist eng an die dörfliche Lebens- und Sozialwelt gebunden, das kann so festgehalten werden. Daraus ergibt sich sowohl für den fachlichen als auch für den dorföffentlichen Diskurs ein Paradigmenwechsel: Weg von ausschließlich an Defiziten und Auffälligkeiten orientiertem hin zu einem an Stärken und Normalitäten orientierten Denken und Handeln. Zwar können die Landjugendlichen mit ihren an Traditionen und dörflichen Regeln ausgerichteten Denk- und Handlungsmustern ihre landtypischen Handlungsnotwendigkeiten, An- und Herausforderungen bewältigen und gleichzeitig ihre je-spezifischen und für Menschen typischen Interessen und Bedürfnisse realisieren, aber die ideologische Basis, die den Begründungen dieser Denk- und Handlungsmuster zu Grunde liegt, ist nur auf den ersten Blick hin unproblematisch. Bei genauerem Hinsehen entpuppen sich diese tradierten Denk- und Handlungsmuster als selbstfeindschaftlich. Selbstfeindschaftlich deshalb, weil sie erstens Anpassung an scheinbar unbeeinflussbare Bedingungen und Machtverhältnisse und ein Arrangement mit ihnen implizieren. Selbstfeindschaftlich auch, weil sie zweitens Entwicklungen und Veränderungen, aber auch Mitgestaltung, Einflussnahme und Lebensraumerweiterung verhindern beziehungsweise erschweren und drittens sie auf Zukunft ausgerichtetes Denken und Handeln vereiteln. Es stellt sich also die Frage, ob der Weg über Traditionen und dörfliche Regeln der Richtige ist und ob darüber den Landjugendlichen der Anschluss an die Moderne gelingen kann?

Abschließend ist noch darauf hinzuweisen, dass die hier vorliegende Studie nur ausschnitthaft verstanden werden kann. Die Eruierung latent vorhandener ausgrenzend-rassistischer Denk- und Handlungsmuster ist dabei auf einen bestimmten Zeitpunkt und Lebenslaufabschnitt der Landjugendlichen bezogen, sodass über deren Entwicklung und weitere Entfaltung keine Aussagen gemacht werden können. Dieses Manko könnte über eine Langzeitstudie überwunden werden. Es wäre spannend zu erfahren, wie sich latent vorhandene ausgrenzend-rassistische Denk- und Handlungsmuster im Laufe der Identitätsentwicklung, vor allem in der Phase des Übergangs vom Jugend- zum Erwachsenenalter entwickeln und ausformen. So kann die hier vorliegende Arbeit die Frage nicht beantworten, ob latent vorhandene ausgrenzend-rassistische Denk- und Handlungsmuster mit zunehmendem Alter abflachen[233] oder aber ob sich diese Denk- und Handlungsmuster im Erwachsenenalter zu manifesten ausgrenzend-rassistischen Denk- und Handlungsmustern auswachsen, oder ob sie ihren Status beibehalten und sich in erwachsenenspezifischen Sozialformen und Funktionszusammenhängen einlagern.

Ich hoffe, dass mit dieser Arbeit ein Diskurs um die Entstehung von ausgrenzend-rassistischen Denk- und Handlungsmustern eröffnet wird. Mit dieser Arbeit ist auch die Hoffnung verbunden, das Leben auf dem Land möge seine positiven Seiten beibehalten und über Veränderung und Entwicklung seine einschränkenden Lebensmöglichkeiten überwinden.

---

[233] Vgl. dazu: Möller 2000

Literatur

Adorno, Th., u.a.: The Authoritarian Personality. New York 1969 (zuerst 1950)

Adorno, Th.: Studien zum autoritären Charakter. Frankfurt/M. 1973

Aebli, H.: Zur Einführung. In: Riegel 1980; S. 9-10

Allerbeck, K./Hoag, W.: Jugend ohne Zukunft? München/Zürich 1985

Ariès, Ph.: Geschichte der Kindheit. München 1980 (3. Aufl.)

Autrata, O./u.a.: Theorien über Rassismus. Hamburg 1989

Autrata, O./Scheu, B.: Geschlechtsspezifische Voraussetzungen von Gewaltbereitschaft in Jugendgruppen. In: Jäger, S. (Hg.): Aus der Werkstatt: Antirassistische Praxen. S. 249-269. Duisburg 1994

Autrata, O./Scheu, B. (Hg.): Gestaltung des Sozialen. Eine Aufgabe der Sozialen Arbeit, Klagenfurt u.a. 2006

Baacke, D./Heitmeyer, W. (Hg.): Neue Widersprüche. Weinheim/München 1985

Bachhofer, M./Scheu, B.: Sozialraumanalyse der Großen Kreisstadt Rottenburg am Neckar. Hrsg. v. Diakonischen Werk der EKD Stuttgart 1995

Balibar, E./Wallerstein, I.: Rasse, Klasse, Nation. Hamburg 1990

Balibar, E.: Gibt es einen „neuen Rassismus"? In: Das Argument 175, 31. Jg., S. 369-380; 1989

Beck, U.: Risikogesellschaft. Auf dem Weg in eine andere Moderne. Frankfurt/M. 1986

Beck, U./Beck-Gernsheim, E.: Das ganz normale Chaos der Liebe. Frankfurt 1990

Bloch, E.: Erbschaft dieser Zeit. Frankfurt 1985

Blümcke, M.: Abschied von der Landidylle. Stuttgart 1982

Böhnisch, L./Münchmeier, R./Sander, E. (Hg.): Abhauen oder Bleiben? München/Zürich 1980

Böhnisch, L./Schefold, W.: Lebensbewältigung. Weinheim/München 1985

Böhnisch, L./Münchmeier, R.: Wozu Jugendarbeit? Weinheim/München 1987

Böhnisch, L./Blanc, K.: Die Generationenfalle. Frankfurt 1989

Böhnisch, L./Funk, H.: Jugend im Abseits? Weinheim/München 1989

Böhnisch, L./Winter, R.: Pädagogische Landnahme. Weinheim/München 1990a

Böhnisch, L./Münchmeier, R.: Pädagogik des Jugendraums. Weinheim/München 1990b

Böhnisch, L./Funk, H./Huber, J./Stein, G.: Ländliche Lebenswelten. Fallstudien. München 1991

Böhnisch, L.: Sozialpädagogik des Kindes- und Jugendalters. Weinheim/München 1992

Böhnisch, L.: Gespaltene Normalität. Weinheim/München 1994

Böhnisch, L.: Pädagogische Soziologie. Weinheim/München 1996

Böhnisch, L./Rudolph, M./Funk, H./Marx, B.: Jugendliche in ländlichen Regionen. Ein ost-westdeutscher Vergleich. Bonn 1997a

Böhnisch, L./Lenz, K. (Hg.): Familien. Weinheim/München 1997b

Böhnisch, L./Fritz, K./Seifert, T. (Hg.): Das Aktionsprogramm gegen Aggression und Gewalt AgAG, Bd. 2. Die wissenschaftliche Begleitung. Münster 1997c

Böhnisch, L./Rudolph, M./Wolf, B. (Hg.): Jugendarbeit als Lebensort. Weinheim/München 1998

Böhnisch, L./Arnold, H./Schröer, W.: Sozialpolitik. Weinheim/München 1999a

Böhnisch, L.: Abweichendes Verhalten. Weinheim/München 1999b

Borscheid, P./Teuteberg, H.J.: Ehe, Liebe, Tod. Münster 1983

Bracht, U./Keiner, D.: Jahrbuch für Pädagogik 1994. Frankfurt 1994

Brewer, M.B.: Ingroup bias in the minimal intergroup situation. In: Psychological Bulletin 86, 1979

Brewer, M.B./Kramer, R.M.: The psychology of intergroup attitudes and behaviour. In: Annual Review of Psychology 36, 1985

Brown, R.: Beziehungen zwischen Gruppen, in: Stroebe u.a. 1990, S. 400-429

Brüggemann, B./Riehle, R.: Das Dorf. Frankfurt/New York 1986

Brüggemann, B./Riehle, R.: Entwicklungszwang und die Macht der Vergangenheit. Oder: Das Dorf ist auch nicht mehr das was es noch nie war. In: Informationen zur Raumentwicklung 1987. Heft 3.

Brumlik, M.: Der Prozeß der Rebarbarisierung. Interaktion von Politik und anomischer Jugend. In: Otto/Merten 1993

Bundesministerium für Jugend, Familie, Frauen und Gesundheit (Hg.). 4. Familienbericht. Bonn 1986

Bundesministerium für Familie, Senioren, Frauen und Jugend (Hg.). 9. Jugendbericht. Bonn 1994

Bundesministerium für Familie, Senioren, Frauen und Jugend (Hg.). 10. Jugendbericht. Bonn 1998

Chassé, K. A.: Ist das Land noch ländlich? In: Widersprüche Jg. 1989 Heft 32; S. 41-48

Conzelmann, R.: Von der Agrargesellschaft zur Industriegesellschaft. In: Wehling, H.-G. (Red.): Das Ende des Alten Dorfes? Hrsg. v. Landeszentrale für politische Bildung Baden-Württemberg. Stuttgart/Berlin/Köln/Mainz 1980

Cramer-Hartmann, G.: Die Entwicklung der Ausbildungs- und Beschäftigungssituation der Jugendlichen im ländlichen Raum der Bundesrepublik Deutschland. Regensburg 1986

Das Argument. 168. Zeitschrift für Philosophie und Sozialwissenschaften: Berichte über die Jugend. Heft 2/1988. Berlin

Das Argument 212. Zeitschrift für Philosophie und Sozialwissenschaften: Lebensführung. Heft 6/1995 Hamburg/Berlin

Deinet, U.: Jugend-"Räume" in der Region. In: Deutsche Jugend 6/94

Deutsches Jugendinstitut (Hg.): Jugend und Wertewandel in Polen und in der Bundesrepublik Deutschland; Bd 1. DJI Verlag München 1992

DIFF: Grundlagen der Dorfentwicklung. Hrsg. v. Deutsches Institut für Fernstudien. Tübingen 1988

DIFF: Dorfentwicklung: Soziokultur 2. Hrsg. v. Deutsches Institut für Fernstudien Tübingen 1989

Duden-Fremdwörterlexikon. Mannheim 1974

Ebertz, M.N./Nickolai, W.: Mächtig-Ohnmächtig. Jugendliche im ländlichen Raum. Konstanz 1999

Eisenstadt, S. N.: Von Generation zu Generation. Weinheim/München 1966

Elias, N./Scotson, J.L.: Etablierte und Außenseiter. Frankfurt/M. 1993

Erdheim, M.: Fremdeln. Kursbuch 107. 1992

Erdheim, M.: Das Eigene und das Fremde. In: Jansen/Prokop 1993

Erikson, E.H.: Identität und Lebenszyklus. Frankfurt 1973

Eyferth, H./Otto, H.-U./Thiersch, H: (Hg.): Handbuch der Sozialarbeit/Sozialpädagogik. Neuwied 1984

Fachlexikon der sozialen Arbeit. Deutscher Verein f. öffentliche und private Fürsorge (Hg.). Frankfurt 1993; 3. Aufl.

Ferguson, C. K./Kelly, H. H.:. Significant factors in over-evaluation of own-group's product, in: Journal of Abnormal and Social Psychology 69, 1964, S. 223-228.

Filipp, S.-H. (Hg.): Kritische Lebensereignisse. München/Wien/Baltimore 1981

Fink-Eitel, H.: Michel Foucault. Hamburg 1997 (3. Auflage)

Förster, P./Friedrich, W./Müller, H./Schubarth, W.: Jugendliche in Ostdeutschland 1992 (Forschungsbericht). Leipzig 1992

Forum Kritische Psychologie 19. Berlin/Hamburg 1987

Forum Kritische Psychologie 28. Hamburg 1991

Forum Kritische Psychologie 32. Hamburg 1993

Forum Kritische Psychologie 35. Hamburg 1995

Forum Kritische Psychologie 39. Hamburg 1998

Forum Kritische Psychologie 41. Hamburg 1999

Foucault: Sexualität und Wahrheit 1-3. Frankfurt/M. 1983, 1989, 1989

Freud, A.: Das Ich und die Abwehrmechanismen. London 1946

Freud, S.: Abriß der Psychoanalyse – Das Unbehagen in der Kultur. Frankfurt/M. 1986

Friedrich, W.: Einstellungen zu Ausländern bei ostdeutschen Jugendlichen. In: Otto/Merten 1993

Gängler, H.: Gleichaltrigenerziehung. In: Böhnisch/Münchmeier 1987; S. 256-258

Gängler, H.: Soziale Arbeit auf dem Lande. Weinheim/München 1990

Generationenkonflikt und Generationenbündnis in der Bürgergesellschaft. Sozialministerium Baden-Württemberg (Hg.) Stuttgart 1999

Gillis, J. R.: Geschichte der Jugend. Weinheim/Basel 1980

Gramsci, A.: Philosophie der Praxis. Frankfurt 1967

Graumann, C. F./Willig, R. : Wert, Wertung, Werthaltung. In: Thomae, H. (Hg.): Theorien und Formen der Motivation Bd. 1. Göttingen 1983; S. 312-396

Havighurst, R.J.: Developmental tasks and education. New York 1948

Heinz, W. (Hg.): Region und Sozialisation Bd 1. Stuttgart-Bad Cannstatt 1981

Heitmeyer, W. (Hg.): Interdisziplinäre Jugendforschung. Weinheim/München 1986

Heitmeyer, W.: Rechtsextremistische Orientierungen bei Jugendlichen. Weinheim/München 1987

Heitmeyer, W.: Warum handeln Menschen gegen ihre eigenen Interessen? Ran-Handbuch. Köln 1991

Heitmeyer, W. u.a.: Die Bielefelder Rechtsextremismus-Studie. Weinheim/München 1993; 2. Aufl.

Heitmeyer, W./u.a.: Gewalt. Weinheim/München 1996; 2. Aufl.

Held, J. (Hg.): Subjektbezogene Jugendforschung. Hamburg 1989

Held, J.: Praxisorientierte Jugendforschung. Hamburg 1994

Held, J./Horn, H.-W./Marvakis, A.: Gespaltene Jugend. Opladen 1996

Herrmann, U./u.a.: Kindheit, Jugendalter und Familienleben in einem schwäbischen Dorf des 19. und 20. Jahrhundert. In: Borscheid 1983; S. 66-79

Herrmann, U.: Das Konzept der ‚Generationen'. Ein Forschungs- und Erklärungsansatz für die Erziehungs- und Bildungssoziologie und die Historische Sozialisationsforschung. In: Neue Sammlung, Heft 3/1987, S. 364-377

Holzkamp, K.: Grundlegung der Psychologie. Frankfurt/M./ New York 1983 und Studienausgabe 1985

Holzkamp, K.: Handeln. In: Rexilius/Grubitzsch 1986; S. 381-402

Holzkamp, K.: Die Verkennung von Handlungsbegründungen als empirische Zusammenhangsannahme in sozialpsychologischen Theorien. In: Forum Kritische Psychologie 19, 1987

Holzkamp, K.: Was heißt Psychologie vom Subjektstandpunkt? In: Forum Kritische Psychologie 28, 1991

Holzkamp, K.: Lernen. Frankfurt/M. 1993

Holzkamp, K.: Alltägliche Lebensführung. In: Das Argument 212. 1995; S. 827-846

Holzkamp, K.: Schriften I. Hamburg 1997

Hörning, K. H./Gerhard, A./Michailow, M.: Zeitpioniere. Frankfurt/M. 1990

Hörning, K. H./Michailow, M.: Lebensstil als Gesellschaftsform. In: Soziale Welt, SHF 7, 1990

Hornstein, W.: Jugend 1985 – Strukturwandel, neues Selbstverständnis und neue Problemlagen. In: Mitteilungen aus der Arbeitsmarkt- und Berufsforschung 2, 1985; S. 157-166

Horstkotte, A.: Mädchen in der Provinz. Opladen 1985.

Hradil, S. (Hg.): Zwischen Bewußtsein und Sein. Opladen 1992

Huber, G.L./Mandl, H.. Verbale Daten. Weinheim 1982

Hübinger, W./Neumann, U.: Menschen im Schatten. Hrsg. v. Diakonischen Werk EKD und Deutschem Caritasverband. Freiburg 1998

Hurrelmann, K./Ulich, D. (Hg.): Handbuch der Sozialisationsforschung. Weinheim 1980

Hurrelmann, K.: Einführung in die Sozialisationstheorie. Weinheim/Basel 2001; 7. Aufl.

Huxley, J./Haddon/A.C.: We Europeans. London 1935

Ilien, A./Jeggle, U.: Leben auf dem Dorf. Opladen 1978

Jäger, S. (Hg.): Aus der Werkstatt: Antirassistische Praxen. Duisburg 1994

Jansen, M./Prokop, U.: Fremdenangst und Fremdenfeindlichkeit. Basel 1993

Jordan, E./Schone, R. (Hg.): Handbuch der Jugendhilfeplanung. Münster 1998

Jugendwerk der Deutschen Shell (Hg.): 12. Shell Studie. Zukunftsperspektiven, Gesellschaftliches Engagement, Politische Orientierungen. Opladen 1997

Jugendwerk der Deutschen Shell (Hg.): 13. Shell Studie 2000. Opladen 2000

Kalpaka, A./Räthzel, N.: Die Schwierigkeit, nicht rassistisch zu sein. Leer 1990, 2. Aufl.

Klein, A./Schmalz-Bruns, R. (Hg.): Politische Beteiligung und Bürgerengagement in Deutschland. Hrsg. v. Bundeszentrale f. politische Bildung. Bd. 347. Bonn 1997

Kloninger, H. (Hg): Aktuelle Aspekte des Rechtsextremismus. Fachhochschule des Bundes für öffentl. Verwaltung. Beiträge zur Inneren Sicherheit 7. Brühl 1998

Klönne, A.: Zurück zur Nation? Düsseldorf 1984

Kowalsky, W./Schroeder, W. (Hg.): Rechtsextremismus. Opladen 1994

Krampen, G./Krämer, A.: Psychologie der Ausländerfeindlichkeit. Trierer Psychologische Berichte Bd. 21 (1994), Heft 3

Krappmann, L./Lepenies, A. (Hg.): Alt und Jung. Frankfurt/M. 1997

Kreckel, R.: Soziologisches Denken. Opladen 1976; 2. Aufl.

Lamnek, S.: Theorien abweichenden Verhaltens. München 1979

Lazarus, R.S.: Psychological stress and the coping process. New York 1966

Lazarus, R.S.: Streß und Streßbewältigung. In: Filipp 1981; S. 198-232

Leiprecht, R. (Hg): Unter Anderen. Duisburg.1992

Lenz, K./Böhnisch, L.: Zugänge zu Familien. In: Böhnisch/Lenz 1997; S. 9-63

Lenz, K.: Ehe? Familie? – beides, eines oder keines? In: Böhnisch/Lenz 1997; S. 181-197

Lenz, K./Rudolph, M./Sickendiek, U. (Hg.): Die alternde Gesellschaft. Weinheim/München 1999

Lenz, K./u.a.: Alter und Altern aus gerontologischer Sicht. In: Lenz, K./Rudolph, M./Sickendiek, U. (Hg.): Die alternde Gesellschaft. Weinheim/München 1999; S. 7-96

Levy, R.: Der Lebenslauf als Statusbiografie. Stuttgart 1977

Liebau, E.: (Hg.): Das Generationenverhältnis. Weinheim/ München 1997

Link, M./Löffler, W./Ortmann, F.: Jugend auf dem Lande, 1983

Lüscher, K./Schultheis, F./Wehrpaun, M. (Hg:): Die postmoderne Familie. Konstanzer Beiträge zur sozialwissenschaftlichen Forschung. Universitätsverlag. Konstanz 1990, 2. Aufl.

Magiros, A.: Foucaults Beitrag zur Rassismustheorie. Argument Sonderband 233. Hamburg 1995.

Mandl, H./Huber, G.L. (Hg.): Emotion und Kognition. München/Wien/Baltimore 1983

Mangold, K./Scheu, B.: Sozialraumanalyse Ulm. Hrsg. v. Diakonischen Werk der EKD Stuttgart 1995

Markard, M.: Einstellung – Kritik eines sozialpsychologischen Grundkonzepts. Frankfurt/New York 1984

Marvakis, A.: Wenn aus sozialen Ungleichheiten kulturelle Differenzen werden. In: Forum Kritische Psychologie 39

Marx, B.: Soziale Entwicklungen in ländlichen Regionen. Münster/Hamburg/London 1999

Mecheril, P./Teo, Th. (Hg.): Psychologie und Rassismus. Reinbek 1997

Meinhold, M./Hollstein, W.: Erziehung und Veränderung. Neuwied 1975

Melzer, W.: Jugend und Politik in Deutschland. Opladen 1992

Merten, R./Otto, H.-U.: Rechtsradikale Gewalt im vereinigten Deutschland: Jugend im Kontext von Gewalt, Rassismus und Rechtsextremismus. In: Otto/Merten 1993; S. 13-33

Metz-Göckel, S./Nyssen, E: Frauen leben Widersprüche. Weinheim 1990

Miles, R.: Rassismus. Hamburg 1991

Miles, R.: Der Zusammenhang von Rassismus und Nationalismus. In: Leiprecht 1992; S. 20-42

Möller, K.: Zusammenhänge der Modernisierung des Rechtsextremismus mit der Modernisierung der Gesellschaft. In: Aus Politik und Zeitgeschichte. Beilage zur Wochenzeitung Das Parlament B, S. 46-47, 1993

Möller, K.: Rechtsextremismus und die Geschlechter. In: Bracht, U./Keiner, D.: Jahrbuch für Pädagogik 1994. Frankfurt 1994

Möller, K.: Rechte Kids. Weinheim 2000

Möller, K.: Coole Hauer und brave Engelein. Opladen 2001

Müller, B./u.a.: Dorfjugend Ost – Dorfjugend West. In: Deutsche Jugend 6/94.

Müller, B.: Auf'm Land ist mehr los. Weinheim/München 1989

Münchmeier, R.: Perspektiven der Jugendhilfe im sozialen Wandel. In: Jordan/Schone 1998

Münchmeier, R.: Von der Unterordnung zum Gegenüber. In: Böhnisch/Lenz 1997; S. 113-128

Mutschler, S.: Ländliche Kindheit in Lebenserinnerungen. Tübingen (Diss.) 1983

Nestmann, F.: Familie als soziales Netzwerk und Familie im sozialen Netzwerk. In: Böhnisch/Lenz 1997; S. 213-234

Nestmann, F.: Altern und soziale Beziehungen. In: Lenz, K./Rudolph, M./Sickendiek, U. (Hg.) 1999; S. 97-119

Nickel, H.: Entwicklungspsychologie des Kindes- und Jugendalters. 2 Bde. Stuttgart 1975

Nunner-Winkler, G.: Adoleszenzkrisenverlauf und Wertorientierungen. In: Baacke/Heitmeyer 1985; S. 86-107

Oerter, R. (Hg.): Lebensbewältigung im Jugendalter. Weinheim 1985

Oesterreich, D.: Autoritäre Persönlichkeit und Gesellschaftsordnung. Weinheim/München 1993a

Oesterreich, D.: Leben die häßlichen Deutschen im Osten? In: Otto/Merten 1993b; S. 182-188

Oesterreich, G.: Jugendalter. In: Fachlexikon der Sozialen Arbeit. Frankfurt/M. 1993b

Olbrich, E.: Konstruktive Auseinandersetzung im Jugendalter. In: Oerter 1985; S. 7-29

Olbrich, E.: Das Alter: Generationen auf dem Weg zu einer „neuen Altenkultur"? In: Liebau: Das Generationenverhältnis 1997; S. 175-194

Osterkamp, U.: Ausgrenzungsmechanismen als Mittel der Herrschaftssicherung. In: Forum Kritische Psychologie 19. Berlin/Hamburg 1987; S. 132-148

Osterkamp, U.: Rassismus und Alltagsdenken. In: Forum Kritische Psychologie 28, 1991; S. 40-71

Osterkamp, U.: Rassismus als Selbstentmächtigung. Argument Sonderband 244. Berlin/Hamburg 1996

Otto, H.-U./Merten, R. (Hg.): Rechtsradikale Gewalt im vereinigten Deutschland, Opladen 1993

Ottomeyer, K.: Psychoanalytische Erklärungsansätze zum Rassismus. Möglichkeiten und Grenzen. In: Mecheril/Teo 1997; S. 111-131

Panahi, B.: Vorurteile – Rassismus, Ausländerfeindlichkeit, Nationalismus in der Bundesrepublik heute. Frankfurt/M. 1980

Parsons, T.: The Structure of Social Action. Glencoe (2. Aufl.) 1949

Parsons, T.: Zur Theorie sozialer Systeme. Stuttgart 1973 (englisch 1949; 2. Aufl.)

Planck, U./Ziche, J.: Lehrbuch der Land- und Agrarsoziologie. Stuttgart 1979

Planck, U.: Der Wandel der ländlichen Berufsstruktur in der Bundesrepublik Deutschland. Stuttgart 1981

Planck, U.: Situation der Landjugend. Schriftenreihe des Bundesministeriums für Ernährung, Landwirtschaft und Forsten. Münster-Hiltrup 1982

Planck, U.: Landjugendliche werden Erwachsene. Hohenheim 1983

Pro Regio ½, 1989

Projektgruppe der ev. Fachhochschule für Sozialwesen Reutlingen: Jungsein auf der Alb. Hrsg.v. Ensinger, R. Reutlingen 1996 (2. Aufl.)

Räthzel, N. (Hg.): Theorien über Rassismus. Hamburg 2000

Regenbogen, A.: Sozialisation in den 90er Jahren. Opladen 1998

Religion und Jugend in der Shell-Studie ‚Jugend und Erwachsene `85`. Hrsg. v. Martin Lechner/Franz Schmid; München 1987

Rexilius, G./Grubitzsch, S. (Hg.): Psychologie. Reinbek 1986

Richter, H.E.: Der Umgang mit der Angst. 1992 (1. Aufl.)

Riegel, K. (Hg.): Zur Ontogenese dialektischer Operationen. Frankfurt/M. 1978

Riegel, K.: Grundlagen der dialektischen Psychologie. Stuttgart 1980

Rieker, P.: Ethnozentrismus bei jungen Männern. Weinheim/München 1997.

Rommelspacher, B.: Rassismus-Rassismen: Zur Situation in Deutschland. In: Jäger 1994; S. 196-209

Rule, B.G./Nedale, A.R.: Emotional Arousal and Agressive Behavior. Psychol. Bull. 83, 1976

Sameroff, A.: Austauschmodelle für frühe soziale Beziehungen. In: Riegel 1978; S. 97-116

Sandgruber, R.: Innerfamiliale Einkommens- und Konsumaufteilung. In: Borscheid 1983; S. 135-149

Scheu, B.: Intersubjektivität in der Forschungspraxis. In: Held, J. (Hg). 1989a; S. 70-92

Scheu, B.: Abschied von der Landidylle – Zur subjektiven Begründung gesellschaftlichen Engagements Landjugendlicher. Frankfurt/Bern 1989b

Scheu, B.: Wie sich die Wies' zum Acker findet – Heirat/feste Paarbeziehung als Kritisches Lebensereignis für junge Erwachsene im ländlichen Raum. Frankfurt/Bern 1991a

Scheu, B.: Leben auf dem Land heißt Mobil-Sein. In: Böhnisch, L./u.a. (Hg) 1991b; S. 142-151

Scheu, B.: Jugendliche Lebenswelt und Gewalt. Hrsg. v. Diakonischen Werk der EKD Stuttgart 1996a

Scheu, B.: Jugendstudie zum Freizeitverhalten Jugendlicher im Rottenburger Raum. Hrsg. v. Diakonischen Werk der EKD Stuttgart 1996b

Scheu, B.: Abschlußbericht der Evaluation der offenen Jugendeinrichtungen von Hailfingen und Seebronn. Rottenburg 1998 (unv.)

Scheu, B.: Materialien zur Evaluation 1998 (unv.)

Scheu, B.: Die Funktion der Regionalorientierung bei der Entstehung und Entwicklung ausgrenzend-rassistischer Denk- und Handlungsmuster bei Landjugendlichen. Rottenburg 2001 (unv.)

Scheu, B. (Hg.): Soziale Arbeit im 21. Jahrhundert, Klagenfurt 2005

Schleiermacher, F.D.E.: Vorlesungen zur Einführung in die Pädagogik 1926. In: Weniger, E. (Hg.): Friedrich Schleiermacher. Pädagogische Schriften Bd. 1. 1961. Düsseldorf/München.

Schmals, K.M./Voigt, R. (Hg.): Krise ländlicher Lebenswelten. Frankfurt/New York 1986

Schubarth, W./Stöss, R. (Hg.): Rechtsextremismus in der Bundesrepublik. Opladen 2000

Schweppe, C. (Hg.): Soziale Altenarbeit. Weinheim/München 1996

Schweppe, C. : Biographie und Alter(n) auf dem Land. Opladen 2000

Sherif, M.: Group Conflict and Co-operation. London 1966

Silbereisen, R. K./Vaskovics, L. A./Zinnecker, J.: (Hg.): Jungsein in Deutschland. Jugendliche und junge Erwachsene 1991 und 1996. Opladen 1996

Stadtjugendpflege Rottenburg: Jugendbefragung 1997 (unv.)

Stroebe, W./u.a.: Sozialpsychologie. Berlin/Heidelberg 1990

Sturzbecher, D.: Jugend und Gewalt in Ostdeutschland. Verlag für Angewandte Psychologie Göttingen 1997

Tajfel, H. (Ed.): Differentiation between Social Groups: Studies in the social psychology of intergroup relations. London 1978

Tajfel, H.: Gruppenkonflikt und Vorurteil. Bern 1982a

Tajfel, H.: Social Psychology of intergroup relations. In: Annual Review of Psychology 33, 1982b

Thomae, H.: (Hg.): Theorien und Formen der Motivation Bd. 1. Göttingen/Toronto/Zürich 1983

Uhlig, O.: Schwabenkinder – Hütekinder aus Tirol und Vorarlberg. In: Blümcke, M. 1982; S. 119-127

Ulich, D. U.a.: Stress. In: Mandl/Huber 1982; S. 183-216

Vaskovic, L.: Generationenbeziehungen. Junge Erwachsene und ihre Eltern. In: Liebau: Das Generationenverhältnis 1997; S. 141-160

Verfassungsschutzbericht 1997. Bundesministerium des Innern (Hg.) Berlin 1998

Verfassungsschutzbericht 1998. Bundesministerium des Innern (Hg.) Berlin 1999

Verfassungsschutzbericht 1999. Bundesministerium des Innern (Hg.) Berlin 2000

Vonderbach, G. (Hg.): Sozialforschung und ländliche Lebensweisen. Wissenschaftliche Verlagsgesellschaft Bamberg. 1990

Wagenschein, M.: Naturphänomene sehen und verstehen. Genetische Jahrgänge, Hg.: Berg, H.C. Stuttgart 1980

Wallerstein, I.: Ideologische Spannungsverhältnisse im Kapitalismus. In: Balibar/Wallerstein 1990, S. 39-48

Wallerstein, I.: Nachwort. In: Balibar/Wallerstein 1990; S. 273-278

Wehling, H.-G. (Hg.): Jugend zwischen Auflehnung und Anpassung. Stuttgart 1973

Wehling, H.-G.: Das Ende des alten Dorfes? Hrsg. v. Landeszentrale für politische Bildung Baden-Württemberg. Stuttgart 1980

Willems, H./u.a.: Fremdenfeindliche Gewalt. Bonn 1993

Winter, R.: Nie wieder Cowboy! Schwäb. Gmünd, Tübingen 1994

Young, M./Willmott, P.: Family and Kinship in East London. Pelican Book o.J. und o.O.

Zinnecker, J.: Jugend im Raum gesellschaftlicher Klassen. In: Heitmeyer, W. (Hg.): 1986; S. 99-132

Autorin

Scheu, Bringfriede, Prof.[in] (FH) Dr.[in], Studiengangsleiterin des Studiengangs Soziale Arbeit der Fachhochschule Technikum Kärnten